投資家探訪シリーズ

投資見聞録

~精鋭たちの"生"の声を聞く~

著者&インタビュアー◆川﨑さちえ
インタビュアー◆新田ヒカル

南緒
いちのみやあいこ
角山智
北浜悠輝
優利加

Pan Rolling

はじめに

2008年8月、『投資の達人探訪』が出版された。本書『投資見聞録』はそのシリーズ本である。もともと「投資家の話をまとめてそれをシリーズ化しよう」という話が出ていたので、本書の取材にもそれなりの意気込みがあった。「それなり」というのは、決して手を抜いているとかではない。今回からインタビュアーとして投資のスペシャリストが加わったことから私の負担が減り、私は「書く」ということに専念できた。そういう「役割分担」的な意味での「それなり」ということ。これもスペシャリストのおかげである。

そのスペシャリストは新田ヒカル氏だ。

彼との出会いは、偶然だったのだと思う。パンローリング社でお互いに違うアポがあり、たまたま同じ空間にいた。ただそれだけだったのだが、そのとき編集者に新田氏を紹介されたのだ。

「投資家の新田さんです」
「あ、川崎です。どうも。ところでご専門は？」
「225先物です」
「なるほど、先物ですか～」

私は先物に興味がなかったから、正直「へ〜」という感じ。おそらく、間抜けな顔をしていただろう。のちにパートナーとして組むなんて想像もしなかったから、「何かあったらよろしくお願いします」という、ごくありふれた挨拶で終わったように記憶している。

そんな、非常に薄い印象の新田氏と再会したのは、シリーズ第2弾である本書をスタートさせようというときだった。実は『投資の達人探訪』のときに、インタビュー内容がもっと深くてもよいかもしれないという話が出たのだが、残念なことに私には深く突っ込めるほどの知識がなかったのだ。だから、ここで投資（トレード）を実践していて、知識もある人にインタビュアーに加わってもらおうということになった。そして、白羽の矢が立ったのが新田氏だった。

新田氏は快く受けてくれた。そして今回のインタビューで私は、彼の知識の深さを改めて感じることになる。読者の中には、『投資の達人探訪』との違いにいち早く気づく方もいると思うが、質問の内容が違うのだ。『投資の達人探訪』では、もちろんテクニカル的な部分も聞いているのだが、何というか、もしかしたら投資を何年も経験している読者には少々物足りなさがあったかもしれない。それはインタビュアーである私の知識の問題だ。でも、今回は違う。テクニカル的な部分でも、さらに突っ込んで聞いているはず。それはとりもなおさず、新田氏の知識のおかげなのだ。

とまぁ、新田氏をほめちぎっているわけだが、とにかく私は新田氏に感謝している。彼がいなかったらこの本はこの内容で世に出ていないのだ。そして今回登場してくれた5人の投資家、あるいはトレーダー、相場師たちにも深く感謝したい。インタビューのために時間を割くということは、イコール私たちにその時間を預けるということ。そう考えると、私たちの責任は大きく重い。だから、彼らの言葉をひとつでも多く残していきたいと思った。

本書を作っているさなか、株式市場に激震が走った。2008年9月にリーマンブラザーズが破たんし、その後一気に市場が冷え込んだ。100年に一度の大相場だと言われ、日経平均が年間で40％も下がるという予想だにしなかったことが起きたのだ。為替も大きく動いた。それまで1ドル120円前後だったものが、あっという間に100円、95円となり、おかげで多くの企業の業績が狂い、あのトヨタでさえも営業赤字を出した。「とんでもない事態」。そうとしか言いようがないことが、私たちの身の回りで起きてしまったのだ。

この本が出版されるときでも、まだ相場は不安定なままだろう。でも、多くの投資家が苦しみもがく中にあっても勝てる投資は必ずいる。きっと、今回、本書に登場していただいた5人もその中に入っていると思うのだ。

本書は、読者に投資法やこうやったら勝てるということを教える本ではない。そういう内容を期待しているのであれば、この本はここで閉じて本屋に行って違う本を手に取っていただきたい。この本で私が伝えたいことは、もっと根本的な部分、例えば、思考そのものや、その思考に至った経緯なのだ。負けない投資家がどうやってその境地にたどり着いたのか。何がそうさせたのか。そういうところを伝えたいと思った。

今回インタビューに応じてくださった、南緒さん、いちのみやあいこさん、角山智さん、北浜悠輝さん、そして優利加さんには心から感謝したいと思う。言ってみれば「メシの種」を快く話してくださったわけで、インタビュアーそして著者としてこれほどの幸せはない。

また、適切で鋭い質問をして、インタビューをより深い内容にしてくれた新田ヒカルさん、『投資の達人探訪』に続き今回も編集を担当してくれた磯崎公亜さんにも同じように感謝の意を表したい。

最後に、この本を手に取ってくださった読者の方々の力になることができるのであれば、それがこの本の存在意義となると思う。相場で一人立ち止まったときや自分を見失ったときに読んでいただきたい。きっとこの本が一筋の光になり、また一歩前に進めるような気がする。小さな一歩かもしれないが、それはとても意味のある一歩になるはずだ。

はじめに……3

第1章　南　緒……9

入口ではなく出口を考え、ストップを置くことを最重要視する。独自のセンスで巧みにロットを組み替え、わずかな差益を狙う。確固たるトレードスタイルは、一見難しいように思えるが、実は非常にオーソドックスである。本来誰もができることを、誰よりも忠実に行う。その繰り返しで大きな利益をつかみ取るという緻密な手法によって資産を膨らました伝説のトレーダー、南緒。

第2章　いちのみや　あいこ……99

「騙された」。厳しい過去から始まったトレード。「もう二度と騙されない」。その思いから何事も自分で決めることを選んだ。同時に、自分で決めることの大切さを学んだ。検証して、納得して、出口を決めて、それからスタート。システムトレードだろうが、FXだろうが、オプションだろうが、そのスタイルは基本的には変わらない。自分を信じつつも、自分を信じすぎることなく、マーケットに対して正しい位置を取っていく。いつも冷静沈着な投資家、いちのみやあいこ。

第3章　角山　智……181

単に割安な銘柄に投資することは本当のバリュー投資ではない。真のバリュー投資は「良いビジネス

を行っている企業を安く買うことだ」。この信念に基づいて、主に決算書を参考にして銘柄を発掘していく。やり方自体は特に難しいものではないが、そこから導き出される答えはさすがのひとこと。その研究の深さには「Ｄｒ・角山」と呼んでもよいくらいの何かがある。バリュー投資家には珍しく、思惑と外れた場合には、損切りも厭わない。自分の資産を本当に大切にする、真のバリュー投資家、角山智。

第4章　北浜 悠輝 …… 281

慎重に、慎重に、慎重に……。マーケットに果敢に挑戦する姿勢を持ちつつも、力任せに攻撃するわけではなく、臆病すぎるほど様子を見てマーケットに戦いを挑む。そのさまは、まるで狩りを始めたばかりのライオンのよう。迅速な損切りで小さな勝ちを何回も積み上げながら、最終的にそれを大きな勝ちに育てていく。これからが楽しみのデイトレーダー、北浜悠輝。

第5章　優利加 …… 359

「投資はビジネスである。ビジネスである以上、戦略・戦術・戦闘法が必要だ。特に戦略は無視できない」。この考えを元にトレードを体系化。そして、何をすべきで、何をすべきでないかを明文化。経済指標のチェック、移動平均線の傾きの確認、逆指値での発注ｅｔｃ。〝やるべきことは限られていること〟を浮き彫りにし、迷える投資家（トレーダー）に「生涯現役」で通じる手法を伝授した。次は何を発見（eureka）し、何を伝えてくれるのか。生涯現役のトレーダー、優利加。

第1章

「南緒」

入口ではなく出口を考え、ストップを置くことを最重要視する。独自のセンスで巧みにロットを組み替え、わずかな差益を狙う。確固たるトレードスタイルは、一見難しいように思えるが、実は非常にオーソドックスである。本来誰もができることを、誰よりも忠実に行う。その繰り返しで大きな利益をつかみ取るという緻密な手法によって資産を膨らました伝説のトレーダー、南緒。

はじめに

南緒氏との出会いはある人の紹介だった。ちょうど、南緒氏の著書「ＦＸ革命！」（扶桑社）が出版されたときで、本を読む限りではすごい実力者なのだろうと思った。そのころＦＸ市場は一大ブームと言っても過言ではないくらい盛り上がっていた。これまで投資をまったくしたことがない素人がどんどん参入していき、それを見てますます人気が出るという、ある意味、好循環がそこにはあった。

ＦＸで億単位の利益を出す人もちらほら出てきて、まるで数年前の株ブームのように私には思えた。あのときもすごかった。とにかく、誰もが株に興味を持っていたし、多くの人が知識も経験もないにもかかわらず利益を得ていた。しかし、今、何が残ったのかというと、その中で本当に生き残れる人はわずか、という事実だけだ。ブームに乗っただけのトレーダーはいつしか消えていく。

私がぜひ取材をさせてくださいとお願いしたら、快くＯＫの返事をくれた。嬉しい反面、不安もあった。なぜなら、本の内容から勝手に南緒氏を想像していた私は、おそらく、気が強くて短気でとげとげしい人だと思っていたからだ。本の中ではソフトな言い回しの中にも、チクリとトゲがあるというか。そういう印象を受けたのだ。だから、きちんと話が聞けるのか、という最も重要な部分に不安を抱えた。

南緒氏の本は、内容としてはこれまでのFX本の定番である「月100万円儲かる」などの手法よりも、これまでの経緯や考え方がメインになっていた。南緒氏独特の考え方が披露されていて、それは多くの投資家（トレーダー）が見落としている点や、あるいはわざと見ないふりをしている点を、適格に指摘しているように思えた。ある意味、挑発的、挑戦的な内容だ。

でも、逆に私は「これまで誰も言えなかったことをズバッと言ってしまうところ」に南緒氏のおもしろさを感じた。敵は多ければ多いほど実力を発揮できる人なのだろう。そんなことを思った。

取材の依頼をしたもうひとつの理由は、単純にFXで億単位を稼ぎ出した人に会いたかったということもある。そういう人は何を考えているのだろう、何を見ているのだろう。もっと簡単にいえば、普段、何をしているのだろう。そういう誰もが持つであろう疑問が私にもあったのだ。すごく端的にいえば、私もミーハーだったわけだ。

　私にとって負けないトレーダーは、世間的に人気を博しているタレントよりも興味がある存在だ。もちろん、南緒氏も例外ではない。むしろ、稼いだ金額から考えれば、彼はもう英雄に近いような気がしていた。あくまで私の中での話ではあるが、やはり億単位の利益を上げる人間は、何かが違う。

　ではいったい何が違うのか。それを解明すべく、不安と期待、その両方が同居する中で、私は南緒氏に会うことになった。

最初の投資はトレードではなく、ビジネス投資だった

Q：まずはどのような子供だったか、から聞かせていただけますか？

普通の子供でしたね。具体的に何になろうというのはなくて、ただ社長になろうとは考えていました。親の影響です。「判を押すだけだからいいよ」と父親が言っていましたから。父親は会社員ですけどね。

Q：お父様の認識が正しいのかどうかは別として、それで社長になろうと？

そうですね。社長になろうと思いました。

Q：その後、学校に行かれたと思いますが。

高校は中退です。大検で大学は行きました。そこでビジネスを始めたのです。イベントを企画して、お客さんが入って、売り上げを出すという仕事です。

Q：どうして、このビジネスを選んだのですか？

遊びの延長ですね。当時は週に3回くらいはディスコに行っていましたから。マハラジャとか

です。当時の大学生にとっては携帯電話とアルマーニのスーツ、ロレックスが三種の神器でした。

Q：当時、携帯は出始めですよね？

携帯のはしりで、月々の通話料が10万円くらいかかりました。基本料金が2万5000円くらいです。でも、僕の遊び仲間はみんな持っていました。そういうところで遊んでいるうちに学生を動員できるようになったのです。その延長で「パーティでもやろうか」というノリでしたね。

Q：このビジネスは順調だったのですか？

う～ん、お小遣い程度でしたね。そのほかにも結婚式の動画配信サービスなどをしていました。これは結婚式のダイジェスト版を10分だけ見せるものです。例えば、ホテルで結婚式を挙げるときに呼べなかった人がいたとします。その人たちにIDとパスワードを使って専用のサイトで結婚式の様子を見てもらうのです。当時はストリーミングといって、今のように動画がスムーズに流れる状況ではなかったですからね。ちょうどADSLが出たばかりでした。このときにISDNで動画を見せるという、けっこう難しいことをやっていました。今はブロードバンドなので軽いですが、昔はそうはいかなかったです。だから、静止画を動画のように見せる技術などを使ってやっていました。

Q：当時としてはけっこう先端的な取り組みですよね？

当時は新しかったですね。

Q：ところで、ビジネスでもある程度の成功を収めていたと思うのですが、そのころから投資はされていたのですか？

トレードではないですが投資はしていました。例えば、エステの会社にお金を入れたり、レコード会社にお金を投げたり。

Q：その投資はうまくいったのですか？

全敗です。

Q：何がいけなかったと思いますか？

リターンを求めていなかったからです。投資先は人からの紹介でしたし、それほど深く考えていなかったのです。そもそもお金を求めているところは資金繰りが苦しいはずですからね。ただ、条件は良いですよ。例えば、アーティストの名簿を見せられて1年分の収益の20％をくれると言ってきたレコード会社もありましたからね。でも、詳しくは覚えていませんし、知っているアーティストもいませんでしたね。

Q：これはメインのビジネスもうまくいって、余裕があったからでしょうか？

僕の場合、常に借り入れをしていましたね。銀行から借りられるだけ借りるタイプです。赤字になるとどうせ貸してくれないし、低金利ということを考えればあらかじめ借りて持っていたほうが得だと思っていました。例えば、1億円借りても2％の金利だったら200万円ですからね。だから、借りられるだけ借りました。

でも、借りて持っているだけでした。何かに大きく投資をするとかではなくて、貸してくれるのであれば借りるということです。

Q：とても合理的といえるかもしれません。

1回でも赤字になれば貸してくれないですからね。バブルのすぐ後は貸し渋りと言われていたときもありましたし。でも、黒字のところは別に貸し渋られていないようなので、もし借りられなくなるのであれば、借りられるうちに借りておこうということです。

Q：その考えはどういうことから出てきたのですか？

ビジネスを始めたころはまったく貸してくれませんでした、たとえ1000万円でも。ですから、最初は苦労しますよね。若いですし、結果も出ていないですし。でも、順調に事業が進むにつれ、だんだん向こうから「借りてください」と話を持ちかけてくるようになったわけです。だったら全部借りる。これだけです。

Q：その一部を投資していたのですか？

そうですね。少しですけど。でも、大きく勝負に出たところはことごとくやられました。そのときに思ったのは、「他人任せではいけないな」ということです。本当に他人任せでしたからね、そういう投資は。

もちろん、トレードは違いますよ、自分でやっていますから。会社経営も自分でやっていましたから、他人任せではないです。でも、お金を出すということは事業を相手に任せるということなので、これは思いっきり他人任せです。だから全滅でしたね。

Q：今、同じ話が来たらどうですか？

〝貸し〟ならいいですよね。回収できる可能性が高いですからね。ただ、そこの会社の株を持つとか、ある会社に投資するということだとどうでしょうかね。まぁ、とりあえず、そういう話が来ません（笑）。しかもそういう話が来るときは、「1年に20％のリターンです」というような話が多いのですけど、今だったら自分でやりますよ。その20％に魅力がないからです。例えば、1000万円が1200万円になって戻ってくることに対して、まったく魅力を感じないのです。その当時は、その20％に魅力があったのでしょうけどね。

思い返してみると、これまでの投資が全敗だったことも、最初から「リターンはないかもしれない、1円も戻ってこないかもしれない」ということを前提でお金を出していますから、実はけっこう納得していたりはしますけどね。

Q：当時はトレードもされていたのですか？

他人の言いなりで株を持つくらいですね。証券会社の方に電話で「この会社、良いですよ」と言われたらちょっと買う程度です。たしなみ程度でしたけど、だいたい塩漬けです。だから、トレードというものではないですね。

先物もやりましたよ。会社に電話がかかってきて「社長、今はプラチナがいいですよ」と言われるわけです。そこでは買わないのですが、6カ月くらいするとまた電話がくるわけです。「あのとき5000万円でも買っていれば今は2000万円になっていました」という話につられて「それじゃ、500万円だけ」という感じでお金を入れたのですが、だいたい追証です（笑）。

Q：ここでは、まだ本格的にトレードをやるという段階でないですね？

そのときは、いわゆる余興ですよね。でも、今は真剣です。食べるためにやっていますからね、仕事ですし。取り組み方がまったく違います。

株式投資自体を〝損切り〟して、FXの世界へ

Q：ところで、南緒さんが書かれた本の中では、会社が駄目になってしまったのでご友人に「FXを紹介された」とありましたね。もしこのタイミングでFXではなく株式がいいよと言われたら、株式投資をしていたと思いますか？

あぁ、最初は株式でしたよ。それでいろいろ勉強しました。

Q：勉強というと、例えばどんな勉強ですか？

キッチンカブーのカブーフレンズに入りましたね。そこで三村雄太くんがコラムを書いていたのです。

でも、これは何もしない状態のときですね。株を始める前です。ここで情報を得て、「こうやって買えばいいのか」と知りました。お勧め銘柄とかもありましたからね。そういう経緯でとりあえずやったのですが、もちろん駄目でした。

Q：駄目というのは？

駄目というか、情報自体はたぶん良いのだと思います。入るところと出るところが勝てる人

と違うのでしょうね。同じ銘柄をその日に売買しても勝つ人は勝ちますし、負ける人は負けます。僕は入り口と出口が悪いので駄目でした。株は500万円くらい負けてやめてしまいました。株式投資自体をロスカットしたわけです（笑）。そのときに、友人からFXがあることを教えてもらって、そちらを始めたのです。

Q：普通、株で駄目であればFXも同じようなものなので抵抗感があるかと思うのですが、そういった抵抗感はありませんでしたか？

株とFXはまったく別物だと思いました。株は現物をやっていたらそれほど儲からないですよね。例えば、1日に2倍になることはほとんどないです。

でも、FXはレバレッジがかかるので2倍になることもあるわけですよ。最初はデモで始めたのですが、1日に100万円とか勝ってしまったこともあります。それで、「これはすごいな」と思いましたね。とりあえず100枚（1ドル＝100円の場合、1枚＝1万ドル＝100万円）でやってみて、次の日にパソコンを立ち上げたら100万円儲かっているわけです。「これはやらねば」と思いましたよ。普通に思いましたよ。「一刻も早くやらなければ、デモなんてやっている場合じゃない」と。もちろん、すぐに口座開設を申請して始めました。

Q：そのときの売買というのは、どういう風に考えたのですか？　例えば入り口とか出口とか。

まったく何も考えていなかったですね。とりあえず売ればいいと。外貨を売って円を買えばいいと思いました。

Q：普通は外貨を買うことから始まると思うのですが、反対ですね？

売りのほうが早く儲かると聞いたのです。利益を取れるのが早いということで、売りから入りました。下がるときは一気に大きく下がりますよね。

でも、上がるときはじわじわと時間をかけて上がっていくので、効率を考えた場合には、売りのほうが早く取れるわけです。

Q：ということは、スワップを払うことになりますね？　これについて抵抗はなかったですか？

最初は気づいてなかったのです。気がついたら、「あれ？　オレ、何か払っているよ」という感じでしたね。1週間くらいたってから気づきました。決済をしていないのに、口座の残高が減っているなと。

Q：ということは、勉強というか、FXについての本は特に事前には何も読まなかったのですか？

そうですね。でも三村くんの本は読みました。

Q：三村くんは株ですよね？

株ですね。僕がFXを始めたのは2005年の8月です。当時はFXの本がほとんどなかったのです。だから、投資の本ということでは〝株〟しかなかったのです。FXの本が増えたのは、2006年くらいですからね。だから、最初はまったく意味がわからなかったですよ。「FXって何だろう」と思っていましたね。ライブドア証券で株の口座を作ったら、「FXの口座も作ってみませんか」ということなので作ってみました。だから、当時はライブドア証券で取引をしていました。

Q：ということは、スワップとかショートとかロングとかは、実戦しながら覚えていったという感じですか？

そうですね。実戦の中で学びました。教習所に行くよりとりあえず乗ってみようという感じです。そのかわり授業料は高かったですよ。3000万円からはじめて500万円くらいまで減りました。単純計算で2500万円の授業料ですね。

Q：このときの精神的なダメージはかなり大きかったですよね？

勝てると思っていましたからね……。

Q：勝てると思ったのは何故ですか？

実際に勝っている人がいたからです。株でも「30万円から2億円」のような本がありましたからね。「へ～、30万円が2億円になるんだ」と思ったわけです。この人ができるのであれば俺もできると思いました。この考えがあったから、ダメージをくらっても大丈夫だったのだと思いますね。

Q：このころから短期が好きだったのですか？

そういうわけではないです。トレードスタイルがなかったですから、ちょっと取れればすぐに利食っていました。

Q：具体的にどのくらいで利食っていましたか？

特に決まってはいなかったですね。利益が出ていたら慌てて利食いする感じでした。お風呂に入って出てきたら上がっていたので、慌てて利食いしたこともありました。何も考えてなかったですね。チャートも見ていませんし。

Q：1トレードでどのくらいの値幅を狙っていましたか？

1円はなかったと思います。大きく取りに行くタイプではなくて、細かい利益を狙うタイプですからね。だいたい100枚（100万通貨）買っていたので、1円はないですね。大きくても10万円～20万円の利益なので、10Ｐｉｐｓ（ドル円の場合、10Ｐｉｐｓ＝10銭）、20Ｐｉｐｓくらいで利食っていました。

Ｑ：当時は、どの程度まで損失が膨らんだのですか？

マージンコール寸前ですね。「これはやばいな」と思って、一番損失が大きいものから切っていきました。

Ｑ：ということは、資産の4割くらいがなくなってしまったわけですよね？

そうですね。基本的にはそういう危機がやってこないと切らない人でしたね。損失はぎりぎりまでひっぱって、利益は速攻という、よくありがちなことをしていました。しかも、ナンピンをしていたので、いくつもポジションがありました。だから、損が大きいポジションから飛ばしていく感じでした。そのあとで、少し資金に余裕ができたらまた100枚建てる、ということをしていました。

Ｑ：そのころの気分は？

毎日が憂鬱でしたね。5カ月くらいあったのですが、笑顔なしです。

Q：どうやって乗り切ったのですか？

最後にきちんとポジションをなくせたので、それが救いになったのだと思いますね。当時は、貯金があっても入ってくるお金がなかったのです。これが辛かった原因のひとつだと思います。貯金がなくても、入ってくるお金があれば元気だったと思いますね。僕は、貯金が1億円あって入ってくるお金がゼロよりは、貯金がゼロでも年収が1億円あったほうがよいと思うタイプです。

とにかくロスカットが第一

Q：ところで、本には「ロスカットが大事」と書いてありましたよね。これは、やはり身をもって理解したということですよね？

結局、株の本でも同じことを書いていますよね。ロスカットは早めにとか。だから、「これは本当だな」と痛感しました。

Q：はじめてロスカットをしたとき、どんな気持ちでした？

先ほどの繰り返しですが、すっきりです。ポジションが全部なくなってよかったという気持ちですね。

Q：ロスカットというと、やっぱり気分的に良くないと思うのですが、そんなことはなかったようですね。それにお話を聞いていると、一般的な人とは少し考え方が違いますよね。会社を経営していたときも借りられるだけ借りるとか。これはレバレッジの考えにも通ずるものがあるのでしょうか？

そうですね。レバレッジは大きければ大きいほどいいです。レバレッジ1000倍くらいの業者ができるとおもしろいと思いますね。今は400倍くらいまでですが、これが1000倍。ということは、資金が1000万円でドル円であれば、フルレバレッジで2500枚建てられますね。といっても、現実的には500枚くらいだと思いますが。この場合、20Ｐｉｐｓにストップを入れます。

Q：なぜ20Ｐｉｐｓでロスカットなのですか？

経験則というか、ドル円でデイトレであれば、このくらいがいいと思うのです。スキャルピング〔わずかな利幅を狙って、短時間で売買を繰り返す手法のこと〕ではないので、深めに設定します。スキャルの場合は、５Ｐｉｐｓで、利益も同じ５Ｐｉｐｓ。普通のトレードであれば、そのくらいは動きますからね。

Q：利益やストップを20Pipsにすると売買回数が減りますよね？

20Pipsの場合は1回～2回でしょうね。デイトレという感じです。

Q：損失と利益はどのくらいの割合ですか？　1対1くらいですか？

1対1以上ですね。

Q：勝率は五分五分くらいなので、1対いくつくらいが目安なのですか？

スキャルは1対1で、デイトレは1対2くらいですね。例えば、ストップが20Pipsだったらリミットが40Pipsくらいを狙います。勝率を考えると、10回やって3回くらい勝てば五分五分なので、4割以上を狙う感じです。

Q：損失と利益の割合が1対2で、しかも勝率4割というのはかなりのパフォーマンスだと思いますけどね。

でも、毎日というわけではないですね。狙える日だけです。基本はスキャルですから。

Q：狙えるというのはどういうときですか？

そうですね、以前、ポンド円で10日連続陰線が出たときがありました。視覚的にもすごく下げていますよね。これは1日だけ陽線が出たら、直後にドカンと動いて10円くらいとれるのではないかと思いました。案の定、金曜日に足の長い陽線が出て、月曜にギャップアップして始まって4円、5円上がりました。でもその日のうちに窓を埋めましたけどね。こういうときは狙っていきますね。

Q：デイトレは月に何回くらいありますか？

週に2回くらいですかね。だいたい朝やりますからね。朝買って、ストップとリミットを入れますね。

Q：なぜ日本時間で勝負をするのですか？

というか、逆に日本時間の間に勝負がつきそうなときだけやっています。午後はスキャルが多いからです。スキャルでロングポジションを持って、さらにデイトレでショートポジションを持っていると、両建てのようになりますよね。これが嫌なのです。同じ通貨でロングとショートを持つのが嫌なのですよ。

Q：あえて両建にする人もいますよね？

いますね。デイトレとスイングを同じ口座で。たまたまそうなったという人もいるようですが、僕は嫌ですね。両建てでなくても、同じ通貨を違う価格で持つのも、ポジションが2つになるので嫌です。

Q：変わった考え方ですね。

すっきりしない感じがするからです。かつては、いくつものポジションを持っていましたが、今は1トレード完結型です。14時30分くらいから相場が動き出すので、それまでにドル円で30～40Pipsの上げ下げがあったときに利益をとって、午後はスキャルですね。

Q：午後がスキャルというのは、そう決めているんですか？

そうですね。日本時間では、トレンドが出ないことが多いですよね。大きいトレンドは出ないで、前の日の続きのような感じです。だから、前日朝6時までのNYの動きをそのまま日本時間の14時30分くらいまでは継続しているのかなと思います。14時30分になればまた新しい展開が出てくる感じがするので、そこで出てきた新しいトレンドでスキャルを刻んでいくほうが僕はいいですね。

Q：14時30分というのは、特別何かあるのでしょうか？

14時30分になると動くのです。理由についてはよくわかりませんが、これは経験則です。

そもそも、どこの市場が何時に始まっているのかについては、ニューヨークやロンドンといった主要なところ以外はよくわかってないですしね。とにかく「何か動いたな」という感じです。18時もそうですね。ロンドンが始まるのでね。そういうところを狙ってスキャルをやっていきたいですね。

Q：南緒さんがいう、午後というのは何時くらいですか？

15時ですね。ここからがスキャルタイムです。その前の時間帯、例えばポンドも8時にロングで持つことも多いですよ。

Q：夜の流れを日本時間でも引き継ぐ場合が多いのですか？　それとも朝で折り返す感じですか？

引き継ぐような気がしますね。ただ、データを取ってないのでわかりませんが。

Q：データは取らないですか？

取らないですね。データを取るよりも、今日はどういう勝ち方をしようかなと考えています。

1日の目標をイメージし、トレンドがはっきりしているときにエントリー

Q：今日はどういう勝ち方をしようかなというお話をいただきました。それは始まる前にイメージするという感じですか？

僕のやり方は邪道ですし、経済動向とかもよく把握していませんから、参考になるかはわかりませんが、まずは「今日、いくら勝ちたいかな」と考えます。例えば、今日は5Pipsずつ5回に分けて買い下がろうとか、どこかで5Pips折り返せば勝ちにしようとか、今日、これで失敗をしたらもう寝ようとか、10枚買って5Pipsでストップを入れて、そこまで来てしまったら今度は30枚建てるとか。もちろん全部を持つのではなくて、ひとつひとつのポジションは切ります。

仮に、10枚を5Pipsでロスカットして、次は30枚を建ててまた5Pipsでロスカットすると、これで40枚になりますよね。今度は90枚を入れて5Pipsで切って、次は270枚入れてまた5Pipsで切るとします。そう考えると、仮に切らないでこれだけの枚数を持つのはけっこう辛いのです。ですから、1回ごとに切るようにしています。どこかで5Pips折り返せばそこで利食いをします。

Q：建てる枚数が3倍になっていますよね？　これはなぜですか？

正直に言うと、〝何となく〟です（笑）。2倍だと、最初のロット分しか勝てないですよね。例えば、10枚で5Pipsだと5000円ですよね。どこまでいっても5000円になってしまいます。確かに、3倍にするとリスクが高くなりますが、5Pips戻したときが大きいですからね。単純なことですね。

ドル円が5回折り返したら25Pipsですよね。一気に25Pips動くことはほとんどないですが、逆に5Pipsくらいであれば必ずどこかで折り返しますよ。だから、それが取れればもう寝ようと考えるときもあります。すぐに勝ちたいと思うときはこういうやり方もしますね。ただ、一辺倒ではないです。結局、収支がプラスになればいいわけですからね。

Q：ただ、イベントが起きたときは一方向に大きく動くこともありますよね？　戦争とか津波、テロとか。

エントリーをしたら5Pipsでストップを入れるので、そこで食い止めることはできますよ。それと、こういう方法でやるときはボリンジャーバンドのミドルラインが下を向いているときで、しかも小さな反発をしながら下がっているときなのです。小さな反発をして、それが終わって、再度ミドルラインに向かって売られたタイミングで売ります。

Q：上昇トレンドの場合は？

上昇トレンドであれば、1回上がって下がりますよね。これが押し目です。この押し目でもう1回ミドルバンドが向かっている方向に動きだしたら買います。そこから5Pipsずつくので、だいたい25Pipsくらいでは勝負がつきますね。

Q：利益確定のタイミングは、利益が伸び続けているうちですか、それとも伸びが止まって反落し始めてからですか？

落ち始める前ですね。あまり欲張れないですから。ただ、トレンドがきちんと出ているときに仕掛けます。これはロットを変えていくのでその分リスクも高くなりますが、正直、最初に利食えると、あまりうれしくないですね。普通の人はロットを固定させてしまうと思うのですが、そうすると大きく取れないので、自分の場合は固定しません。

Q：南緒さんは、トレンドがはっきりしているときにしかエントリーしないタイプですか？

そうですね。結局、1時間待ってのエントリーで、入ったら5分、10分で終わりです。また待って入って、待って入って、この繰り返しです。ちなみに、待っている間は本を読んだりしています。

Q：南緒さんの場合、ナンピンはせずに、そこでいったん切って、また新たにより大きなポジションを建てますよね。しかし、最初のポジションを切らないで、ナンピンをしていったほうがレート面では有利ですよね？　1銭であっても、結構大きいですよね？

確かにそうですが、複数ポジションを持つのが嫌なのです。そのレートよりも精神的な面を優先しますね。

予想は無駄。予想では勝てない

Q：本の中ではチャートの勉強をされたとありましたが、具体的にどのようにして勉強されたのですか？

それまではチャートを見ていなかったのです。だから、上がったら売ってみよう、この繰返しです。そもそもライブドア証券にチャートがなかったのです。だから、レートだけですね。その後、ＦＸＡ証券に口座を開設したのですが、そこではじめてチャートらしいチャートを見ました。「みんな、こんなのを見てやっているのか！」と思いましたね。そこで日足を出してみたり、６０分足を出してみたり、ボリンジャーバンドを重ねてみたり、とにかくそこにある機能は全部使ってみました。その結果として、すべての相場に当てはまるテクニカルはないとわかったのです。「それなら勘でやるしかない」という結論にたどり着きました。そう思うと、陽線が赤、陰線が青なので、カジノのルーレットのように見えましたよ。「赤、赤が来たら、次は青かな」という感じです。

僕は、昔はよくラスベガスに行っていました。特にルーレットの赤黒が好きなのです。だから、60分のチャートでも赤、赤、赤だったら、次の1時間は青が出るかなという感じで見ています。赤、赤、赤が続いて、次に青が出そうかなと思ったら、とりあえず売ってみる。そういうことをやっていましたね。

Q：ということは、赤、赤、赤が出てそこで売って、もし次も赤が出たら損切りをして、青が出たら小さくても利食うということですか？

そうですね。それと、相場が大きく動くときには何かあるなと気づきました。そうしたら、世の中には指標というものがあると気づいたわけです。「指標があるから9時半くらいによく動くのかな」と思い、観察していたところ、「指標を狙うともっとよい」と思ったわけです。ですから、指標の前にとりあえず買ってみて、ストップを入れて取れるだけ取ってみよう、ということもやっていました。

Q：この場合のストップの幅はどのくらいでした？

ドル円だったら、リミットが25Pipsくらいです。ストップは始まる直前に入れば15Pipsくらいですね。ですが、ストップはすべる（ストップ注文にヒットしたとき、実際の約定はその価格よりも不利になることがあります。その現象を「すべる」と言います）ことがあるので、20Pipsくらいになることもあります。要するに、5Pipsくらいはすべることを前提にしているので20Pipsくらいですね。

Q：指標のときはエントリーすることが多いですか？

この場合は、適当に遊ぶという感じですね。だから、始まる15秒前くらいにポンと買うということもあります。毎回とはいかないですね。それで、とりあえずはそのときのトレンドの方向でエントリーをします。指標が発表になる前に上がっていたら上に行くし、下がっていたら下に行くだろうという感じです。

Q：予想はしないタイプですね？

予想では勝てないですよ。それをやるだけ無駄だと思っています。

Q：指標が良いか悪いかはわからないから、とにかくポジションを持ってみて、駄目であれば切って、良い方向であれば利食うということですね？

そうです。例えば、雇用統計とかは狙い目ですね。月の第1週目は雇用統計の発表なので狙い目です。失業率に注目していますね。

あとは非農業部門雇用者数です。これはNFPと呼ばれています。要するに、農業以外で働く人の数ですよね。この増減で経済政策が変わると見られているのです。NFPが増えれば、つまり農業以外の産業に関わる人が増えれば、その分、産業が良くなっているということです。だから、経済は調子が良いということになりますね。逆に、NFPが減ってくると、経済に不安が出てくるかもしれません。

ただ、この数自体がすごく重要なのかというと、実はそうではないのです。事前の予想と実際の数値の差が重要なのですよ。いわゆるサプライズというものです。例えば、NFPの事前予想がプラス25万人だとしても、実際の数値がプラス20万人だったら、失望売りが出るのです。そういう意味では、事前にアナリストなどが予想した数値を把握しておく必要はありますね。こういう情報はロイターとかで出ているのでそこで調べます。

Q：最近、指標を使ったトレードはしましたか？　そのトレードの入り口と出口を教えてください。ストップはどのくらいに置きましたか？

雇用統計があったので、そこでトレードをしました。一度大きく下げて、上がりましたけど、もう一度下げたときに取りました。発表の前にポジションを持って、そのまま利益確定です。

Q：だいたいどのくらい取れたのですか？　今回大きく動いたと思いますけど。

そのときはポンドでやっていました。60Pipsくらいですね。ドル円で20Pipsくらい動くとポンドでは60Pipsくらいですね。

Q：なぜ、ドル円でなかったのですか？

これは、何となくですね。基本的に、ドル円、ユーロドル、ポンド円の3つしかやっていないのです。この3つの中では、大きく取れるときはポンドのほうが取れるわけです。もちろん、ドル円もやりますが、指標が出たときなどは大きく動くので、そういうときはポンドです。ただ、リスクも大きいですよ。ですから、リスクを小さくしたいのであれば、ドル円でやったほうがいいと思います。

実は、そのときは勝っていたのです。僕は、勝っているとリスクの大きいほうにいきます。勝っているから、ポンドにいったのです。そのときに負けていたならば、ドル円にいっていたと思います。結局、その日に買っているので、「もっと勝ちたい」という理由から、リスクはあるのですがリターンも大きいポンドにいきました。逆に、負けていたら、それ以上傷を広げたくないので、ドル円ですね。

要するに、今日は負けているからポンドで一発逆転という発想はしないですね。負けていたらちょっとでも回収という作業に出ます。

逆に、勝っているときはどんどんやりますよ。例えば、口座に1200万円入っているときに、1日で4000万円までいったこともあります。勝ってくると、どんどんいくタイプです。今日の勝ち分を次の1トレードでなくしてもいいからガンガンやることもあります。それが当たったら、勝っていた分と同じくらいの利益が出ることもありますからね。でも、これは気分でやっていることが多いです。

資金管理さえ守っていれば、ちょっと勝つことくらいは簡単

Q：ここまでお話ししていただいたことなどは、本を読んでというよりは、実際にやってみて身につけたという感じですか？

そうですね。本を読んで〝ため〟になったことはないです。出ている本はほとんど読破しましたが、ためになった本はほとんどありません。口座開設から学べるとか、勝ち方を学べるという本は役に立たないと思います。であれば、むしろ資金管理のほうが勉強になりますよ。例

えば、今の資金ではどのくらい使えばよいのか、レバレッジはどのくらいか、どのタイミングで切るのがよいのかとか。相場を当てにいくということではなくて。どちらにせよ上か下かしかないので、できるだけ損を小さくして、できるだけ勝ちを伸ばそうということを考えています。このことを心がけていればそう負けるものではないと思いますね。極端な話、朝さいころを振って偶数だったら今日はロングにして、だけどストップは必ず置くというようにしていってもいいと思います。だいたい今は手数料が無料の業者もあるしスプレッドがなければみんなチャラになりますからね。毎日家を出るまでにポンド円でロングを買って上下に50Pipsのストップとリミットを置いておけば、スプレッドがなければ、結局、チャラですよね。だから、ちょっと利益を伸ばすことを考えれば、それほど負けないと思います。

Q：具体的には、利益を伸ばすために南緒さんはどういう方法をとっていますか？

マーケットから目を離していますね。要するに、見ないことです。お風呂に入ったりしていますね。利益が出ているとどうしても利食ってしまうので、そこで目を離しています。

以前、ポンド円のショートで500Pipsを取ったときにも、やはり見ていなかったのです。だから取れたのだと思います。そのときは1円抜けるところで利益にもストップを置いて、1泊2日しようと思っていました。負けているときだったので、これで今月の負けを回収しようと思っていたのです。このトレードで回収しようと、500枚建てていましたね。200枚、

200枚、100枚というように建てて、でも、だいたい同じ価格で建てていました。100Pips利益が出ているところで、この1トレードで負けを全部回収しようとして、わざと見ないでいましたね。次の日に見ていたら、取れていたという感じです。500枚で500Pipsなので、2500万円くらいですね。

ボリンジャーバンドで流れを読む

Q：南緒さんは、基本的にトレンドは順張りですか？

そうですね。トレンドに逆らっては勝てません。世の中の流れに逆らわない。流れに乗ることが大切です。

Q：流れはどうやって読むのですか？

基本的なことですよ、ボリンジャーバンドとか。例えば、ボリンジャーバンドを見たときにミドルラインが下がっていたとします。そして、チャートを見たら、プライスがミドルラインの下にあったとします。このとき、プライスがミドルラインまで戻ったらそこで売ってみます。

僕の場合は売りですから、戻り売りですよね。もしミドルラインを越えてきたらロスカットしておくということです。逆にミドルラインから反転したら今度はロングしてみようかなとか。僕はそれを5分足で見ています。午前中はショートだったけど、午後はロングにしてみようということもあります。

Q：具体的にボリンジャーバンドはどう使うのでしょうか？

ボリンジャーバンドのトレンドとレンジが出ているときにやります。1日の中でも長く持つことはしないので、ボリンジャーバンドの中でのフィボといって、フィボナッチとボリンがいっしょに表示される機能を使います。トレンドが見やすいのです。普通のボリンジャーバンドは線が3本ですが、フィボは7本出ているのです。FXA証券ではこれを見ています。

Q：線が多いということは、そこで止まる止まらないということよりも、流れが見やすいということですか？

そうですね。気にして見るのは、ミドルバンドから数えて2本目ですね。ミドルバンドから数えて2本目にタッチしないでプライスが動いているときが、僕にとってのレンジなのです。それが2本目にタッチしたらトレンドが始まると判断しているのです。それで決めています。

Q：ということは、2本目にタッチしたらエントリーということですか？

2本目にタッチしたらというよりも、タッチしたらミドルバンドに傾斜ができるわけですよね。タッチしたところで戻ってきたら、その戻り始めを買います。要するに、上昇トレンドの押し目買い、下降トレンドの戻り売りを狙う感じですね。

Q：ストップは？

いつもと変わらず5Ｐｉｐｓくらいですね。

Q：売りと買いの比率はどちらが多いのですか？

売りのほうが多いですね。何となく売ってしまう感じです。意識の中に、売りのほうが早く利益が取れるというものがあるのでしょうね。何となくストンと落ちる気がします。「ちょこちょこと上がってストン」。こういうイメージがあるのです。もしかしたらそうではないのかもしれませんが、潜在意識にそう入っているのです。過去を振り返ってみても、1トレードで大きく利益を取るときは売りが多いですね。

スプレッドが大きいと勝てない

Q：ところで、取引が一番多い通貨は何ですか？

一番取引が多いのはドル円ですよ。

Q：確か、本ではポンド円が多いと書いてありましたよね？

デイトレはポンド円がおもしろいです。やはりボラティリティが大きいのでね。でも、僕はスキャルピングが多いのです。1日に何十回もトレードします。スプレッドを気にするのでやはりドル円になりますね。

Q：発注は指値と成行、主にどちらを使いますか？

入るときは成行です。ストップは必ず入れて、リミットも入れています。

Q：その幅は？

ドル円であればストップもリミットも基本は5Ｐｉｐｓです。

Q：ずいぶん小さいですね。

5Pipsを10回とって50にするという発想です。

Q：ポンド円の場合には、どのくらいでストップを入れるのですか？

50Pips前後ですね。

Q：なぜ50Pipsなのですか？　先ほど、ドル円の場合は5Pipsと話されていましたが、それに比べると少し大きい感じがしますが。

やり方が違いますからね。ドル円はスキャルで、ポンドはデイトレなので、単にスピードの違いです。

Q：レバレッジは？

今は銀行のほうでやっているのでちょっとわからないです。個人でやっていたころは、それほどレバレッジが高い業者がなかったのですよ。FXA証券では1枚（1万通貨）を1万円で買うことができます。レバレッジは約100倍ですね（補足：1ドル＝100円の場合、1枚＝1万ドル＝100万円なので、レバレッジ100倍なら、1万円で1枚建てられる）。これは100枚まで同じ証拠金で1万円です。101枚から500枚までが1万5000円でした。

資金ができてからは1回に500枚（500万通貨）を建てていました。最低でも100枚。500枚（500万通貨）を建てるとだいたい700万円くらい保証金を使っていたことになるので、レバレッジは70倍くらいでしょうか。そういうやり方で細かく取っていました。多いときで1日40回トレードしました。ポンドは楽です。1日に1回、2回ですから。

Q：スプレッドとレバレッジだったら、どちらを重視しますか？

スプレッドですね。スプレッドが大きいと絶対に勝てません。僕が個人でやっていたときに、4億8000万円勝ったときがあるのですが、もしスプレッドが高かったら収益が半分になりますよ。しかも、500万円負けた月でも500万円くらい払っています。つまり、スプレッドがなければ勝負では勝っているわけで、スプレッド負けをしているのですよ。

勝っていても負けていても、トレード回数が同じであれば同じだけスプレッドを払っているので、スプレッドを抑えないと勝てません。

Q：スプレッドはどのくらいまでなら我慢できますか？

1銭くらいでしょうか。そのくらいでないと、スキャルピングは厳しいです。でも、今はどんどん良くなっているので、勝ちやすい状況になっているなとは思います。

昔、僕が始めた頃はドル円で5銭が普通でしたよ。ポンド円は10銭とか8銭とか。「何なんだ」と思いますよね。しかも、別途手数料がありましたからね。今は手数料なしで1銭とか0・5銭なので、すごくいいなと思います。

Q：スプレッドを重視されているということは、やはり業者についても、スプレッド重視で選ぶべきですか？

もちろん、スプレッド重視です。業者選びの時点で負けるというのが一番良くないです。そこが一番重要なのですが、多くの人は「業者選びは関係ない」と思っています。例えば4Pips違う場合、1日5回トレードをしたら20Pips違うわけです。そうすると月に20日トレードするとして400Pips違いますよね。これだけ違ったら、例えば10枚（10万通貨）でやっていたら40万円違います。

年間では約500万円ですよ。ということは、やる前から500万円負けているわけですよ。1年でね。もし30枚（30万通貨）でやったらもっと負けます。100枚だったら、5000Pipsの負けからスタートです。これはすごいことですよ。

だからこそ、個人でやる場合には業者選びが大切なのです。でも、みんなそこを度外視して、「あそこの証券会社は、（規模が）大きいから」とかという理由でやっていますよね。特に初心者にはそういう人が多いです。でも、そういう方には、「会社が飛ぶ心配は限りなくゼロに近いかもしれないけど、あなたが飛びます」と言いたいです。

ほかには、クリック365でやっている人は「税金が20%だから」と心配しながらやっているかもしれませんが、「大丈夫、払う必要はありません」という感じです。

「どこでやめたら儲かるのか」という発想が大事

Q：ところで、これまでの内容とは違ったエントリーのタイミングはありますか？

ポンドのときは、チャートを見て〝はらみ〟が出たら買うとかですね。あとは前日の高値安値をブレイクしたら乗るとか。

Q：直近のトレードのエントリータイミングを教えてください。何故、そこでエントリーしたのですか？

先ほどもお話ししましたが、月曜日の朝起きたらびっくりということですね。4円動いていました。FXで4円動くというのは、めったにないことですから。そもそも窓空け自体があまりないわけです。だからびっくりしましたね。どうやら、日曜にアメリカで何かがあったらしいのです。アメリカで何かがあるとポンドも動くのでね。ニュースに関してはこんな感じですね。あまりこだわらない。

Q：1日の中で、どのタイミングで高値安値をチェックしていますか？

朝の7時に高値安値のチェックをして、15時になったら今日の高値安値、もう一度、22時になったら今日の高値安値チェックをしています。このときに勢いがあれば乗ってみようとか、逆に勢いがなければ高値安値付近で売ろうなどと検討します。ですから、その日の相場の雰囲気ですよね。勢いよく抜けてきそうだと思ったら高値で買うこともあります。

Q：抜けてきそうというのは、何かシグナルがあるのですか？

チャートを見てですよね。例えば、22時くらいに今日の高値付近でもみ合いになっていたら、次に上に動いたら買うという感じです。

Q：FXの場合、24時間動いているので、前日の高値安値を見るときにどこで切ればいいのか難しいですよね？

僕の場合は朝7時です。アメリカのマーケットが引けたということもありますからね。

Q：例えば、仕事を持った人が夜トレードをするとなると、その中でできることは何ですか？

たくさんありますよ。例えば19時から夜の1時までとすると、デイトレもスキャルもできますからね。スイングであれば週に1回でもよいわけですから。

Q：初心者が19時から1時までの間で取り組めるとすると、どのようなトレード方法がありますか？

そのまま流れに乗ったほうがいいですね。15時とか16時の流れに、そのまま乗るのがいいです。トレードは〝形〟でやることが違うのです。19時から1時まで1回やるのか、それとも何回もやるのか。仮に1回やって手仕舞って寝るという場合には夕方からの流れを追っていくのがいいです。ロンドン時間の高値安値を意識するとかですよね。癖がありますからね。

例えば、1日を60分足で見ると24本できますよね。朝の7時にスタートして1日の中で一度、底値をつけてまた戻って山型になっているというように見てもよいと思います。だいたい18時くらいに天井を打って下がってきているようであれば売る。逆に、V時も同じですね。底値をつけてから上がってきているようであれば買うという流れです。

Q：ということは、1日の動きは60分足で見るということですか？

それが見やすいと思います。

だいたい始めたばかりの頃は「どこで買えば儲かりますか?」という話になるのです。でも、大事なのは「どこで買えばいいのか」ではなくて、「どこでやめれば儲かるか」ということなのです。そのほうが話が早いですよ。

「どうやれば勝てますか?」と言われたら、ロスカットしてくださいとしか言えません。結局、入るところは当たるのも外れるのも五分五分なのです。だから、マイナスになったときにどう対処するかを覚えないと駄目です、特に初心者は。要するに、どちらでもいいのですよ、ロングでもショートでも。でも「マイナスになったときに、さぁ、どうしますか?」ということを覚えないと勝てないです。最初から癖をつけるべきです。

Q：癖をつけるにはどうしたらいいですか?

ロスカットをしたほうが「資金効率が良い」ということを理解すればいいのです。練習です。ドル円のようなスプレッドが小さい通貨で、できれば手数料が安い業者、あるいはゼロの業者で、上がると思ったら成行で買ってください。見るチャートは何でもいいです。5Pipsでいいので、これだけ上がると思ったところで買って、5Pips下がると思ったところで売ってください。それで反対側に行ってしまったらマイナス5Pipsのところでロスカットしてください。これを1日に5回練習してください。それで週に25回できますよね。こうすれば、1週間たって1万円増えているとかトントンであれば、あれほどロスカットしたのに口座残高が減っていないということがわかると思います。早くポジションを飛ばして次のチャンスを待ったほうが効率が良いということが、これでわかると思います。

Q：訓練ですね？

だいたい強制的にロスカットさせられてしまうような状況に追い込まれたときは大負けしているときですから、みんなロスカットするのが怖いのですよ。でも、実は早くポジションを飛ばしたほうが楽なのです。次のチャンスで大きくポンと取ったほうが、全勝するよりも勝ちにつながると思います。そういうことがわかってないのです。体で覚えてないのですよ。

勝つことを前提にしてポジションを取るので、マイナスになったとき塩漬けするしかなくなるのです。みんな、負けると思ってないし、とりあえず上がると思っているのです。だから下がったときに「ナンピンしておけ」ということになるのです。つまり、下がることを考えないでポジションを持つので下がったときに対処ができないのです。それが負ける原因だと思います。

Q：ほかに原因はありますか？

心理戦で負けることでしょうね。マイナス10万円になっていたものがマイナス5万円になったらロスカットしないですよね。あと5万円取り返そうと頑張りますよね。でも10万円儲かっているときに、それが5万円になったらすぐに利食いします。心理状態の違いですよ。

僕はすぐにロスカットするほうですね。

基本は5Pipsでロスカット

Q：ロスカットと言うと、先ほどから何回も話題になっているように、5Pipsですか？　その数字にしている理由は何ですか？

はい。基本は5Pipsです。理由については、正直に言うと、特にないのです。あえて言うなら、切りがいいからですね。あとは、仮に10Pipsですと、ドル円だとそこまでは動かないので難しいかなという理由もあります。

Q：初心者の場合でも、先ほどのお話のように5Pipsくらいがよいのでしょうか？

そうですね。スプレッドが小さい通貨であれば、そのくらいでよいと思います。あとロットが一定だと勝てないです。ある程度慣れてきたらロットの上げ下げも必要です。

Q：どういったときにロットを変えればいいですか？

というか、自分の中でルールを作ってしまうのですよ。

Q：例えば？

僕は勝った後は枚数を倍にします。

Q：その理由は？

2連勝はできる。だけど3連勝は難しいです。これは売りでも買いでもです。ポンド円ではそれをやります。

Q：なぜ2連勝できると思うのですか？

2連勝ならできそうだという感覚的なものですよね。ですから、2単位でやって勝ったら次は4単位、それで勝ったら次は1単位です。3連勝は難しいですからね、単位を減らします。そうすれば、2連勝してから3連敗をしてもプラスなのです。本の中では2単位で勝って4単位で勝って、1単位で負けて、2単位で負けて、さらに2単位で負けてもプラスになると書いてあると思いますけどね。収益はPipsで見るのではなくて、金額が増えているかどうかなのですよ。

Q：これはどういうことですか？

要するに、枚数に違いがあるということです。例えば、1回目のトレードでは20枚で20Pips勝って、2回目は枚数が倍になるので40枚で20Pips勝つ。そして3回目では10枚で60Pipsの負けだとしますよね。これをPipsで考えると、20＋20－60なので、マイナス20となります。でも収益を考えた場合、20枚（20万通貨）で20Pips（20銭）と40枚（40万通貨）で20Pips（20銭）なので、4万＋8万で12万となります。

一方で、負けはというと、10枚（10万通貨）で60Pips（60銭）なので、6万円です。差し引き6万円の利益になるのですよ。このように、僕はPipsではなくてあくまで収益で考えているわけです。

Q：南緒さんのストップは基本は5Pipsですが、実際、これは変動がありますか？

もちろんあります。デイトレで100Pips負けると痛いので、ポンド円であれば50Pipsが目安ですよと言うと、その時点で「50Pips」となってしまいますよね。でもね、これは目安なんですよ。35Pipsのときもあれば60Pipsのときもあります。

Q：ボラが高ければストップを深めにしないと、利益取れないですからね？

そうですね。ポイントがあると思います。例えば、エントリーしたときの直近の安値が58Pipsだったときには55Pipsにしようかなとか。ぴったり50Pipsではないです。

Q：直近のトレードではストップはいくつでしたか？　なぜそこだったのですか？

5Pipsですね。ドル円のときはいつもここですから。

Q：ここが割れたらさらに下に行ってしまうような節目があって、それにプライスが近づいている場合、小さな幅かもしれませんが、その節目までを取りに行くというようなトレードはしますか？

あぁ、知らないうちにやっているかもしれませんね。割と小さいところを狙っていますから。5Pipsを狙うスキャルが多いです。5Pipsを20回やって100Pipsにするという考えですから。

Q：回数が目標ですか？　それとも100Pipsが目標ですか？

もちろん、100Pipsですね。

Q：どうして100Pipsを目標にしたのですか？

深い意味はなく、切りがいいからです（笑）。これだけです。

弟子入りする人がいたとしたら何を教えるか

Q：仮に、私が南緒さんに弟子入りしたとしますよね。その場合、最初に何をさせますか？

やはり先ほどのロスカットの練習です。それがベースにないと、何をやっても勝てないです。

Q：ロスカットを覚えたら次は何をさせますか？

算数です。

Q：算数？　どんな？

FXはギャンブルに近いですから、算数的な要素を盛り込んでいったほうが勝てるかなと思います。

Q：確率ですか？

確率ではないですね。足し算です。数式の組み合わせとか。例えば、さきほどの2勝4敗でも金額では勝てるように僕はロットを組み替えています。表現が難しいのですが、最終的な目標額にたどり着くように、〝勝率でもロットでも、損切り幅でも全部を考えていく〟ということです。言いかえれば資金管理でしょうか。これは大切ですよ。

あとは目標ですね。物ではなくて、トレードでどういう結果を出すかということです。例えば1年で2倍にするというように着地点を決めるということです。そのうえでプロセスを考えていくのです。そうすれば今月どのくらいのパフォーマンスを上げればいいのかがわかります。ちょっとのことで2倍になりますからね。

Q：例えば？

100万円の資金でやる場合、30万円で1枚建てるとすると、3枚（3万通貨）になりますが、これであればレバレッジは高くないですね。この3枚でも資金を2倍にすることは可能です。1日平均10Pips（10銭）取ります。そうすると3万円なので、月20日として6万円増え、総資金が106万円になります。資産が30万円増えるたびに1枚増やしていくと、5カ月後には4枚になります。これは5カ月後には総資金が130万円になっているからです。30万円儲かるたびに1枚ずつ増やすと、1年後は6枚になって、200万円近くになります。ね。２年目からはレバレッジを倍にして、１５万円で1枚でもいいです。そうすると6カ月で資産は倍になります。

着地点を決めないと、ただ闇雲にやってしまうことになるのです。だから、着地点を持ってトレーディングをするということです。例えば、気がついたら富士山の頂上に登っていたということはないですよね。でも、富士山に登ると決めてしまえば、そこから準備が始まるわけです。登山用の靴を買ったり、新幹線の時刻を調べたり。これがプロセスです。だから、黙々とプロセスをこなせばいいのですよ。

会社経営も同じですよね。「今年、何億円売り上げなければならない」となったら、今月は何をするのかを考えますよね。トレードも同じなのです。これはまったく難しくないですよ。だって、みんな予定は立てていますから。例えば、会社に9時までに行かなければならないとき、朝何時に起きて、何時に家を出ればいいのか考えますよね。要するに、9時出社という着地点があるのです。でも、トレードになるとそれがない。だから勝てないのですよ。予定がないから、下がったときに塩漬けになって資金効率が落ちるのです。次のチャンスを逃すのです。だから、着地点を決めることが一番勝ちやすい方法だと思います。

Q：多くの人はそのプロセスを立てられないことが問題ということですか？

ただ漠然とトレードで勝ちたいと思っているということです、トレードで成功したいと。それは30歳までにベンツが欲しいというのと同じです。

仮に、ここに24歳の人がいるとします。1500万円のベンツを買うのに今の給料を6年間全部貯めても足りないとしますよね。そうすると、会社が終わってコンビニでバイトをするとか、新しい事業を立ち上げるとかしますよね。このように「いつまで」という目標がないと、明日も明後日も同じことをしてしまいますよ。それではベンツは買えません。

Q：こういった思考はどこで？　成功哲学をお持ちのようですが。

ナポレオンヒルの成功哲学を18歳のころ読みましたね。そのくらいです。

これまでの経験を振り返って……

Q：南緒さんにとって、トレードにおいてこれは最悪だと思うことは何ですか？

当たらないときです。10回やって10回当たらなかったら最悪だと思いますね。

Q：そういう経験はありますか？

２４回やって２４回連続で当たらなかったことがあります。まったく当たらないので、これはやめろと言われているのかと思いましたけどね。

Q：でも続けていますよね？　どうして続けられたのですか？

それほど大きく負けてなかったからです。ロスカットも早かったですし。５Ｐｉｐｓでしたからね。でも、さすがに２４連敗はびっくりしました。そのときは最悪だと思いましたね。

Q：２４連敗というのはわざとしようと思ってもできないし、確率的にも非常に稀な現象です。何が悪かったのでしょう？

運でしょうね。今は同じことをして勝っていますから。普通に運が悪いなという感じです。

Q：やはりトレードに運はあるのでしょうか？　それはどういうときに強く感じますか？

運がどうのというよりも、「こういうこともあるんだな」という良い勉強になりました。ただ、すごい確率なので、逆に光栄ですよ。

トレードスタイルを重視。細かいことは気にしない

Q：レバレッジとうまく付き合う方法は何ですか？　例えば、私の場合、レバレッジが高いとすごく怖い感じがするのです。でも、南緒さんの場合、レバレッジが高いですよね。レバレッジに対するこういう意識をなくすにはどうすればよいですか？

デイトレとかスキャルピングとかであれば、レバレッジが高いとか低いとかはまったく関係ない話になってしまいます。レバレッジが高いと危険とか書いてありますが、結局、それはトレードスタイルを度外視して書いてある話ですよね。

例えば、とりあえず100万円の資金で3枚（3万通貨）持って、3円（300Pips）下がったら9万円負けますよね。でも、そこまで負けるのにはたぶん1週間くらいかかります。もちろんデイトレでも、同じ3枚で3円下がれば9万円になります。

でも、デイトレの場合には同じ100万円の資金でも30枚（30万通貨）を建てたりします。仮にストップが30Pipsであれば、1時間程度で同じ9万円の損になります。片方は1週間で9万円の損、もう片方は1時間で9万円の損になるので、同じ9万円の損でも時間が違います。1週間かけてしまうほうが時間の無駄ですよね。

だから、デイトレであればスイングの10倍の枚数を持っていてもいいかなと思いますね。

要は、トレードのスタイルの違いなのですよ。これを考えることなしに「100万円で30枚はデカすぎる」とか言っているのです。逆に、スイングとか中長期でやるのであれば、僕だって30枚は持たないですよ。まぁ、やらないですけどね。

デイトレでは、20~30Pipsでストップを入れるから、30枚持っていても、結局は負ける金額は同じなのです。

それに、1週間かけて3枚（3万通貨）で300Pips（3円）やられたら、その回収は厳しいですよ。300Pips戻すには、おそらく1週間以上かかると思うからです。下がるときは早いですが、戻るのはゆっくりですからね。でも、デイトレで1時間で同じだけ負けても、その日にまた取り返しにいけますよ。明日、頑張れます。だからそのほうが、月ベースで考えたときに安定したトレードになると僕は思います。

中長期で勝てるというのは、僕はまぐれだと思います。テポドンが飛んだというだけで5円下がるのです。ロンドンでアルカイダがテロを起こすというわさだけで、ポンド円で10円下がるわけです。そういうことが毎日毎日起こりえるわけはないので、中長期で勝った負けたというのはまぐれだと思うのです。2005年は円売りでみんな勝ちましたよね。でも、翌年みんな大負けです。だから、2005年の勝ちはまぐれなのですよ。要するに、1年間まぐれが続いてしまったのです。もし月ベースで収益を出すようなトレーディングをしていたら、翌年に全部なくすようなことはなかったのではないかと思います。

Q：スワップはまったく無視ですか？

そうですね。まったく関係ないです。スワップが欲しいから買って、差益で負けたらバランスが取れないですよね。それにスワップ派の中には、実は本当のスワップ派はいないと思っています。ドルが2008年3月に100円割れになったときに、「100円割れたので今が仕込みどきです」と言ってみんな仕込みましたよね。それで104円とか105円に戻ってきたときに、利食っているわけです。これって差益派ですよね。

スワップ派であれば、別にどこで仕込んでもいいのですよ。だって、スワップを狙っているわけですから。それなのに、「下がったから仕込む」というのはちょっと理解しがたいです。下がったから頑張りましょう、でも上がれば利食う。これは完全に差益派です。自分でスワップ派だと思っているだけですよ。しかも、含み損を持っているときはスワップ派、利益が出たら差益派になって、「トレードスタイルは？」と聞くと「スワップ派です」と言うわけです。それは含み損を持っている時間が長いだけです。利益が出たら急に差益派になるので、自分にとって都合の良いトレードなのです。負けているときはロスカットをしないスワップ派になっているだけだと思いますね。

Q：テクニカルについてはどうお考えですか？

テクニカルは参考資料ですよ。例えば、ボリンジャーバンドとその上下に2本、合わせて3

線がありますよね。「僕はレンジのときはミドルラインを中心に上に1本、下に1本があるので上1本目くらいで売る、下1本目くらいで買うというスキャルピングもやりますよ」と言うと、「それはタッチしたらですか？」とか、「1回抜けたらですか？」と聞かれます。でもタッチしてないときに売ることもありますし、抜けたときに売ることもあります。でも、みんなきちんとしたいのでしょうね。要するに、ルール化したいのでしょうけど、残念ながら僕は気分なのですよ。上1本目付近で下がるかなと思えば売ります。

Q：ということは、これは場数とか経験がモノを言うという感じでしょうか？

そうですね。ただね、負けている人ほど細かいことに執着しているような気がします。

Q：初心者としては、やはりどうしても知りたいところですよね。タイミングがわからないからこそ、きちんとしたルールが欲しいというか。

算数ではないですから。答えはひとつではないのですよ。だから〝何となく〟なのですよ。

Q：『投資の達人探訪』に登場してくれた三村さんと似ている気がしますね。彼も、感覚的なものがありましたね。

三村くんには一度会ったことがありますが、彼は天才肌ですよね。天才肌でないと、あのようにはならないでしょう。

Q：どのあたりがそう思いました？

何か〝のほほん〟としているところ（笑）。天才っぽい感じがしますね。

Q：ほかに気になるトレーダーはいますか？

主婦トレーダーですが、1分足で、ポンド円をボリンジャーバンドで見ていると言っていた方がいました。「履歴を見せてください」といったら後でメールで送ってくれましたよ。ある1日のものですが、「この日はとても調子が良い日でした」と書いてありました。見事なトレードでしたね。勝ちとか負けが見事なのではなくて、ロスカットが非常に見事でした。複数ポジションを同時に持っていない、ポンド円オンリーです。1日に20回くらいトレードされて、全部50枚か100枚です。利益が60Pipsのときもあれば15Pipsのときもありました。ストップが6Pipsのときもあれば12Pipsのときもあります。6Pipsだったらスプレッド分ですね。考えられるとしたら、「1回下げてもう駄目だと思って、普通ならチャラまで待とう」と思うのですが、たぶん彼女の中でこれはもう戻らないと思ったから切ったのだろうなと思うようなものが、ロスカットの中に見え隠れしているのです。そういうところが天才的な感じがしましたね。その意思の強さですよね。それに、伸ばせるところは利益を伸ばしているというのもわかりました。エントリーから出口までの時間も表示されていましたから ね。すごいなと思いました。「今日は良い日です」と彼女は言っていましたが、おそらく彼女にとって収益が良い日だったのでしょうね。500万円くらい勝っていましたけど。でも、僕は、収益よりもトレードの内容がすごく良いなと思いました。この人くらいですね、すごいなと思うのは。

僕は必ず「履歴を見せてください」と言うのですよ。「勝ってる、勝ってる」といってもその内容が問題なのです。勝って下がったからナンピンして、それが上がったから一気に売って収益を出すというパターンとか、1トレードでは20万円、30万円勝って、その一方で250万円負けたり、でもトータルで60万円勝っているとかね。そういうような人が多かったりしますね。そういう人はいつか駄目になりますよ。

Q:何故、駄目になると思うのですか?

マージンコールで駄目になる人が多いですからね。結局、ストップが遅いからです。10回のうち9回勝っていても、残りの1回で駄目になる。しかも、その9回勝った分も、実は大負けになっているのだけれど、戻ってきたところでちょっと利食いしたというだけだと思います。そういうトレードでは、戻らないときがあるので危険ですよね。

勝てるトレーダーと負けるトレーダーの違いとは

Q：ところで、ご兄弟等でFXをされている方はいらっしゃいますか？

兄がやっていますね。でも、パフォーマンスはあまり良くないようです。

Q：自分と何が違うと思いますか？

やる気でしょうね。勝とうという意識が違うと思います。一杯飲んで、さあやろうという感じなのではないでしょうかね。飲みながらやっているとかね。楽して勝とうとしている、そんな気がします。

でもね、そういう人は駄目ですよ。会社が嫌だからトレードで何とかなったら専業トレーダーになりたいという人がいますよね。勝てるようになったら会社を辞めたいという人。でもね、会社が嫌なら勝てなくても辞めますよ。だけど、勝ったら辞めるというのはだいたい駄目ですね。要するに、本気じゃないということです。

Q：勝てるトレーダーと負けるトレーダーの違いは？

やはり真剣さでしょうね。これに尽きると思います。

Q：ひとつの情報を多くの人が見ていますが、その中でも勝てる人と負ける人がいます。この違いは何が原因だと思いますか？

逃げ方が違うからですね。負ける人はいつも「どこで買えばいいのか」を気にしているのですが、本当は「どこで逃げるのか」のほうが大事なのです。そこが違うと思います。利益が出ているときは逃げるのが早すぎて、負けているときは遅すぎる。この違いだと思います。結局、気持ちの問題です。毎回勝ちにいこうとすると、負けのときは逃げるのが遅くなってしまいます。

Q：南緒さんの弱みは何ですか？　逆に、強みは何ですか？

弱点は調子に乗ることですね。強みは、普通の人よりも、普通の状態で意識を上げることができるということだと思います。

どういうことかというと、例えば、余剰金でトレードをやりなさいと言いますが、現実的に考えると、余剰金というものはないわけです。逆に言うと、余剰金という意識でいるからうまくいかないのです。これが、仮に借金をした１００万円でトレードをしているときには負けられないですよね。そういうときと同じ精神状態になったときには、もっと高い意識でトレードができると思います。

こういう精神状態のところまで自分自身を持っていけるところが強みですね。絶対に勝利をつかむと思っているから、最後には冷静な判断ができて勝ちに持っていけるような気がします。

Q：勝利をつかむ確実性を感じているという感じですね？

そういう気がしますね。２アウト満塁で自分の打順が回ってきたときに、きちんと打てる人間のような気がしています。「打てなかったらどうしよう」ということは考えなくて、「絶対に打つし、打ったら、こうやってカッコよく走るし」みたいに臨場感をもって挑むことができますね。

トレードでも同じですよ。最初にトレードをしたとき、５００万円まで減ったからそこでやめてもよかったのですが、ここからすごいことになると勝手に思っていました。だから、デイトレで何億円という本を見たときでも「あぁ、オレもこうなるな」と思いました。崖っぷちに立ったときに強い人間でしょうね。

あとは、そういう崖っぷち状態を自分で作るのもうまいのかもしれません。今日は負けられないという妄想もします。例えば、１カ月で考えたときに、１週目にボロボロに負けたときに、今月負けたら死ぬかもしれないという妄想もします。というか、思うようにしているのでしょうね。だから、「今日のトレードは冷静に勝ちに行くぞ」と考えることができるのだと思います。こういうメンタル的なことがトレードには必要だと思いますね。

FXで負ける要因は頑張りすぎるところにある

Q：少し話題を変えます。よくアナリストなどは年間10％で回せばいいというようなことを言いますが、こういった基準はありますか？

伸ばせるだけ伸ばしますね。でも、なぜかアナリストの方は10％と言いますよね。それならトレードやらないですよ。海外の銀行に預けていればそのくらいの数字を出せる商品はいくらでもあります。ですから、負けるリスクを抱えてまでトレードはやらないです。

Q：個人の資産は、短期で運用、中長期で運用というように分散投資はしていますか？

中長期でポジションを持つということはないです。

Q：外貨預金もない？

ないですね。

Q：円で100％持っていると円リスクがありますよね？

そういう話はよく聞きますね。

Q：例えば、ドルとユーロと円で3分割しておけばリスクヘッジになるという考えもありますが。

あぁ、今はじめて知りました。考えたこともなかった（笑）。たまに1億円たまったらスワップ派になるという人いますよね。そういうのは意味がわからないと思うタイプですからね。「1億円貯めるまでデイトレで頑張れたのであれば、その後もデイトレで頑張ればいいのに」と思います。どうして急にスワップ派になるのかなと不思議に思います。おかしな話ですよね。デイトレやっていたのに急にスワップ派って。負けますよ。

Q：どうして負けると思うのですか？

一番はスタイルがないからです。相関関係だったらまだわかるのですが、結局、スワップで回収するという理論自体が間違っているのです。なぜなら、1通貨でやっている場合には金利は変動するからです。どういうことかというと、例えば、南アフリカランドを持っていて、今、含み損を抱えている人がいるとします。この場合、今のレートで止まっていれば15年くらいで回収するのだそうです。でも、ドル円のスワップはこの10カ月で3分の1になりました。日本も18年くらい前は8％くらいでしたから。

このように金利は変動しているのですから、「15年頑張っていれば」という考え方自体が駄目なのだと思います。FXで負ける要因はここにあると思いますね。耐えていれば毎日少しずつお金が入ってきますから。株の場合はこれがないから、スパッと切れるのだと思います。

「負ける」ということは経験しないほうがよい

Q：初心者が経験しないほうがよいことは何ですか？

負けることです。負けないで勝ち上がるのが一番良いわけです。普通、だいたいみんな1回は負けますよね。でも、僕自身は、負ける必要はないと思っています。

Q：そうですか。これは意外な意見ですね。多くの人は「市場から撤退しない程度に」という条件付きで、1回は大きく負けることで学ぶと言います。

う～ん、何でしょうね。僕も1回負けましたけどね。会社経営でも会社をつぶさないで大きくしたほうがいいじゃないですか。トレードも一緒ですよね。ドローダウンはありますが、負けないほうがいいですよね。この負けもどの程度かはわかりませんが、例えば貯金が全部なくなるとかであれば、負けないほうがいいに決まっています。今、デモをやっていてすぐにトレードに入りますという方には、負けないで勝って行きましょうと言いたいです。

山登りと一緒ですよ。頂上に行く途中に落とし穴があると教えても、みんなはまってしまうのですよ。先に登ったことがある人の後についていっても、崖から落ちる人は落ちます。でも、できれば落ちないで山に登れたほうがよいに決まっているのです。

Q：やはり1回負けるのはどうしても避けられないのかもしれませんね。そこで市場から撤退しない程度に痛い目を見て資金管理の大切さを身をもって学ぶという感じでしょうかね。

それってわかっていてもみんなやりますよね。ちょこちょこと小さく勝って今月3万円儲かったとして、これが10倍だったら30万円だったなと思うわけです。そして、翌月に10倍で仕掛けて大きくやられますからね。

Q：これを防ぐにはどうしたらいいですか？

先ほども話したように、その人のトレードにビジョンとか着地点がないから、急にレバレッジを上げたりするのだと思います。これだけの作業をコツコツやっていれば、半年後にいくらになるという明確なビジョンがあれば防げるでしょうね。

自分に正直になれば〝負けない〟

Q：ところで、自分が勝っている一番の理由はどこにあるとお考えですか？

勝ちにいっているところですね。

Q：それはメンタル面で？

そうですね。自分に正直にやっているから勝っていると思います。駄目だと思ったら迷わずロスカットしますしね。

Q：先ほど、気分でトレードすると話されていましたが、それも自分に正直ということですか？

そうです、そうです。ロングを持って含み損になりますよね、たとえ10Pipsでも。戻すなと思ったら、それから30Pips落ちても持っていますよ。だけど、「もう駄目だな」とか、「わからないな」と思ったらとりあえずクローズして、わかったときに入ろうと思います。戻ってほしいと思う前にロスカットをするようにしています。マイナスが大きくなると、〝戻ってほしい〟と思うわけです、お祈りですね。あとは上がる理由を探したり。でも、それでは駄目なのです。

ただ、こんなことを言う自分も、昔はそういうことをしていましたよ。ショートポジションのとき、ちょうどハリケーンのカトリーヌがアメリカを直撃したときで、不謹慎かもしれませんが「やった！」と思いましたよ。1000万円くらいの含み損を持っていたので、これで何とかなると思ったのですが、逆に上がってしまって。「ええ、上がるの～」と思いましたけどね。そういういろいろな情報を探しに行きますよね。だから、そういう風になる前に、つまり戻ってほしいと思う前に切ることが大事なのです。これができれば、みんな負けないと思いますけどね。

Q：これは小さな含み損のときでも同じですか？

仮に5Ｐｉｐｓでも同じです。逆に5Ｐｉｐｓくらいだと戻ると思いますよね。トイレに行っている間に戻るのではないかとか。だけど、駄目だと思ったら切ります。駄目だと思ったわけで、それは自分に正直になっているからです。

Q：切るときは、ストップで切る場合が多いですか？　それとも目で見て切りますか？

ガーッと動くときがあるので、ストップは置いていますよ。突発的な動きがあるとまずいですから。ですが、もう駄目だと思ったら成行で切ります。

Q：実際にそういう経験があるのですか？

ありますね。特にニュースがなかったけど、一方向に動いたことがありました。そのときはまだストップが上手ではなかったのです。今だったらエントリーをしたらすぐにストップを入れることができるのですが、ちょっと振れてもまた上に行くのではないかと思ってストップを入れないときがあったのです。特に勝ちはじめのころはそういうことがありましたね。あとで考えればなぜストップを入れなかったのかなと思うわけです。

Q：自分で切らないでストップを浅く入れて、それで切ることもありますか？

　自分がここだと思うポイントにストップは置きますからね。

Q：ここだと思うポイントというのは、具体的にどういうポイントですか？

　ローソク足を見ていますね。50Ｐｉｐｓ前後で探している感じです。例えば、下ひげを出したときとかですね。安値をブレイクしたらそちらの方向に行く可能性が高いので、その安値付近でストップを置くこともあります。仮に買ったときから安値までが60Ｐｉｐｓあれば、65Ｐｉｐｓくらいにストップを置くとか。

　だけど、相場の動きで、「これはもう上げてこないな」と思ったら成行で切ります。外出をするときは、自分で決めたストップを入れて出てしまいます。

Q：こういう取材を受けていて、特にストップになるかどうかのときは、話に集中できないということはありませんか？

　ポジションがなくなる前は気になりますが、ポジションがなくなれば平気ですよ。ちなみに、今回は3000万円くらいやられました。プライベートバンクで運用しているお金での話ですが。

Q：1日にどのくらいの上げ下げがあるのですか？

２０００万円〜３０００万円くらいです。でも、１日に何回もやりますから、１回目は負けみたいな感じですよ。しかも、毎月勝っているわけでもないですしね。トータルで負ける月もありますよ。

Q：トータルで負ける月は何が悪かったのでしょうか？

う〜ん、何でしょうね。感覚的ではあるのですが、そもそも2カ月くらいは負けると思っていますしね。１２カ月連続で勝てるとは思ってないですから。

今後の目標について

Q：今後の目標はどう設定していますか？

早くやめたいですね（笑）。

Q：でも、もうリタイアしてもいいのでは？

実は小学校5年生の子供がいるのですが、僕が何をやっている人なのかわからないのですよ。

昔、会社をやっていたことはわかるのですが、「今、何をしているの？」とずっと言われていて。言ってもわからないだろうと思って言ってないですしね。

家にいても、いつも棒グラフのようなものを見ているわけですよ。時々、「これ何？」と聞かれるのですが、説明しても難しいし、「これが今の仕事なんだ」と言っても「わからない」と言われています。なので、わかるようなことをやりたいと思っています。本を書いたのも、実は、ちょっとでもわからせてあげたいと思ったからというのもありますよ。本が出た日にわざわざ本屋に行って「あ！」というのがやりたかったのです。

Q：それって、たぶん普通の人の願いとはかけはなれていますよね。物でもなく権威でもなく。

家にいてずっとPCの前にいる父親もどうなのかなと思いますね。そういう理由から、トレードをしている友人にエコ活動をしている人がいるので、今はそちらにも協力していますよ。小さなことでは箸（マイ箸）を持ち歩くとか。その団体の中の人が描いた絵を買うとか。もちろん、芸術的な価値はないかもしれないので寄付ですよね。そういうことをやろうと思っています。これまであまり良いことをしていないので、人生の後半戦は人のためになることをしていきたいなと思います。学校を建てると言っているので、僕もお金を出したいですしね。

Q：実際に、幼稚園など建てている方もいますよ。

そういうのは素晴らしいですよね。勝っているトレーダーがそういうことをすれば、これから勝ってくる人も右にならって同じことをすると思うので、いいなと思います。トレードは一番つまらない商売ですから。

会社は物を売るかサービスを提供してお金を得ますよね。世の中全部そうです。たばこもライターもコーヒーも。形のないものであればサービスですよね。でも、トレードは誰にも何もあげないでお金だけを得るわけです。ですから、勝っているトレーダーさんは、勝った金額の1%くらいそういう活動にお金を使ってもいいのかなと思いますよ。

Q：トレードは作業と言えば作業なのかもしれませんね。私も以前は引きこもってトレードだけしていましたが、今はこうやって話をしたり、聞く仕事もしています。人の役に立てるのは楽しいですからね。南緒さんは過去に事業をされていたわけですが、今後、再度挑戦するということは考えてないですか？

みんなに言われますね。でも、やりたくないですね。人を雇うこと自体がすごくストレスになりますからね。しかも、20年近く続けた仕事を失くしていますから、イチから何かをすることは考えていないですね。

Q：確かに会社を経営することは想像以上にストレスがかかるのでしょうね。

やりがいはあるとは思うのですが、収益を考えた場合、会社をイチから組み立てるよりもトレードをやったほうがよいわけです。でも、トレードは人に何も与えないので、そういう形で何かを与えていこうかなと。それができればいいかなと思っています。トレードはまさしく作業ですから、楽しくはやってないです。「夜も眠いけどとりあえず相場に動きがあるから」という感じになっていますからね。みんなのようにハッピーではないと思います。割と黙々とひとりでやっていますよ。

Q：正直なところ、本のイメージとだいぶギャップがあって、私自身がちょっと驚いています。

僕はどちらかというと叩かれているほうが好きなのですよ（笑）。ちょっと悪くとられるほうがいいし、そういうイメージ作りをしています。だから、悪く書かれて当たり前なのです。でも、そのほうが好きです。

Q：何か戦略があるのですか？

トレードのやる気につながるような気がします。本当はやりたくないのですが、やらなければならない。本当にお金がなくて、勝ちたいという意欲があるときは、もっとトレードが好きだったような気がします。だけど、今はやることが好きではないです。

Q：その理由は何だと思いますか？

精神的に楽になったからでしょうか。今では、前のように生活がかかっているとか、そういう意識に持っていくための作業のほうが大変になってきています。

だから、非難されると、やる気が出るのですよ。やる気が出るように、意識的に自分をそういうふうに持っていっていますね。僕は今「本当に勝っているのか」とよく言われていますので、いつか自己資金ですごい結果を出そうと思います。それをそのまま見せてしまおうと。それに燃えているかな。

Q：でも、そのようなことをしなくてもいいのではないですか？

たぶん5年後はトレードはやってないと思うので、最後の1年あるいは2年は、これをバネにしてもう1回がんばろうと思います。それがあるから、もう1年、もう2年頑張れるかなと思いますね。

負けてもよいお金はない

Q：先ほど、「負けないほうがよいに決まっている」というお話をお聞きしました。そこで、ひとつお聞きしたいことがあります。最初の資金について、よく「負けてもよいお金でやれ」と言われますが、これに関してはどう思いますか？

負けてもよいお金なんてないですよ。そういうことが潜在意識に入っていくから駄目なのではないかと思いますけどね。すぐに使わないからといっても負けてもよいお金なんてあるわけないですよね。でも、多くの本では「負けてもよいお金でやりなさい」と書いてあるわけです。そう言われると、負けたときの言い訳になりますよね。含み損を持っていても生活が困るわけじゃないしとか。そういうことであれば、最初からトレードはやらないほうがいいです。例えば、1年使っていないから余剰金だという理由で定期などを解約してFXを始める人もいるわけです。でも、それは余剰金ではないですよね。それを余剰金だと書いてしまっている人がいるからおかしいと思います。

もちろん、借金をしてやれとかではないですよ。ただ、余剰金ではなくて貯めたお金ですから、ということです。それをきちんと教えてあげないと、みなさん定期に入れているお金を余剰金だと勘違いして、それをFXに入れてなくすわけです。「みんな大切なお金なんですよ」と教えていけば、みんな大切にトレードするようになると思います。

Q：そういうのは、ある程度、自己管理も必要に思いますね。

僕が考えるFXは一種ギャンブルですし、投機です。レバレッジも高いですし、ほかのものと性質が違います。自己管理ができないとレバレッジだって何十倍でもいけますからね。

レバレッジの管理ができる人にとっては、レバレッジは非常に有利に働くのですが、一方で自己管理ができない人にとっては凶器ですよ。だいたい大変なことになっています。FXでは中間があまりいないですよね。貯金をゼロにしてしまっているか、ほんの一部の人間ですが大勝ちをしているか。毎年10％ずつコンスタントに勝っているという人はめったにいないですよね。

ダイエットとか禁煙とかと同じだと思います。僕は1日に5箱くらい煙草を吸うのですが、禁煙をしてみても駄目ですよ。それで禁煙をした人に「何をやった？」と聞くのですが、「別に何もやってないです」と言うのです。要は、カチッとライターをつけなければいいのですよ。カチッとやらなければいい、それだけです。ダイエットもそう。食べなければいいわけですよ。もしくは同じだけ食べてやせたいのであれば走ればいいのですよ。自己管理がすべてです。

トレードにも似たようなところがあります。勝っているからいろいろと聞かれますが、普通にロスカットして上がると思ったらまた買えばいい。やばいと思ったら決済すればいい。これだけで普通に良い勝負ができます。それにプラスしてやり方というのがあればより良いということです。それも、ある程度テクニカルを目安にしているとか、時間を目安にしているとかがあれば、けっこう勝てると思いますよ。でも、みんな、そういう部分がなくて、ただ手法が知りたいというだけなのです。何をやっているかを知りたいのですよ。

Q：禁煙でいえば、Aの手法が駄目だったからBの手法で。それでも駄目だからCへという感じですよね。

そうそう、「カチッ」とやらなければ禁煙成功なのですよ。それがみんなわかってない。だから、そこをわからせたいですよね。

Q：潜在意識の問題でしょうかね。

そういう吸いたいとか食べたいという欲求ですよね。トレードも、お金を減らしたくないという勘違いの欲求ですよ。それも本能です。でも、そういう気持ちが強ければ強いほど、ロスカットができないので大負けになるのです。だから、どんどんロスカットしてください。実はそれが一番資産を減らさない方法なのですが、それに気づかない。そう思います。ストップにひっかかって、そのあと戻ってしまった人は最悪ですね。もうストップは置けないですね。３日吸わないでいたのに、飲み会があって１本ちょうだいと言ってしまったのと同じです。

Q：逆もありますよね。ストップを外したら戻ったというパターン。

そうそう、もう2度とストップは置けません。一生入れられないですよ。でも、それをわからせるのは難しいと思います。

Q：そうなると、先ほどの5Pipsで利益確定、5Pipsでストップを置くというのは良い方法なのでしょうね。

そうです。1日5回、1週間で25トレードやってくださいということです。減ってないですから。

Q：これまで減った人はいませんか？

いますよ。

Q：それは何が悪かったのでしょう？

ただ単に勝率の問題です。それでも、きっと何かはつかんだと思いますよ。あれだけロスカットをしたのに、これだけしか減らなかったと思うはずです。

Q：ランダムにやっていたら、例えば10人いれば、5人はプラスになって5人はマイナスになるという感じでしょうか？

そうですね。あとは、できれば順張りが良いでしょうね。5P·ipsくらいですからね。中には、「指標が出たときはどうすればいいですか？」と聞く人もいますが、それはどうでもいいのですよ。自分が上がると思ったら買って、下がると思ったら売ればいいのです。だから、そういう質問をする人はセンスがないなと思いますよ。質問の的がずれていると、ちょっと無理かなと思います。

Q：これまでで、「この人はできる」と思った質問はありますか？

聞かない人はできると思いますね。逆に「何分足を見ていますか？」とか「どんなテクニカルを使っていますか？」とか細かいところを聞いてくる人は、ちょっとトレーダーとして厳しいかなと思います。

メンタルのことを理解して「勝てそうな気がしてきました」という人はいけるかもと思いますね。あとは、僕の話を聞いて「ストップしてました？」とか聞いてくるとかね。要するに、こういうことを聞いてくる人はストップがいつもベースにあるわけです。「野球でも柔道でもなんでも受け身から練習しますよね」という話をわかってもらえたら大丈夫かなと思います。

でも、実際は違います。全員がいきなりホームランを打とうとしていますからね。全員バットを持って構えていますから。そうではなくて、まずは守れよということです。柔道でも投げることしか考えてないです。投げられたときのことを考えましょうよ。そこがわかってもらえれば、マイナスになったときの処理の仕方が重要だということがわかると思いますね。

意志の弱さが負けを引き込む

Q：ところで、225先物もされているとお聞きしましたが、実際にされてどうですか？

225のほうが楽です。こっちのほうが〝システムっぽい感じ〟でいけるなと思っていますね。FXは裁量の部分が大きいので考えながらやっていますが、225は何となく自分の中で、システムチックなものでできると思います。

Q：やはり直感が鋭いですね。225に参加する機関投資家の場合、ほとんどの人が機械的な売買をしていて、裁量でやっている人は本当に少ないです。

FXで負けた人が225で勝っているという話も聞いたことがあります。225のほうでは月に30%～40%勝っているそうです。その方もシステムっぽいことをやっているようですね。

Q：月に30%～40%という数字は普通ありませんね。225先物は日本の投資商品の中ではシステム的アプローチでの研究が最も進んでいるので、丸腰で勝つにはかなりの才能が求められると思いますよ。話を聞くと、やはりメンタル面が非常に強い印象を受けますね。ロスカットにも躊躇はないし。

だから、そこなのですよ。仮にシステムでやってもそのシステムに従えない人は多いと思います。MACD1本に従えないと思いますよ。ゴールデンクロスで買ってデッドクロスになってロスカットということもあるのでしょうけど、含み損になったら無視という感じになりますよね。そういう使い方をするので、システムに従えないということは、イコール、気持ちの問題だと思います。それで「MACDどうでした？」と聞くと、「使えないですね」と。「それはお前だろ」という話です。

Q：それに似た話で「明日からやります」という話もありませんか？

ありますね。「明日からロスカットします」とみんな言います。「今、ポジションを持っているのですが、どうしたらいいでしょうか？」と聞かれるので、「家に帰ったらすぐにロスカットですよ」と言うわけです。でも、次に会ったときにも「実は含み損を持っているのですが……」と。それで「明日から新しくエントリーをします。今持っているのは、とりあえず置いといて」という感じです。これって、明日から禁煙するので最後の1本を吸いますというのと同じですよ。だから、結局、みんなメンタルですね。

僕も煙草をやめようと思ったことがあったので、そのときはカートン買いをしていた煙草を全部捨てました。自分の中では今日で終わり。それで全部捨てました。でもね、次の日、買ってましたよ（笑）。

Q：そのあたりには意志の弱さが見受けられますね。トレードとの違いは何でしょうか？

トレードは、ものすごく自分を追い込んでやっていたからできたのですよ。追い込まれていたから。だから、そういう気持ちに自分を持っていくことができれば、勝てるわけです。

禁煙もそうですよ。例えば、今月中に煙草をやめないと家族が死ぬということになれば、ほとんどの人は煙草をやめるでしょうね。自分もやめたと思います。これは、もしもの話ですけどね。でも、そういう状況が起きているというくらいに自分を追い込む。そうすればロスカットできますよ。「もしロスカットしなかったら負ける」くらいでは駄目です。「もしロスカットしなかったら、明日、親友が死んでしまう」くらいに追い込む。それを繰り返しやっていればロスカットもさらっとできるようになりますよ。

天才的だなと思った三村くんも、もしかしたらそうなのかもしれないなと思いますね。逆にそういったメンタルが強いから、彼は勝っていけるのではないかと思いますけどね。

Q：今はロスカットがさらっとできている人でも、過去にはこういった訓練があったのでしょうね。

そうですね。しかも、もう習慣化されているわけですよ。だから普通にできるのです。ロスカットができれば、収益のボラもなくなるなと気づくと思います。おそらく、最初は収益の上下も大きくて、1回で大きく勝てるときもあるし、1回で半分になることもあると思います。しかも、最初の収益がいちばん大きくて、次に1回、収益を減らします。そして、次にトレードすると、1回目までの収益には届きません。そのかわり、半分になるということもない。次はもっと上下幅が小さくなって、最終的にはボラがなくなるということになるのでしょうね。下降フラッグみたいに。

要するに、習慣化させることです。習慣にしてしまえば、ロスカットをしているからお金の浮き沈みがないし、逆に少しずつでも勝っているということを脳が理解すると思います。だから、最初のうちは自分を追い込むことですよ。これは誰でもできます。

僕は自分が天才肌だとは思わないですから、最初はやはり自分を追い込みましたよね。何故か、ロスカットを躊躇してしまうのです。だから、わざと追い込んでいました。そういうことを繰り返していたら、普通にロスカットができるようになりました。次第に、これが勝てる方法だと理解してくるのですよ。何度も言いますが、僕は天才肌ではないです。割と苦労してやってきたかなと思います。でも、常に勝ちにいっていますよ。この気持ちは誰にも負けませんからね。

取材を終えて

トレードは手法だけでは勝てない

頭ではわかっていても、実感として落ちてこなかった私の中で、このことが痛いほど強く実感できたインタビューとなった。

特にＦＸの場合には、安易に始められるという利点がある反面、どうしても手法に走りがちという、いわば最も危険な状態に陥りやすい傾向がある。もちろんそれで勝てることもあるだろうし、実際にその方法で利益を積み上げていくトレーダーもいる。

しかし、それはほんの一握りの話で、多くは強制決済という網にひっかかり、文字通り、強制的に市場から追い出されてしまう。その中で生き残るには何が必要なのか。

南緒氏が最も強調するのが、ストップだった。自分が決めたところに必ずストップを置く。そうすれば損失は限定的となり、多少ダメージをくらったとしても、市場撤退という最悪の事態には陥らないのだ。しかし、多くのトレーダーはこれができない。

文中で南緒氏が指摘したように、含み損になると「スワップ派」になり、含み益状態になるとすかさず「差益派」へと変貌する。軸がずれてしまうのだ。というか、そもそもトレードに関していえば軸など存在しない。

正直、この話を聞いて「なるほどな」と思った。それまでは私自身、そんなことを考えたこともなかったし、ある種、それは暗黙の了解なのではないかとさえ思っていた。しかし、本来であればそれは間違いなのだろう。軸がないということは、大黒柱がない家のようなもの。いつ崩れ落ちてもおかしくないのだ。こういうことを、さらっと言ってのける部分に、南緒氏のカリスマ性を感じた。というか、彼はカリスマなのだ。

これまで誰も言えなかったことを本の中で強く語り、高い志とプライド、限られた者しか手にすることができない的確な判断力と意志の強さを持っていた。そして己の実力をまるで他人事のように冷静に、第三者の視点で傍観していたのだ。だから、彼は天狗にならずにいられたのだろう。そして多くの支持を得た。

彼のやり方は、非常に簡単だ。難しいことはいっさいやっていない。本当に勝てる人というのは、そういうものなのだろうといつも思う。

複雑なチャートや指標などはいらないのだ。むしろ邪魔にさえなる。でも多くの勝てないトレーダーは、とにかく難しいことをやろうとする。おそらくそこには達成感があるのだろう。その達成感を求めるがゆえに、ノイズを重要視してしまうのだ。

南緒氏と多くのトレーダーの決定的な違いはそこにあると思う。彼は、多くの情報を必要としていない。特定のものだけあればそれでいい。そこで完結できているところに、彼が勝てる理由があると思えてならないのだ。

もうひとつの違いは、南緒氏が常に考えているのが出口だということ。素人をはじめほとんどの投資家はまず入口を知ろうとする。どこで買ったらいいのですか？　そういう質問があとを絶たないということは、みんな入口を探している証拠だ。

しかし、南緒氏は違う。彼は、どこで売るのか、どこにストップを置くのか。リミットはどうする？　そういうことを常に考えているのだ。そして恐ろしいまでの強い意志によって、必ず決められたところで手仕舞いをする。彼はメンタルにおいても、一流なのだ。

「常に勝ちに行く」。

そう言いきるときの鋭い目からは彼のゆるぎない自信を感じ、それと同時にものすごい威圧感が私に覆いかぶさった。言ってみれば、「そういう気持ちがなかったら、トレードなんてやっちゃ駄目でしょ」ということだ。

一方で、時々、いたずらっ子のようにニヤッと笑ったときの眼差しからは、彼の優しさを感じた。それはどこまでもあたたかいものだった。だから、その瞬間、本の中に存在する南緒氏と、実際の南緒氏はまったく別物なのではないかとさえ思ったのだ。そのくらい大きなギャップがあった。

結論から言うと、彼はとても人想いなのだ。そうではなかったら、自分の身を守る最善の方法など伝授することはないはず。でも、彼は何度も何度も言った。「身を守るにはストップを置くことですよ」と。これを、本当に何度も言うのだ。


心優しきトレーダー。これが彼の正体なのだと思う。ただ月に100万円儲ける方法を教えるようなトレーダーとは世界が違う。彼が持つ世界は、ある意味、神の領域なのかもしれないとさえ思うのだ。そこはどこまでも広く、透明であたたかい。そして、その中心に彼は立ち、「命をかけたトレード」を行っている。そう、彼は自分の人生をかけてトレードをしているのだ。だからこそ、生ぬるい気持ちでトレードを行っている人とは別世界にいることができるのだろう。

彼の世界に一歩足を踏み入れれば、きっと彼が言おうとしていることがわかるはずだ。それは紙に書き遺すものではなく、心に刻むものである。「命の言葉」。そんな気がした。

第2章 「いちのみや　あいこ」

「騙された」。厳しい過去から始まったトレード。「もう二度と騙されない」。その思いから何事も自分で決めることを選んだ。同時に、自分で決めることとの大切さを学んだ。検証して、納得して、出口を決めて、それからスタート。システムトレードだろうが、FXだろうが、オプションだろうが、そのスタイルは基本的には変わらない。自分を信じつつも、自分を信じすぎることなく、マーケットに対して正しい位置を取っていく。いつも冷静沈着な投資家、いちのみやあいこ。

はじめに

インタビュアーの新田ヒカル氏がこう言ったのを今でも憶えている。

「今度、紹介するいちのみやさんは、トレーダーとか投資家ではなく、相場師ですよ」

相場師か……。そう思った。その言葉が妙にかっこよく思え、一種、挑戦的な感情も湧いたのだが、それは瞬時に消えうせてしまった。なぜなら、彼女は私とは違うフィールドにいる人だったからだ。というか、私の知識が及ばないシステムトレードの世界に、彼女は身を置いていた。


残念なことに、私にはシステムトレードの知識がほとんどなかった。だから、「はて、どうやって話をしようか」と思ったのが正直なところだ。知識がなければ質問すらできない。ここで私が出した結論は、新田氏に任せようということだった。

できないことは、できる人にやってもらう。私は常にこの精神で生きている。もちろん、今回も例外ではない。そのほうが絶対に良い話ができると思った。的を得ない質問をされてもいちのみや氏は困るだろうし、私自身、何をどう質問すればよいのかもわからない。であれば、できる人が的をドンピシャで射抜くような痛快な質問をしたほうが、話もおもしろくなるはずだ。

なぜ、いちのみや氏にインタビューをお願いしたのかというと、私としてはやはり同じ女性、ということがある。彼女はFPでもないから、相場という生き物を真剣に相手にしている、まさしく当事者なのだ。だから、きっと独自の方法を編み出しているはずだし、おそらくそれが彼女の勝ちパターンなのだと私は思った。私自身が過去に勝ちパターンを持っていたのと同じように。そういった、何というか「同じ生き物」的な感覚が私の中にあったことも、彼女に話を聞いてみたいという気持ちを起こさせたのだと思う。

こういった私の感情と、インタビュアーの新田氏の気持ちはまた別だと思う。そもそも彼は男性だから、いちのみや氏や私が持つ「女性的な感覚」を理解することができない可能性が極めて高い。でも、そういった性的な感覚は「相場師」に対しては不必要なのかもしれないとも思った。相場においては、男も女もない。すべての人が平等にチャンスを与えられ、同じように失敗の危険性を抱える。というか、いちのみや氏は、女だからということはまったく考えていないだろうということも、容易に想像できた。そういう甘えがないから彼女は勝てるのだ。

とはいっても、いったい何が彼女を勝たせているのかは、おそらく彼女にしかわからないのだろう。そこをどうやって聞き出すのか。彼女の核心的な部分まで迫れるのか。そんな少々意地悪めいた気持も持ちつつ、メインインタビュアーである新田氏の隣に陣取り、私はインタビュー開始の時を待った。

カモになっていた私

Q：いちのみやさんが投資を始めた理由は何でしょうか？

もともとお金には興味があったのです。投資はお店を開いたりすることとは違って、元手が少なくてもできるし、場所もとらない。また、ひとりでお客さんの相手をするのは大変だけど、株だったら私だけでもできるかなという感じでスタートしました。といっても、はじめての株のときは600万円ほど作ってから始めましたけどね。

Q：最初に投資をしたのは株ですか？

株を始める前は外貨預金をしていました。最初に儲けた投資はニュージーランドドル（以後、NZドル）が50円を割ったときに手持ちの日本円を全部NZドルにしたことです。これは私がニュージーランドに留学していたときです。全部といっても、80万円くらいでしたけど。それが2～3カ月で48円から53円くらいまで戻ったので短期で儲けることができました。

Q：なぜNZドルを？

現地の人が、こんなに下がるような悪い理由はまったくないと言っていたのです。当時、私は何も知らなかったということもあって、そのまま買いました。

Q：そこからどうやって投資資金を作ったのですか？

日本に戻ってから3年くらいはアルバイトをして投資資金を作りました。この間は投資という投資をまったくしないで、とにかくバイトだけをしていました。

Q：株の勉強は？

まったくしてなかったです。私の場合、バイトも勉強もというようにできないのです。同時進行は難しい（笑）。

Q：では、株を始めるときには知識もあまりないわけですから、何となく始めたのですか？

何となくではないです。「何を買ったらいいのだろう」とは考えていました。ヤフーファイナンスで人気銘柄を見たり、掲示板を見たりして、上がりそうなのはどれかと探していました。ただ、あまりにも数が多いので、実際には株をやっている人からお勧め銘柄をちょっと教えてもらって、その中から上がりそうなのはどれかなと絞り込んでいました。

そういう感じでヤフーファイナンスの掲示板を見ていたら「初心者大歓迎」のようなふれこみの株のコミュニティサークルを見つけたので、仲間に入れてもらったのです。でも、それは大間違いでした。

Q：大間違いというと？

ある投資サークルに、密談室といういかにも怪しげなチャットルームがあって（笑）、そこでけっこう教わったのです、お勧めの銘柄とかを……。そのときの私は、良い情報があれば良い銘柄を良いタイミングで買うことができる、と考えていました。しかし、投資はそれほど甘くないということをここのサークルで思い知らされました。どういうことかというと、例えば「ある情報を良いと判断する」のはあくまでも自分であって、極論すれば、うその情報でも自分が良いと思ってしまえば、それは良い情報になってしまうのです。そうなると、はっきり言ってカモですよね。

だから、私はカモにされる人の気持ちがわかりますよ（笑）。何を言われても「そうだよね」と思うのです。妙に納得してしまって、うんうんと頷いたり。学歴とかも関係ないですよね、騙されるときはね。

Q：ということは、初心者はアドバイスを受けるときには気をつけたほうがよいということですか？

アドバイスを受けるのはよいと思うのです。でも、「自分だけが儲かる情報を持っている」

というのは、普通に考えたらインサイダーですよね。これは法律に違反しているわけですから、そういうことを話す人自体、信用してはいけないのです。

Q：基本的には、楽して儲かる情報を教えてくれるような人は信用しないほうがよいということですね？

そうです。楽して儲かるといっても、金利程度の利益であればあまり問題はないと思うのですが、それ以上の利益が見込めることには何か裏があるような気がします。

Q：その投資サークルに入って、その中の推奨銘柄を買ったということだと思うのですが、最初の銘柄は覚えていますか？

ワコムです。

Q：これは、当時、話題の銘柄でしたよね？

そうですね。PERで150倍くらいまでいって、株価も150万円くらいでした。もちろん会社としては良い会社なのですが、仕手が入ってしまったのです。2003年の10月が天井で、私はそこでつかみました。「早く買わないと買えなくなるよ」とコミュニティに煽られていましたので。

Q：このときはチャートなどは見ましたか？

見ました。すでにかなり高くなっているとは思いましたが、ここから3倍になると洗脳されていましたから。1日10万円とか上下するような銘柄だったので、とにかく安いところで買えという指示でしたね。

Q：「安いところ」はどうやって判断しましたか？

前日比で安ければ買ってみようという感覚ですね。細かいことは考えなかったです。

Q：ワコムは急激に株価が上がって、その後、急激に株価が下がっていますが、その下げに巻き込まれたのですか？

10月の半ばくらいが天井でそこで買って、日経平均もその辺りが天井でした。日経平均もそうですが、その後、新興市場も12月～1月ごろまでずっと下げ続けるという状況でした。その下げにずっと付き合ってしまいました。

Q：ということは、途中で切らなかったのですか？

切らなかったというよりは、切らせてもらえなかったのです。「こんな安値で買えるチャンスはめったにないから借金してでも買い増ししたほうがいい」と言われました。

Q：ナンピンをしてしまった？

ナンピンするお金がなかったのです。最初に600万円あったのですが、株価の天井で3株買っているので、ほぼ資金を使い果たしました。

Q：売ったのはいつですか？

12月のクリスマス前です。一番安くなってしまったときが40万円台だと思うのですが、私は60万円台で売りました。毎日苦しかったので、一度売ってしまって、それで下げ止まったらまた買えばいいかなと思いました。

Q：信用を使おうとは思わなかったですか？

実際に「信用も使って買え」と言われていたので信用口座の開設の申込みをしたのですが、審査に落ちたのです。正直に株歴1カ月だと申請したことが、今考えればラッキーでした。

ただただひたすら勉強の日々

Q：大きな損をしてしまうと、そこでやめてしまう人と、逆にもっと勉強して続ける人がいますよね。いちのみやさんの場合には後者ですが、なぜ後者になったとお考えですか？

悔しかったからです、騙されて。その投資サークルは結局、仕手筋が逃げるための支えとなる買い手を育成していたのです。つまり「カモ養成所」です。メンバーの中にはワコムを何十株も持っているという人や、家族・親戚・友人みんなに買わせた人、内緒で旦那さんの貯金を注ぎ込んだ人もいて……。私の場合、3株でしたが、とにかく悔しかったです。それでも60万円台でロスカットをしているので現金はできたし、バイトも続けていたので、追加資金も作れました。だから今度はきちんと勉強をしてやろうと思ったのです。具体的に言うと、チャートや四季報の見方や決算書の読み方などですね。今は大きく儲けるためには全体的な景気や資金の流れを読むことのほうが大事だと考えているので、個別銘柄のチャートや決算書等はあまり重要視していませんが、当時は相場環境が良かったので、どの銘柄をどのタイミングで選ぶかの判断にとても役に立ちました。その後、2004年の2月に相場は大底をつけて新興市場も良くなったので、私も元本を取り戻してプラスに転じることができました。

Q：四季報の見方やテクニカルの勉強は、どのようにされましたか？

関連書をたくさん読みました。テクニカルについては投資サークルにいたときから勉強をしていました。ワコムがどんどん下がってくる中で、「これって、いわゆるデッドクロスじゃないの？」と思ってはいました。「買値から10％下がったら損切りと本に書いてあるけど、切らなくて大丈夫なのかな〜」という感じです。結局、大損してから自分の判断のほうが正しかったことに気づきました。その後はすべて自分で判断するようになりました。

Q：どういうツールで勉強されましたか？

セミナーにはかたっぱしから行きました。財務諸表に関しては、友人が勉強会をしていたので、それに参加していました。

Q：最近も本は読まれますか？

トレードの本はもうだいたいわかったので読まないです。それにチャートを勉強しても、財務諸表がわかっても、儲かるかどうかは別の話なのです。例えば、バリュー投資家の角山さんが勝ち残っているのは、財務諸表が読めるからではなくて、損切りができるからなのです。負けているバリュー投資家は損切りができないのです。割安だからという理由で買った銘柄が好決算にもかかわらず安くなるということは、さらに割安になることを意味していますからバリューだけでは損切りする理由はありません。しかし、好決算なのに株価が下がるということは、そこに何か見えない要因が隠れていることが多いのです。ですから、本当は下げ幅が許容範囲を超えたら問答無用で切らないといけないのです。要するに、知識は知識として必要ですがそれだけでは十分ではなく、実際には柔軟に対応する必要もあると思います。

〝上がる前に買う〟方法で、これまでの損失を回収

Q：先ほど、２００４年の２月に元本を回復したということですが、これは地合いに乗ったということとも関係していますか？

そうですね。人気株とかすでに上がっている銘柄に飛びつくのではなくて、上がりそうな銘柄、要するに潜在的に材料などを持っているけど、まだまだ注目されていなくて株価もそれほど上がっていない銘柄を、資金を回転させて買っていました。みんな次に上がる銘柄を探していましたから次々とおもしろいように上がりました。

Q：バリューなどは見ずに？

新興の材料株です。上がってから買うのではなくて、上がる前に買うのです。今上がっている株があって同じような材料とか業種だけど、まだ上がってないという銘柄が好きでした。後発ですね。

Q：後発を選んだ理由は何ですか？

リスクが少ないからです。先行して上がってしまった銘柄は、例えば20％上がったら20％下がるかもしれません。後発の銘柄は3％くらいしか上がっていなかったらリスクも3％くらいです。もちろん個別の悪材料もありますが、入りやすいと思いました。

Q：今後、バブルが起きたら、同じスタンスでいきますか？

先行したほうを買いますね。先行した銘柄は100％くらい上がるかもしれませんが、後発は30％くらいまでしか上がらないかもしれません。だから先行したほうを買いたいです。

Q：材料株はどうやって見つけるのですか？

一番儲かった銘柄はライブドアです。これはニュースで見つけました。上がる前に毎日100株ずつ買っていました。ちょうどそのころライブドアが証券会社を買収したのです。これから相場が良くなるのであれば証券業は良いだろうと思って買いました。
あとは、そのときに人気だったのが、投資関係の会社です。投資関係はすごく上がっていたので、まだそれほど上がっていない類似企業を狙いました。高いところでつかむのが怖かったので、とにかく上がる前を狙っていました。上がる前なら仕込みやすいということもありました。

Q：上がる前、というタイミングはチャートで判断しますか？

どちらかというと、材料です。先ほどのライブドアの証券会社買収とか。当時はチャートを見なくてもみんな上がっていましたから、大きく儲けるために多くの投資家は材料を探していたのだと思います。チャートを見て判断してもよかったのかもしれませんが、誰が買っても儲かるという相場だったので、特に気にしなくてもよかったのだと思います。

Q：このとき、ほかに材料が出た銘柄は記憶にありますか？

アセット・マネジャーズとかアセット・インベスターズですね。この2つは関連会社なので株価の動きが連動するのです。アセット・マネジャーズが上がればインベスターズのほうも上がっていましたね。だから、インベスターズのほうを買っていました。
あとは、上場日が同じとか、株価が同じくらいという銘柄は、なぜか連動するのです。その中で後発組を買うという選択をしていました。

Q：信用取引はしましたか？

そのときには口座が開けたので使っていました。現物の含み益が増えると信用余力が上がりますよね。だから、現物で買って、信用でも買って、それで信用が儲かってきたらそこで信用を利益確定していました。そして、儲かった分を現物のほうの資金にして信用余力を大きくしていました。

利益確定と損切りのタイミングについて

Q：ところで、買った株を利益確定するタイミングは？

移動平均線上方乖離率が７％くらい上がったら利益確定です。期間は銘柄によって違います。毎日ジリジリ上がっていくようであれば売らないのですが、ぽんと上がったら1回売って落ちついたらまた買ってという感じです。

Q：７％という数字の根拠は？

はっきり決めていたわけではなくて、高く寄り付いたら売っていました。高く寄るということはそこで買いたい人がいっぱいいる、ということでもあります。でも、みんなが買ってしまったら買う人がいなくなりますよね。こんな高いところで買ってさらに上がるのかと考えていました。例えば、上方修正の発表で高く寄り付いてもそのときの株価がまだ割安だと思ったら売りません。でも、とっくに割高になっていて連日買いが集まっていたら、そろそろ下がるのではないかと思っていました。ただ当時はルール化していなかったです。

Q：損切りの基準はありましたか？

節目の安値を下回ったら、問答無用で切っていました。いくら安い銘柄でも、業績が良い銘柄でも、下がるには下がるだけの理由があるはずなので、そういう銘柄はすぐに切りました。

Q：こういうトレードはいつごろまで続いたのですか？

２００４年７月ごろまでは儲かったのですが、日経平均が下落に転じると、そこから儲からなくなったので、そこで資金を減らしました。６００万円から８００万円くらいまで増えて、ジリジリ下がってきて元本割れしてきたので、やり方を変えて、空売りをするようになりました。あとは当時、けっこう話題だったコバンザメ投資法を使っていました。不動建設とかですね。

Q：コバンザメ投資法というのは、J－Coffeeさんが紹介した方法ですね。懐かしい。

そうです。選抜株式レースというウェブサイトのメンバーに教えていただきました。著者のJ－Coffeeさんはもういらっしゃらなかったですけど。

Q：その後は？

2005年の後半はすごく儲かりましたね。あとはシステムトレードを2005年の4月ごろに始めました。

2004年の夏くらいにラリー・ウィリアムズの話を聞いて、「これだ！」と思ったのです。けっこう直感的ですよね。しかも思い込んだらまっすぐなので。それでシステムトレードを始めました。

システムトレードを取り入れる

Q：システムトレードを始めたときの投資対象は？

日経225です。2004年に話を聞いたときに、とにかく何をどうやっていいのかわからなくて、興味があるけどできないという状態でした。そのときに、システムトレーダーでＳＥの友達に「（システムトレードは）２２５なら簡単だ」と言われたのです。実際、その友達は自分でプログラムを作っていました。

そこで、シグナル（買うタイミングと売るタイミング）を教えてもらってやってはみたのですが、３連敗でした。株のチャートでも「売りのシグナルが出て」とか言いますよね、それと同じことです。システムトレードの場合には、そういうシグナルが、誰が見ても同じタイミングで出るのです。例えば、「ダウが上がったら寄り付きで日経を売る」のであれば、「ダウが上がった」というのがシグナルになります。この場合には、友人なりのシグナルの出し方があって、そのシグナルを教えてもらってやったのですが3連敗でした。

友人はその前に「１１連勝していた」と言っていたのに、どうして私がやるといきなり3連敗なのかなと思いました。日経２２５は当時ミニがなくてラージだったので、３回負けたら３０万くらいの損になるのですよ。もう続けられないですよね。そこで、自分で作ろうと思いました。

Q：友人が作ったシステムは、今振り返るとどう思いますか？

完全なブラックボックスではないのですが、でもブラックボックスですからね。おそらくチャートのパターンを見てということだと思うので、はまれば当たりますが、いったんはずれるとまったく当たらなくなります。

Q：ブラックボックスという言葉は、初心者にはわかりにくいかもしれませんね。

売買ロジックが公開されていない投資ルールのことです。どういうときにシグナルが出るのかが売買ロジックです。先ほどの話では、「ダウが上がったら」というのが売買ロジックにあたります。この場合のブラックボックスというのは、友人が「買いシグナルが出た」「売りシグナルが出た」ということは結論として教えてくれるのですが、そのシグナルがどういうときに出るのかは教えてくれなかったのです。要するに、中身がわからない、あるいは理由がわからないという意味でブラックボックスといいます。

Q：そこからご自身でエクセルを使って作ったのですか？

そうです。しかも、その人がすごく簡単に作れると言っていましたから。エクセルがわからなくても作れるよ、と。当時、本当にエクセルはまったく使えなかったです。

Q：エクセルはどうやって覚えましたか？

新井邦宏先生の『エクセルでやる株価チャートの読み方』（アスカビジネス）を読んで、まずはその通りにやってみました。あとは商品会社の商品先物のシステムのセミナーなどにも行きました。商品先物についてはまったくわからなかったのですが、株と同じように初値と終値がありますからシステムの組み方は共通しているのです。

Ｑ：株価データはどうやって入手したのですか？

データ分析をするときには、ヤフーファイナンスの時系列データからエクセルの「インポート」という機能を使って取り込みました。そうすると、ＣＳＶファイルなども全部読み込めるのです。あるいはコピー＆ペーストでもいいと思います。

Ｑ：補足させていただくと、ＣＳＶファイルっていうのは、さまざまなソフトを取り込める標準的なファイルフォーマットですよね。ところで、システムを作る過程で一番難しかったことは何ですか？　どうやって解決しましたか？

エクセル自体ほとんど使ったことがなかったので操作方法が難しかったです。でも新井先生の本のマニュアル通りにやったらできました。あとはエクセルの教科書的な本は読みました。

ロジックはＮＹダウの逆張り

Ｑ：いちのみやさんのシステムはどのようなシステムなのですか？

基本はＮＹダウの逆張りです。簡単に言えば、アメリカが下がれば日本は上がる、アメリカが上がれば日本は下がるということです。

Q：これに気づいたきっかけは？

デイトレもやっていたので、前日のアメリカ市場の結果はすごく大事なのです。デイトレーダーはNYや為替がどうだったかということを、朝起きたら必ずチェックしています。例えば、ナスダックが高ければ今日はIT株が盛り上がるというように考えるわけです。それならば、アメリカが高かった翌日は日経も高く寄り付くわけですから、「実力以上に高く寄り付いてしまった株価は引けにかけて修正され、あるべき位置に落ち着くのではないか」と仮説を立てました。それで検証してみたら、当たりだったのです。

Q：検証の過程を簡単に教えてください。

最低でも100トレード分のデータは欲しいので、「ひとつのルールで100回分のシグナルが出た場合、実際にトレードをしていたらどうなっていたのか」をその日の四本値を使って計算してみました。そして確率や標準偏差などがどうなのかを検証しました。

さまざまなシステムが作られていますが、結局のところ、NYの動きが日経に与える影響力は大きいと思います。

Q：その後、そのルールを書籍等で公開しましたが、その理由は？

日経先物における個人投資家の占める売買高は全体の3割以下だったので、公開しても有効性がなくなることはないだろうと思ったのです。これが個別株だったら個人投資家のシェアが大きいので、どうかなと思いました。日経先物の場合は、シェアの6～7割は機関投資家や大口投資家の実需や裁定取引など、ほかの事情が絡んでくるので、個人投資家が多少知ったところであまり影響はないだろうと思いました。

Q：今は株式もトレードするのですか？

2005年は個別の裁量取引と、先物のシステムを並行してやっていたのですが、2006年には個別株がまったく駄目になってしまったので株についてはほとんどしなくなりました。株が難しい時代になったのだなと思います。FXも始めましたが、基本はシステムです。

Q：ダウ逆張りはずっと続けていますか？

そうですね。ダウが上がったら売って、ダウが下がったら買います。でも、最近は調子が良くないです。2005年、2006年と調子が良かったので、その反動は絶対にくるわけですが……。ただ、もともと過去のデータ検証では勝率52%～53%なので、そういう時期もあって当然かとは思います。

Q：初心者はその勝率を低いと感じるのですよね。今は使っていますか？

シグナルは見てはいます。デイトレ自体も朝起きて注文を入れないといけないですから。本当は、それも自動化したかったのですが挫折しました。だいたいオリジナルの場合には、7割近くシグナルが出ることになっているのですが、その中でも勝率が高い日と低い日があります。現在は勝率が高い日に絞って仕掛けるようになっています。

勝率が高くなるけどトレードの回数が減るので、累積する利益は小さくなります。でも、私にはこれだけではなくほかのシステムもあるので、ダウ日経に関しては勝率の高い日だけエントリーするようにしています。

Q：勝率が高い日というのは、どうやって判断するのですか？

具体的な方法は秘密ですが、簡単なフィルタをかけているだけです。勝率だけでなく、「ほかのシステムとシグナルが重なったか」などもチェックします。

Q：そこからの発展は？

ダウ逆張りもドローダウンがあるので、システム1本では心もとないなと思いました。そのころFXがけっこう良かったのです。

FXを始める

Q：ところで、FXを始めたタイミングは？

ずっと見てはいたのですが、円高だったのでこれが底を打ったら始めようと思っていました。2006年の夏ごろから、そろそろいいかなと思って、オーストラリアドルとかNZドルを買いました。これも2007年くらいには手放したのですが、けっこう儲かりました。

Q：「そろそろいいかな」というのは何で判断しましたか？

下げてきたのが止まって、上げに転じてきたかなと思ったからです。2005年くらいまで円売りのポジションは上がっていたのですが、2006年くらいから10%～15%くらい下げたのです。そして値動きも小さくなって反転してきました。長期の上昇トレンドの踊り場のようなところです。

Q：オーストラリアドルやNZドルを選んだ理由は？ 連動するので組み合わせとしてはどうかなと思うのですが……。

金利が良かったからですね。でも、おっしゃるとおり、この2つの通貨の組み合わせはあまり意味がないのです。どちらかひとつでいい。この2つを買っても分散投資になっていませんからね。

Q：ここで売った理由は何ですか？

チャイナショックです。一気に円高になったので、ここで1回全部投げました。

Q：また底を打ったら買うということは？

それはしなかったです。気がついたらあっさり高値更新をしていて。要するに、置いていかれてしまったということです。

Q：置いていかれたら、ついていかないタイプですか？

オーストラリアやニュージーランドは買わなかったのですが、ポンドスイスをやっていました。これは当時相関が高い通貨ペアだったので、低リスクでスワップを取ることを狙ったのです。

Q：CORREL関数（※）ですね。

そうです。また、NZドルとオーストラリアドルも同じオセアニアの通貨なので、動きが似ています。ですので、仮に100万円があった場合には、片方だけを100万円分買うのと両方を50万円ずつ買うのとでは同じなのですよ。しかし、全然相関がない通貨を50万円ずつ買っていたらポートフォリオができます。だから、動きが一致しているものに手を出すことのないよう、使う相関を見ます。

補足説明
CORREL関数……エクセルで相関係数を求めるときに用いる関数。例えば、日経平均と日経平均に採用されている225銘柄（トヨタなど）は動きが似ています。これを「相関が強い」と言います。相関の強さを表すのが相関係数。まったく同じ動きをしていたらプラス1、まったく逆の動きをしていたらマイナス1。日経が100円上がったときに逆に100円下がる株は、相関がマイナス1になります。相関係数が負の場合は、逆相関といいます。また相関係数0の場合は、両者がバラバラに動いている状態です。この相関係数を算出するためのエクセルの関数がCORREL関数です。

Q：相関係数を使った結果、ポンドスイスと何を選びましたか？
そのときは、ポンドスイスと、ドル円、オージー円の組み合わせでした。実はこの組み合わせも過剰最適だったとわかりました。過剰最適というのは、利益が出るように無理矢理ルールを設定することです。

「Aという通貨が下がったらBという通貨が上がる」という組み合わせでポジションを持ってリスクを下げながらスワップを取っていくというものでした。でも、このシナリオが、過剰最適によって崩れてしまったのです。どういうことかというと、「Aが下がったらBが上がる」というシナリオがうまくいかなくなったのです。ここでわかったのが、円高になるときはどの通貨ペアも一斉に円高になり、クロス円以外ではスイスフランが買い戻されるのだなということです。そこで、過去のデータなどでシナリオを作ってみたのですが、「もしかしたら、過去の相関そのものがもう通用しなくなったのではないか」と思いました。また、2007年の8月ごろに、これからは円高になるとも思いました。

Q：円高になると思ったのはなぜでしょうか？

アメリカが急に金利を引き下げましたよね。サブプライム問題が出てきて、株価が下がったのですが、この緊急的な処置としてFRBが金利を下げたのです。それまでアメリカは金利を上げてきていたので、これは流れが変わるなと思いました。そこまではちょこちょこと円売りのポジションを持っていました。いわゆる円キャリーです。これをいったん全部決済しました。口座を空にしたのです。今思えば、円高になると思ったのだから、円を買えばよいのですが、円を買うということは毎日スワップを払うことになりますよね。うまく下がればよいのですが、万が一下がらない場合には、毎日がストレスになりますのでこれは控え目にしようと思いました。

Q：億単位を稼ぐ人も出てきましたよね。その後、市場撤退を余儀なくされた人もたくさんいましたけど。

大口が狙いにいきますからね。例えば、100円をちょっと割ったところ、具体的に言うと2ティック下がったところとかにストップ注文が入っているわけですよ。そこを狙うディーラーもけっこういます。あとは、実需の取引やそれに乗っかったトレードですね。「ここを割ってくると困るな」という企業もあるので、それを見込んで仕掛ける手法もありますし。皆そういう節目を意識しているようですね。

Q：では、今は225先物はシステムトレードを継続しながら、平行してFXもされているという感じですか？

FXはずっとポジションを持ちつづけているだけです。あとはデータの更新です。先ほどのエクセルのデータです。あとは友人でオプションをやっている人がいて、その影響でオプションを始めました。その友人は10カ月連続で勝っていたらしいのですよ。相場が上がったり下がったりしている中で、10カ月連続で勝つことができるなんて「オプションって何だ？」と興味を持ちました。

オプションを始める

Q：オプションについては、どのあたりに興味を持ちましたか？

相場の方向を当てなくても儲かるところです。普通のトレードの場合、上がるか下がるかしないと困るわけです。でも、オプションの場合には動かないということが収益につながるのです。複数のオプションを組み合わせることで、価格が一定の値幅に収まっていれば利益を出せます。例えば、1万3000円～1万4000円のレンジに収まっていると利益になるなどの組み方ができます。これは売りの場合です。逆に、買いの場合には、当てないと儲かりませんが、レバレッジが先物の比ではないので、当たれば大きいです。

Q：よく宝くじに例えられますよね。

そうですね。オプションの買いなら利益になる確率は低いですが、当たると大きいので、その点で宝くじに似ています。でも、宝くじよりもずっとよいわけですよ、てら銭がないので。宝くじを買うのであれば、オプションを買えばよいと思います。韓国では普通の人がロト感覚でオプションを買っているのでオプションがとても流行ったそうです。世界で一番売買が大きいのが、韓国のオプション市場なのだと聞いたことがあります。

Q：宝くじよりもオプションのほうが、理論値で約2倍儲かりますよね。宝くじの控除率は50％以上、つまり期待値は50％未満しかありません。その点、オプションの控除率はほとんど0％。手数料や税金を考えなければ期待値は100％ですから。

てら銭が違いますからね。宝くじの場合、てら銭は50％以上なので、買った瞬間に半分以上負けているということです。

Q：オプションは買い中心ですか？ 売り中心ですか？

そのときによりますが、今はどちらかというとショート戦略です。

Q：ショート戦略を選択する理由は？

時々大損をしますが、だいたい儲かるのです。オプションのショートはちょっと特殊なのです。例えば、日経平均が1万2000円から1万4000円の間に収まっていれば利益が出るというように自分で組めるのです。この範囲は自分で決めることができます。広めにとれば、それほど外れることがないのです。例えば、1カ月後にこのレンジに収まっているというように組みます。だいたい、組み方としては、1万2000円よりも高くて1万4000円よりも安ければプラス、ギリギリの場合にはプラスの金額も減ります。ただし、このレンジから外れれば外れるほど損失が大きくなります。これがオプションの基本です。

Q：ということは、暴騰か暴落があったときだけ損が出るということですね？

そうです。だから売りは儲かりやすいのです。でも、たまに暴騰とか暴落をして損をします。オプションの買いはこの逆で、レンジから外れたほうが儲かるので「相場が荒れるな」と思うときは買い中心です。

Q：荒れる、荒れないの判断は何をもってしていますか？

ＩＶを見ています。インプライドボラティリティ（Implied Volatility）といって、オプションのボラティリティ（値動きの大きさ）を表す指数です。この値が大きくなると、値動きが荒くなっていると判断できます。これが上昇してきたら買いにまわって、下がってきたらショートという感じです。これまで安定して儲かってきたのに、急に大きく下げ始めたということがあったら、買いのほうにまわります。

Q：ということは、ＩＶのトレンドを見ているのですか？

そうです。プラス日経２２５のトレンドを見ていればわかると思います。

Q：わかるというのは？

225には主要な節目があります、ここを下回ると年金の買いが入ると言われているような。実際に誰か大口が買いに来ているなというのが見ていてわかる場合もあります。そういうところはみんなが意識しています。例えば、ある日の相場を見ていると、そのときは1万1900円前後で午前中はうろうろしていたのです。そのあと1万1900円を割って、1万1800円台になったのですが、前場ではそれ以上は下がりきらなかったのです。「これは上がってくるな」と思っていたところ、案の定、後場になって上げてきました。そこでなぜ買わなかったのかと言われそうですが、すでに買っていたのです。その状態で1万1500円を割るようであれば損切りをしないといけないなと考えていました。要するに、上がるか下がるかを予想するためではなくて、ここの値位置が重要だということで見ています。チャートはそういう使い方をしています。

Q：相場観？

相場観というよりは、例えば日経が300円くらい下げたとしてもIVがまったく反応しないこともあります。そのときは、マーケットは強気だと考えます。でも雲行きが怪しくなると、急に安いプットが買われるようになってきます。こうなると少し警戒します。ですから、裁量ではないですね。要するにマーケットがどう反応しているのかを見ています。

Q：それで見るのが、日経225とIVということでしょうか。

あと悪材料に市場が大きく反応し始めたら、下落相場開始かなと思います。また、荒れ相場になると、材料そのものでどちらにも大きく反応しやすくなります。例えば、バフェットがGSの株を買ったというだけで大きく上がったと思われることもありました。材料は日々あるのですが、その反応が大きくなるときも小さくなるときもあります。

Q：感覚的ですね。

そのあたりのシステム化は難しいです。指数では同じ値幅で動いても、その時によってIVの動き方が違うのです。

レバレッジに注意するだけ。リスク管理は自分でできる

Q：いちのみやさんにとって、システム化するのが難しいと思うのは、ほかにどのようなものがありますか？

材料に対する反応がどうかというのはできないです。動くのはわかるのですが……。例えば、

アメリカの政府がＡＩＧを助けましたよね。これについて、金融危機を救うためだからと判断すれば好材料になりますが、「アメリカはそこまでまずいのか。財政がもっと悪くなるかもしれない」と判断すれば悪材料になります。材料そのものでなくて、その材料をマーケットがどう判断するかなのです。買い材料なのか売り材料なのかわからないという部分がありますね。

Ｑ：すごく儲かると思うけど、システム化が難しいと思ったら、やらないタイプですか？

いえ、システム化できなくても積極的にいきますね。

Ｑ：「先物は怖い」というイメージを持たれている方が多いですが、これについてどう思いますか？

確かに、先物というと、それだけで難しいとか、怖いというイメージがあります。でも全然違うと思います。日経平均や２２５先物は１日で大きく動いても３％くらいですよね。普段は１％も動かないです。これが個別株になると１日に５％も１０％も動きます。

それにレバレッジのコントロールも自分でできるので、危ないと思うのであればレバレッジを下げればいいのです。

ＦＸもそうです。普通は年間で２０％くらいしか動かないですよ。でも、レバレッジをたくさんかけるから危なくなってしまう。自分でコントロールできるという点では株よりもずっとリスクは小さいのです。危ないのは商品の特性とかではなくて、投資をしている人自身だと思います。

Q：ということは、先物にせよ、この危険度を下げるには枚数を減らせばいいということですか？

そのとおりです。

Q：枚数はどのくらいがいいですか？

今のボラティリティであれば、1枚オーバーナイトにつき500万円は欲しいです。オーバーナイトをするのであれば、1枚につき500万円くらい欲しいということです。先物の場合、株のようにストップで張り付いてどうしようもないということがないので、決済ができないということはないからです。デイトレであればSPAN証拠金という最低証拠金（通常60～100万円くらい）を積まなければ建てることができないので、それ以上のレバレッジはかけられないようになっています。

Q：前回にストップ安が起きたのは2000年ですよね。8年前にありました。

それでもレバレッジがかかっているので、スイングだと「朝、いきなり日経が前日比500円安く寄り付いた」というときにとんでもない損が出てしまいます。デイトレの場合は、その場でロスカットできますが、オーバーナイトの場合、夜間は決済できませんから、その間に米国が大きく動くと翌朝になって大きな損失を被ってしまう可能性があります。ですから、1枚建てるのに用意する証拠金は多めにする必要があるのです。デイトレの場合は、その日のうちに全部仕切ってしまうわけなので、そこまでなくてもいいです。要するに、リスクを取れる範囲でやればいいのです。日経225が1万2000円として1200万円分の買い物をしているわけです。仮に、口座に1200万円入っているとしたら、それで先物ラージ1枚を建てるのであれば、特に損切りはしなくてもいいと思います。レバレッジ1倍で現物を買っているのと同じですから。そこからリスクを取れるかを考えるといいと思います。600万円で1枚建てるのであれば、そこでレバレッジ2倍ということになります。目安としては500万円で1枚にして、あとはボラティリティに応じて調整すればいいと思います。

Q：いちのみやさんは、どのくらいまでリスクを取りますか？

私は証拠金の3分の2は常に残すようにしています。3分の1はポジションと逆に動かれたときのための余力です。やっぱり、次の朝に1000円安で寄り付くかもしれませんから。

今は、オプションで保険をかけているので、1000円下がったら逆に儲かります。というのも、大きく下げたら先物で損失が生じる以上に利益が出るようにオプションを購入しているからです。先ほど話したように、オプションは暴落時に儲けることもできるのです。

Q：保険というのは、プットを買うことですか？

そうです。例えば1万2000円から1万4000円の間でオプションを組んだときに、日経平均が1万円になったら外れて損をしますよね。そのときに、レンジから外れたときに儲かるようなものを買っておくのです。そうすると、保険なので暴落がなかった場合には損失になりますが、暴落したときには、万が一のときの〝大きな損失〟を防ぐことができます。これが保険をかけるということですね。イメージするのであれば生命保険です。

Q：先物で損失が生じる以上に利益が出るようにオプションを建てているということですが、具体的にはどういうように組んでいるのですか？

SQのときにいくらからいくらというレンジの中に入っているのであれば利益になります。ただし、暴落をしたときにクズプットを買っておきます。ただし、暴騰したときの対策については立ててはいません。

Q：初心者が気をつけるべきことは何ですか？

まずは「騙されるな」ということです。楽して儲けるということもできなくはないのですが、でもその前に銘柄で儲かるのでも、情報で儲かるのでもないということを知ってほしいです。もちろんシステムトレードだから儲かるということでもないです。儲かる確率の高い行動、それがどういったものでもよいので、レバレッジを低くして、ひたすら繰り返せばいいのです。

Q：いちのみやさんは、ご自身の経験を踏まえて「騙されるな」というのはすごく重要なことのようですね。

そうですね。ずっと言っています。それでも騙される人は財産を失って退場してしまうけれど、また新しく入ってくる人がいる。だから、これからもずっと言い続けようと思っています。

Q：具体的にこういうことに気をつけましょうというポイントはありますか？

仮に騙されたとしても、死なない程度にしてくださいということです。最初に痛い目を見ないと気づかない人もいますからね。だから、全財産を使うのではなくて、一部を使ってやってみるということです。私はこれができなかったのです。これができる人は、たぶん騙されないような気もしますけどね（笑）。あとはレバレッジには気をつけてくださいということです。これは諸刃の剣です。

Q：そういった注意点を踏まえて、騙されないという免疫をつけた後に、自分でやっていこうとなりますね。

どんなことでも自分で決めることが大切です。例えば耳よりな情報が入ったとしても、自分で納得できるまで調べて検証して、さらに出口を決めてからです。上がると思って買ったけど、逆にここまで下がってしまったら絶対損切りするということを決めてからですね。これは株でも何でもそうです。儲かることを期待して買うのですが、それだけでなく、そうならなかったときにどこで切るのかを決めてから始めることが大切です。

Q：いちのみやさんの場合、どこで切るのですか？

私の言葉ではないのですが、「上がると思って買った銘柄が上がらなかったとしたら、それは悪い銘柄」なのです。だから切り捨てないといけないのです。

Q：逆に、利益確定のラインはどこですか？　同じくその理由は？

バリュエーションが良くて買ったのであれば、割安なものがそうでなくなったら利益確定を考えるときだし、材料が目当てで買ったのであれば、その材料が出たときが確定するときになります。

あとは、先ほどもお話ししたように乖離です。買いがたくさん集まって急騰したときにはいったん手放したほうがいいかもしれません。買いたい人がみんな買ってしまったわけですから。でも、半分は残しておいてもいいかもしれません、上昇余地があると思えば。

Q：システムトレードが流行っていますが、これについて初心者にアドバイスをお願いします。

システムの良いところは、先ほどお話しした出口が先に決まっているということです。つまり、勝率○％ということは、負ける確率もあるということが最初からわかっているわけで、例えば勝率が70%だとしても30%は負けるのだから、取ったポジションが思うように動かなかったとしても、これは残りの30%のときなのだなと思って、スパッと切ることができるのです。

でも、これが裁量だとなかなか難しいのです。「ここで売ろう」「ここで損切りをしよう」と決めていても、その場になると、「ナンピンのチャンスだ」とか、「ここで反転するに違いない」とか思ってしまうわけです。損切りは自分の過ちを認めることになりますから、なんとか避けたいというのが普通の人間の心理なのです。そして、そういう精神的な弱さを排除できることがシステムトレードの良さです。

もちろん、検証自体が間違っていて、勝率70%だと思っていたら本当は30%くらいだったということもありえるかもしれませんが、そうだとしても裁量で適当にやっているよりはましだと思います。

Q:それはなぜですか?

裁量の場合には自分を正当化してしまうからです。あとは自分に都合の良い情報を探すわけです。「アナリストがこの株が良いといっているから」とか、そういう都合の良い情報を探します。ということは、自分にとって都合の良い情報しか目に入らなくなります。都合の悪いものは排除しますからね。

でも、システムの場合には情報があろうがなかろうが関係なしに、負けのときもあると自覚できます。だから、破綻はしにくいと思います。

Q：仮に適当なシステムであっても、その通りにやって運さえ良ければそこそこの成績になりますものね。

そうですね。システムトレードの本がたくさん出ていますが、その中には「え？」と思うような内容のものもありますよ。ただ、すぐに破産することはないと思います。そのシステムが相場に合っているときは儲かるだろうし、合っていなくても負け続ければどこかで気づいて修正ができるからです。むしろシステムそのものよりレバレッジが重要だと思います。

Q：レバレッジについては、かなり気にされていますね。何か苦い経験があるのでしょうか？

オプションを始めたころに、「これは暴落がくるな」と思ってプットを買いまくったときがありました。ギャンブラーだったなと思います。2006年の5月か6月ですね。ライブドアショックが1月にあって、朝の寄り付きで持っていた株は全部切りました。そのときは後場から思い切り下げましたね。3月にチャイナショックです。今度こそ終わったかなと思ったのですが、結局、戻りました。行き過ぎているなというのは2006年の12月から思っていたのです。上げ相場に乗っていないのはもったいないけど、いつでも逃げられるようにしておきたいというのがありました。まずいと思って切って、上がると思えば買ってというのを何度か繰り返して、5月に500円くらいギャップダウンして寄り付いたときがあって、買い持ちを全部投げてプットを買ったのです。このときは勝ったのですが、全力プットはもうやめようと思いました。というのも、そのあと調子に乗ってしまって、儲けた分の大半を簡単に失くしたのです。だから、もうこんなやり方はやめようと思いました。

仮説を検証。この繰り返し

Q：システムを作るときには検証をするとのことですが、具体的にどのような順番で検証をしていくのですか？

簡単に言えば、例えば「ゴールデンクロスが出たら儲かる」という仮説があったときに、「本当にそうなのか？」ということをエクセルで「ゴールデンクロスをしたときに買う」という統計をとって、儲かっているのかどうかを検証するのです。過去のデータがあれば、それをエクセルで読み込んで、ゴールデンクロスしたところで買ったデータを集計してみます。それで本当に儲かっていれば、実際のトレードでもエントリーをするわけですね。もしこれが駄目だったら、また違う仮説を立ててエクセルで検証する。この繰り返しです。

Q：「儲かる」「儲からない」というボーダーラインがあると思うのですが、いちのみやさんの場合、何を基準に判断されますか？

勝率だけで判断することではないのですが、標準偏差が小さくて、シャープレシオが大きく、そして、グラフの損益曲線が滑らかな右肩上がりのものです。滑らかさを計るのは感覚です。3年以上、100トレード以上のものならばグラフを見れば使用に値する物なのかどうか一目でわかります。

Q：仮説を立てるときのポイントは何ですか？

何でもいいのです。例えば、チャンスが数年に1回しかないものもあります。でも今までの確率で考えると「次にこのパターンがきたらかなり勝率も利益率も高い」ということがわかっているので、次のチャンスを逃さないで待つことはできますね。あとは、総悲観は買いともいいますよね。でも、どこからが総悲観なのか、そういうところを調べたりします。

Q：レバレッジのコントロールですが、具体的にどうやってしていけばいいですか？

損切りラインが決まっていれば、1回のトレードで「最大でいくら損をするのか」というのは、あらかじめわかりますよね。それで10回連続で損切りしたとしても退場しないで済む程度にします。損切り価格から逆算してマイナスにならない金額で設定するのです。10回連続で損切りはありえませんけどね。もしそんなことがあったら、そもそも損切り価格の設定が狭すぎるのです。

ただ、マーケットの動きが大きくなってきているので、実際の使用のときは随時調整が必要にはなります。また、損切りなしでも10連敗なら「そもそもそんなシステムはどうなの?」という話にもなります。

Q:調整というのは? 具体的な話はありますか?

例えば「すごく下がったら買う」という類のシステムの場合、「すごく下がる」の「すごく」の部分を定量的に定めなければならないわけです。でも今は上げも下げもかなり大きく動くので、例えば、ここまできたら上がるだろうと思っていても、もっと下まで下がってしまうこともあるのです。ですので、相場に合わせて「すごく」の部分の調整が必要ということです。

要するに、いくらでも買うにしても、出口を先に決めておいたほうがよいのです。システムで勝率が8割、9割だったとしても100%はないのです。だから出口は必要です。

例えば、不動産株の場合、3日で20%以上下げる銘柄もあります。こういうときは本当は買いのチャンスかもしれませんが、あまり思い切っていかないほうがいいでしょう。結局、不動産銘柄の場合は値段がわからないのです。ほかの小売とか鉄、電気などはだいたいのバリュエーションがわかりますよね。でも不動産の場合、不動産の価値そのものが大きく変動するので本当のバリュエーションがわからないのです。だから、どこまで下がれば買いなのかもわかりません。全資産のせいぜい10％程度でやってみるとよいかもしれないですね。

Q：10％の理由は何ですか？

そのくらいであれば、仮に全部失っても再起できるだろうというところです。

Q：先ほどの不動産株というのは、スルガコーポのような？

これはもう倒産なので、これに連動して下がっている銘柄ですね。例えばアーバンとかフージャーズは短期の反発狙いならおもしろいかなと思います。でも、不動産株はあと2社～3社は近いうちに潰れると思いますよ（2008年6月26日現在の話。その後、アーバンは倒産した）。

入居率とか販売率がわかっているので、そういうところから判断すると資金繰りがまずいとわかりますよね。今下がっている銘柄も、資金繰りの問題だと思います。

Q：空売りをすればいい？

ただ、潰れなかったら株価は急上昇することもありますから、空売りは難しいと思います。もし反転したら、1週間くらい毎日ストップ高で寄り付かないかもしれません。かなりかつがれます。

ロジックの作り方について（仮説の立て方について）

Q：初心者が一番わからないことは、どうやってロジックを作るのかだと思います。その大前提として「どこに着眼をして仮説を立てればいいのか」で最初につまずくのではないかと思います。これについて何かアドバイスはありますか？

「ストップ高で買って翌日寄り付きで売ると儲かる」などのマーケットのうわさとか、「節分天井、彼岸底」などの格言とかでもいいし、酒田五法とかでもいいし、ヒントはたくさんあると思います。実際に酒田五法を全部検証した人もいます。だから、本でもいいと思いますよ。いろいろな投資法の本が出ていますから、それを検証してみるのもひとつの方法だと思います。「これは本当なのかな？」とか「この銘柄だったらどうかな」とか、そこから入ればいいと思います。

あと、行動心理学はおもしろいと思いますね。システムトレードの本は基本的なやり方を押さえるようなものを1冊と、さらにエクセルの使い方がわかれば十分だと思います。私は、行動心理学とか確率論とかそちらのほうが大事だと思います。いくら自動化をしても、システム自体が駄目だったらどんどん損を積み上げるだけですからね。

Q：つまり、本や格言などから自分で仮説を立てて検証して、という流れになるのですね？

そうですね。その中で無駄なものもあるかもしれませんが、その無駄をすることで「何が無駄で、何が無駄でないか」がわかってくるのです。私は、チャートは占いだと思っているのですが、それもチャートの検証をしなければわからなかったことです。チャートが信用できないということは検証をしたからわかったことであって、してみなければわかりませんでした。だから、私がそう言っているからといって、それをそのまま信用するのではなくて、「でも、騙されないぞ」と思って何でも検証してみたらいいと思います。

Q：最終的にそのシステムが正しいかどうかは結果論ということもありますよね？

システムトレードはみんなそうですよ。今まで儲かったからといっても、この先も約束されているわけではないですからね。ですから、その人の中で確信を得るために検証するという意味合いもあると思います。

Q：エクセルを勉強するとか、検証するとか、やるべきこと、あるいは努力すべきことがわかってくれば、いちのみやさんのようになれるものでしょうか。

ちょっとしたことですよ。私だって1日ずっと勉強をしているわけではなくて、ほとんど遊んでいますからね（笑）。でも、やらない人がほとんどという世界では、自分だけちょっとやればすごく差がつけられると思います。しかも専門バカでいいのですよ。これだけはできる、というものがあればいいのです。経済から、財務の読み方から、全部マスターしてからでないと儲からないということはないのです。極端な話、確率論だけやれば儲かると思いますよ。

Q：確率の勉強は大変でしたか？

大学レベルまでやる必要はないです。大数の法則や標準偏差、分布のことですね。例えば、システムを作ったときにひとつだけ飛びぬけて利益が出たトレードがあったとします。そういうトレードも全部一緒にして統計を出してしまうと、システムの損益の成績が良くなります。でも、内容を調べてみると、うまくいったのはそのひとつのトレードだけで、あとはトントンだったということもありますから、そのデータは省いて考えないといけないのです。

Q：少し難しい話になるかもしれませんが、いわゆる最適化についてお聞きします。何をもって過剰最適というのかは難しいですし、検定をしたとしても無駄かもしれませんよね。というのも、過去のデータの中ではいくらしっかりした根拠があったとしても、未来の可能性が無限に広がっていますからね。いくら高度な数学まで勉強したとしても、既成概念の枠で考えている以上、システムトレーダーは過剰最適の罠にはまります。この壁を乗り越えるためのアドバイスはありますか？

ルールの仮説自体に説得力があるかどうかというのは、すごく大事なことだと思います。例えば、ダウ日経システムだったら、ダウの動きに対して日経が反応しやすいという仮説があって、これは説得力があったわけです。でも、「○％株価が下げたら反発しやすい」という場合は、その〝○％〟に何の説得力があるのかということになります。

株価が下がる理由はいろいろ考えられます。利益がいきなり10分の1になってしまったとかであれば、利益に見合うところまで株価は下がります。反発はそこまで下がったあとになるので、一概に「○％下がったから反発」とはいえないわけです。だから大事なのは「仮説自体に説得力がありますか？」ということです。

そういえば、以前、天気と株価の関係についてブログで書いたことがあります。晴れの日は日経が上がるということを検証した人がいたのです。一見、「そんなバカな」と思うようなことでも、意外と関係があったりしますよ。

Q：雪の日は下がるということもあると聞いたことがありますよ。出勤が遅れるからとか、気分の問題が絡むという説も。

雪の日自体めったにないですけど、統計的にはそうなのかもしれませんね。しかし、天気に関しては、今は外国人投資家の割合が6割くらいあるので、もはや有効性はないですね。ただ、80年代、日経がすごく強かったときから2003年くらいまでは外国人投資家がいなかったので、天気と株価の連動性が確かにあったのです。

Q：外国人に、日本の天気は関係ないからですね（笑）。

日本といっても、実際は東京の天気です。やはり、機関投資家も東京に集中していますしね。晴れの日は、気分が良いからついつい買ってしまいたくなるということがあるらしいです。

それに、天候で、経済のいろいろなものが滞るということもあるかもしれません。雪や台風で電車が動かなくなるとか、マイナス要因がありますからね。

大事なのは、こういった仮説を立てて検証して、説得力があるかどうかを見るということなのです。

ただ、検証をしなくてもレバレッジを低く抑えて、お試し程度でやるのであればいいのかなとは思います。検証ができないこともありますからね。毎年1回ぐらいの大暴落が来るのですが、年に1回ぐらいではデータがなさ過ぎます。しかし、少ないからといって使えないわけではなくて、検証できなければいけないというわけでもないです。それに、海外の有名な投資家も必ずしも検証をしてからポジションを建てているわけではないです。ジョージ・ソロスもポンドが割高だと判断したから売ったのであって、自分が描いたシナリオに自信を持っていたわけです。そういう場合には、全力は怖いと思いますが、勝負してもよいと思います。

Q：勝負した経験はありますか？

全力勝負で資産が4倍になったトレードも過去にはありました。

これまでを振り返ってみて思うこと

Q：これまでのトレードで、すごくうまくいったというトレードはありますか？

株であればライブドアです。かなり儲けさせてもらったので印象深いです。証券会社を買収したという材料をうまく拾えて、今後の道筋が読めたからだと思います。あとは、オプションの場合には投下資金が4倍になったということがあります。

Q：うまくいった要因は？

天才だからです（笑）。

Q：それはわかりますが（笑）、オプションがうまくいった理由をお話しいただければ幸いです。

うまくいってないトレードもけっこうあるのです。でも、うまくいっていないときは損切りをするなり、しばらく様子見に徹するなり、態勢を立て直したりしています。うまくいったときはもっともっとと資金を入れたので、その結果としてこうなったのです。それでも、最初に建てたものをずっと持っていたわけではなく、回転させていました。最初でうまくいってなかったらこうなってはいないので、いけるときにいけたというのが大きいと思います。

それに私はおめでたい人間なので、多少失敗したとしても結局は絶対に成功すると信じ込んでいるのです。つまり、あとに傷が残らない。そういう意味の天才です。

それは別として、そうやって自分を元気付けるのがけっこう好きなのですよ。メンタル面のケアとか。子供のころは転校ばかりでまわりを気にしてばかりの暗い子だったのです。でも、自分が暗くてギスギスしているから相手もそうなのだとわかってからは、お日様のようになりたいなと思って、明るく生きています（笑）。

Q：ご自身、どのあたりが天才だと思いますか？（笑）

他人よりもここは強いかなと思うのは、今まで買いだと思っていても、違ったと思った瞬間に180度ひっくり返すことができる変わり身の早さです。自分のポジションとか考えに対しても執着していないところです。

Q：だいたい勝てる投資家というのは、変わり身が早いですよね。

ジョージ・ソロスなんてすごいですよね。朝と夕で言っていることがまったく違うということもありますからね。

私も自分の発言に縛られたくないのであまり保有銘柄は言いたくないです。例えば、「どの株が良いの？」と聞かれたとき、私が一番良いと思う銘柄を勧めたとして、仮にその日、何らかの悪材料が出て私の持ち株を全部投げたとします。その場合、私から「良いよ」と教えられた人は、私よりも傷の浅いタイミングで売ることはできません。こうなってしまうと「悪いことしたな」と責任を感じてしまうし、そういう思いに左右されるのも嫌なので、ポジションは言わないようにしています。

Q：逆に、最悪だと思うトレードは？

ワコムでしょうかね（笑）。でもこれに関しては何も知らなかったということもありますしね。ワコムの場合には、ある程度は自分の責任もありますが、騙されたということもあるので、自分のミスというのはあります。裁量でやった場合には良くなかったと思うことがあります。

自分としては「デッドクロスしているのだから売るべきなのではないか」と思っていたら実際に下がりました。ということは、これからは人に頼らずに自分の判断でやったほうが良いのではと考えました。だから、落ち込むということはなかったです。

Q：これまで最も大変だったことは何ですか？　どうやって克服しましたか？

やることなすこと全部裏目に出たときがあります。やってもやっても損が出る。そのときはトレードをしばらく休み、ゆっくりと休養をとりました。このとき、精神や心理について学ぶことで自分にとって何が問題だったのかを知ることができましたね。結果的に克服することができました。

Q：トレードにおける自分の弱点は何だと思いますか？　それをどうカバーしていますか？

機械が苦手なのです。もちろん、知らない人に比べるとできるほうだと思いますが、自動売買も挫折しましたし。エクセルについてもあまり複雑になるとこんがらがります。だから、できることだけをします。システムについては、追求すれば終わりがないのですから。

Q：ワコム以外のミストレードの例はありますか？

トレードそのものというよりはメンタル面になるのだと思います。精神状態が良くないときは良くない結果が返ってきます。

Q：どんなときに気をつけたほうがいいですか？

例えば、失恋をしたという場合にはトレードを休むとか。

Q：普段、精神面で気をつけていることはありますか？

〝まずい〟人には関わらないようにしています。

Q：〝まずい〟人というのは？

トレードにおいては、すべて自分の責任ということがわかってない人です。こういう人はトレーダーとしても付き合いたくはないし、友人としても駄目です。自分の責任は自分で持たないと駄目ですよ。人のせいにしている人は絶対に儲かりません。トレードに限らず、成長がないからです。自分のせいだと思える人は、なぜ駄目だったのかとか、次はどうしようと考えますよね。

でも、それができないで人のせいにする人も結構多いのです。よく銘柄を教えてなどと言われますが、教えて負けたときにうらまれたりするのは嫌ですから「あまり知らないならやらないほうが良いよ」と言います。

Q：逆に、〝まずくない〟人とは付き合うということだと思うのですが、そういう人はどういう人ですか？

やはり自分で責任を取れる人です。でも、「すべて自分のせいだ」と強く思っているような人もやめたほうがいいです。これはあまりにもマイナス思考ですから……。それに引っ張られるのです。〝うつ〟思考は伝染しますから。

Q：それは見た目でわかりますか？　特徴などは？

わかりますよ。まず話をしていても目が合わないです。自分に自信がないし、他人を信用していないように感じます。たぶん周囲や社会に対する恨みも多いのでしょうね。恨みのパワーというのは、すごい反動力があるので自分もまわりの人も幸せにはしないです。

Q：投資の場合、一発逆転ができるので、すごくコンプレックスを抱えた人が始める場合も多いです。利益も大事ですが、コンプレックスのほうが大きな問題だと思います。

恨みパワーの反動は大きいですよ。結局、恨みが目標を成就させないのです。しかも、恨みパワーは恨みパワーをひきつけるので、それに関わる人も自分の中の負の部分が浮き彫りにされてしまうのです。だからそういう人にはあまり近寄らないほうがよいと思います。投資の世界は、お金が絡むので、余計にトラブルが多いですよね。

おそらく恨みが内に向いてしまうと〝うつ状態〟になるし、外に向いてしまうと犯罪に走るのだと思います。例えば、大きな事件とか。こういうのは積もり積もった恨みパワーが外に向いた結果ですよね。もし内に向いていたら自殺という方向に走るのかもしれませんが……。要するに、心の問題が根っこにあるという部分では一緒なのですよ。

Q：いちのみやさんは、そういったスピリチュアリズムのようなものにも関心を持たれているのですか？

心霊や前世等にはまったく興味ありませんが、気功には興味があります。プラスの気を発していると、プラスの気が返ってきますし、マイナスの気を発しているとマイナスの気が返ってきます。鏡の法則ですよね。

Q：風水とかにも関心が？

あまりのめりこまない程度にやるのはいいと思います。窓際にグリーンを置くとかね。しかし、それに何十万円も使ってしまうというのはおかしいし、病的だと思います。何にしてもほどほどであればいいと思います。鏡の法則とかもけっこう「ああ、そうだな」と思うこともありますよ。これは、例えば、「なぜ、あの人は自分に意地悪をするのか」と思ったときに、実は「自分もその人に同じようなことをしていた」というようなことですよね。

Q：投資においては、そういったことも必要なのでしょうか？

恨みでやっていると最終的には成功しないような気がします。あるいは、たとえ儲かったとしても幸せにはなれないと思います。おそらく、世の中にはたくさんいると思いますよ。すごく大金を稼いでいるけど、実は幸せではないという人。

ところで私は孫さんが好きなのです。太陽のような人ですよね。言うことは大きくてペテン師とか言われていましたが（笑）、でもその大きすぎて普通には実現できないだろうと思えるようなことでも、聞く人をその気にさせてしまうプラスの大きなパワーを持っている人だと思います。

Q：孫さんのスピーチを聞いたことがありますが、天才だと思いました。

まわりの人を気持ちよくさせて、引き込むのがうまいですね。話を聞く人に自分の夢を共有させることができるのです。それができるからこそ優秀なブレーンが集まってきて、不可能だと思うようなこともやってのけるのですよね。さすがに「ＮＴＴに対抗して」というのは不可能だと皆思ったでしょうが、それでもやりましたからね。

それは話がうまいからではなくて、本人が心の底からできると信じているからできたのだと思います。それも計画的に進めていますから。７０歳までの生涯の計画もすでに立っているようですよ。

Q：ということは、投資でも「勝つ」と信じたほうがいいのでしょうか？

でも、相場に関してはマーケットが正しいのであって、自分が正しいのか正しくないのかというのはマーケットに対して正しい位置を取れたかどうかということになります。だから、自分が正しくてマーケットが間違っているということはありえません。そこを誤解しては駄目です。だから、1回のトレードで成功するというのではなくて、最終的に自分が定めたゴールテープを切るというのが理想だと思います。

勝てる投資家とそうでない投資家の違いとは

Q：勝てる投資家と負ける投資家の違いはどこにあると思いますか？

精神でしょうね。肝が据わっている人は強いなと思います。たぶん、そういう人は何をしてもうまくいくのではないかと思いますね。投資に限らず、自分でビジネスを立ち上げたとしても、生き残れるような気がします。

うね。

Q：それは生まれ持ったものなのですか？　それとも身につくものなのでしょうか？

後天的に身につけることができると思います。本人次第です。やろうと思わないと駄目でしょうね。

Q：まずは何をするとよいと思いますか？

深呼吸です。1秒を争って注文を入れる必要もないのです。慌てると単位を間違えたり、買いと売りを間違えたりしかねないので、まずは深呼吸をして「これでよいのか」と確かめてください。

Q：初心者が経験したほうがいいと思うことはありますか？

最初は失敗したほうがいいですね。最初は額も小さいから、少ない金額で破産したとしてもやり直しがきくじゃないですか。金額が大きくなってから失敗すると、大きな額なのでダメージも大きいです。一生勝ちっぱなしという人もたぶんいないと思いますし、勝ってすっぱりやめられるという人も少ないでしょう。だったら、最初に失敗をしておいたほうがいいかなと思います。騙されないようにとかそういうことではなくて、仮に騙されるとしても少額のうちとか、あるいはほかに自分の仕事があれば、いくらでもやり直せますからね。一番良くないのは、相続や退職金など一度に手にした大金を思いっきり何かにつぎ込んでしまうことでしょうね。

まずは自分の小さいお金で痛い目を見ておくということだと思います。

Q：ひとつの情報をたくさんの人が見ていますが、その中で勝てる人と負ける人がいます。その違いはどこにあると思いますか？

運でしょうか。運を良くするためには、自分で決めることです。勝ち続けている人だって外れることはあるのです。外れたときに、外れ玉と心中をしてはいけません。次のチャンスに乗り換えることです。

マネーマネジメントについて

Q：これまでの経験で損切りと利食いでは、どちらがしにくいと思いましたか？

どちらがということはないです。よく利食いは欲があるからなかなかできないと言われますが、私の場合にはそういうことはありません。先ほどのFXの話でももっと持っていれば儲かったでしょうけど、手放したときの資金は別のところに入っていますからね。新しいほうでまた儲ければいいかなと思います。損切りは、むしろ気持ちが楽になりますね。一番辛いのは含み損なのです。

Q：このとき何を考えていますか？

どこで売ろうかな、でしょうね。でも、ここで切れば楽になるので、悩むくらいなら切れと思います。相場の格言です。悩んでも悩まなくても結果は一緒なのですから、だったら切って楽になって、そこでまた考えればいいのではないでしょうか。結果的に同じ銘柄を売った価格より高く買い直すことになってもいいじゃないですか。ただ、1回すっきりして考え直してからということです。

Q：逆に含み益があるときは何を考えていますか？

システムでやっているとしても、ここで売ってしまおうかなと考えることはあります。でも、システム化されていればルールがあるので、それを守ることが大事です。

一方、オプションの場合だと動きも速く売買も薄いので、前にうまくいったことだからといって今回もうまくいくとは限りません。だから、少しずつ確定していくことを考えています。特に、買いの場合には、一番良いところである底値では買えません。なぜなら大底は後になってみないとわからないからです。

Q：オプションの場合の、利食いのタイミングは決まっていますか？　また損切りのタイミングは決まっていますか？

オプションの利食いは、売り戦略の場合は権利消滅まで持つか1円になったとき、あるいは新たに建てるポジションとの余裕資金や証拠金との兼ね合いで確定したりとケースバイケースです。買い戦略の利食いタイミングはＩＶが極大まで膨れあがったときがベストですが、どこが極大値かは後になってみないとわからないので、「だいたいこの辺かな」というところで確定することが多いです。具体的には日経が大幅にギャップを開けて寄りついたときなどです。

損切りについては、描いたシナリオと違う動きになったと判断したときに行います。買いだったらすぐに切ります。売りだったら逆行さえしなければ権利消滅を待つのみなのでSQまで持っていてもいいのですが、反転するかなというところで確定させることもあります。

Q：オプションはシステム化が難しいですよね。

限月（※）間の検証もしなければと思う人もいるようですが、これは無駄だと思います。

限月……株は買ったらずっと持っていることができますが、先物やオプションにはSQ（期日）があります。例えば、中期投資をしたい場合、明日SQを迎える限月を買っても仕方ないので、期先と呼ばれる次の限月で買うなどの場合があります。

Q：限月間の検証が無駄な理由は？

2つの限月間で売買ができるのですが、オプションを限月間で検証しようとすると期先のほうでは、まだ時間があるから取引が少なくて板そのものが薄くなっているのです。そうすると、自分の入れた玉で価格が動いてしまいますよね。オプションの期先は225先物ほど流動性が高くないので、流動性でマーケットインパクトが生じやすいのです。

少ない枚数であれば関係ないかもしれませんが、枚数が多くなると問題が起きます。ここで買ってここで売ってというように検証ができたとしても、実際に自分の玉を入れた瞬間に、そのデータの検証というのは説得力を持たなくなります。

Q：オプションをまったく勉強したことがない人には少し難しいかもしれませんね。まず、どのあたりから勉強すればいいのでしょうか？

日経平均を見て仕掛けるとよいと思います。例えばチャートを見て、そろそろ天井圏かなというところでコールを売り始めるとか、プットを買い始めるとか。最初はそういう使い方がいいかと思います。検証についてもオプションのプレミアム自体を検証するのではなくて、日経平均の価格で検証するほうがよいと思います

Q：そろそろ天井というのは、何で判断するのですか？

相場が行き過ぎているなというときです。どんな株を買っても上がるとか、カリスマトレーダーがたくさんマスコミ等に出没してきたとかです。一般紙の特集が株になるとか。

参考にする情報について

Q：情報はネットから得ることが多いですか？

ニュースを見てそれに反応してということはあまりないですけど、それよりもマーケットの動きを見て、これが一時的なものなのか、それとも潮目が変わったのかということは見ます。それでわからないときには、手仕舞いをします。

Q：マーケットの動きというのは何を見るのですか？

指標を見ても意味がなくて、それを投資家がどうとらえたのかが重要です。もちろんどうして動いたのかは見たほうがいいです。潮目が変わるような大きな発表のときもありますから。特に金利の決定とかはね。今回（２００８年6月ごろ）、アメリカの政策が〝潮目が変わるサイン〟かもしれないと思っているのですが。

Q：わかる部分はポジションを持って、それ以外のわからないところはキャッシュにするということですか？

悩むくらいだったら身軽にしたほうがいいのです。

Q：毎日見ているサイトはありますか？

原油とかダウなどの動きは毎日見ますが、それ以外で毎日見ているサイトはありません。むしろ情報は少ないほうがいいと思うのです。例えば、株でも両方の意見がありますよね。上がるという意見と下がるという意見。ですから、情報が増えれば増えるほど悩みます。

Q：でも、ここで情報の選別をする必要がありますよね。そのとき、いちのみやさんにとって良い情報と悪い情報は何をもって選別するのですか？

まずは、情報で儲かるのではないということはしっかり押さえてください。でも、例えば、金利の動きとか政策や制度が変わったとかは重要だと思います。例えば株の税金が今度20％になりますよね。利益500万円以下は据え置きですが、でも大口の投資家が儲けにくくなってきたということがマーケットに与える影響は大きいと思います。そういった制度の変更や政策の変化は大事なのではないでしょうか。政府が変わるというのも、方針が変わることにつながるので、この先アメリカがどうなるのかは、民主党がとるのか共和党がとるのかではずいぶんと違うかもしれませんよね（注：ここでのお話は大統領選以前のもの）。

話は違うかもしれませんが、金本位制になるという人もいるのですよ。

Q：金本位制ですか。もしそうなったら、金（ゴールド）の価格が10倍くらいになるかもしれませんね。

もし金本位制になったら金（ゴールド）の価格が10倍になるというのも、そういった制度が変わるというのが大きな節目になります。そういうところはきちんとキャッチしていきたいと思います。

Q：どうやってキャッチしていきますか？

基本的な経済の仕組みくらいは知っていたほうがいいと思います。例えば、金利と株と債券の関係くらいは知っていたほうが反応しやすいと思いますね。それ以外の情報は枝葉のようなものなのです。人によって、どうにでも捉えることができますから。

Q：ちなみに、いちのみやさんは金（ゴールド）についてはどうお考えですか？

金（ゴールド）だったら、今（2008年6月ごろ）は下がっているところなので、これが落ち着いてきたら、先物ではなくてETFとかで買いたいとは思います。先物は限月があるので、いちいち乗り換えないといけません。もちろん、手数料もその都度掛かります。原油はバブルだと思いますね。でもバブルの最後はどんでもない動きをするので、売りに入ろうとは思いません。しかも、買っている人はみんなバブルだとわかっていて買っていますから、最後、誰がババを掴むかという状態だと思います。

Q：どういう人がババを掴むことになりますか？

ババを掴んだっていいのです、すぐに手放せるならば。しかし、自分で判断できない人だと手放せずに痛い目を見ます。

尊敬するトレーダーについて

Q：尊敬するトレーダーはいますか？

ジム・ロジャーズはすごいなと思います。日経がバブルのときに空売りをしていて、2年間かつがれていたというのですから、その精神力がすごいです。空売りのロングタームはなかなかできないと思います。バブルはどこまでいくかわかりませんから。でも、それも自分で確信が持てるだけの調査をしているからできることなのです。それと、私が旅行好きなので世界中を旅行しながら投資先を探すというスタイルに憧れています。

Q：ジム・ロジャーズは自分の娘に中国語を習わせているようですね。

中国の時代が来ることを確信しています。ジョージ・ソロスもすごいなと思います。分析力もそうですが変わり身の早さも素晴らしいですね。

あとは、ラリー・ウイリアムズはシステムトレードの神様ですから当然ですし、バフェットも世界一の投資家ですから。バフェットの場合は、投機家かなと思う部分もありますしね。あとは経営センス。政治的な働きかけをしてその会社がきちんと動くように仕掛けたり。投資家とか経営者という視点で見ても優秀というのは、要するに先を見る目があるからでしょうね。

Q：ラリーについてはどういう点が尊敬できますか？

彼がいたからこそ、システムの世界に入れたのです。新しい世界を気づかせてくれたという意味で、尊敬します。

Q：一般の投資家が時代の先を見るには何が必要だと思いますか？

過去に成績を残している人の話を聞いたり、本を読んだりするのはいいと思います。あとは裏側を読むとか。例えば、証券会社がいきなりレーティングを上げたのは、売り抜けたいからなのかなとか。ある情報が、そのタイミングで出てくるには何らかの理由があるはずなので、そこを考えるといいと思います。

そもそも推奨銘柄というのは、上がると予想される銘柄ではなくて、買って欲しい銘柄なのです。株価が明日どうなるのかなんて誰にもわからないのですからね。そういうところで騙されることもあるかもしれません。でも、あまり構えてしまっても、今後は有益な情報も入らなくなるので、アンテナを高くしておく必要はありますね。

Q：アンテナを高くする一番のコツは何ですか？

いろいろなものに興味を持つといいでしょうね、幅広く。

トレードは仕事。だから、毎月コンスタントに勝てる方法を採用

Q：いちのみやさんにとってトレード（投資）とは何ですか？

お仕事です。私には合っているみたいです。

例えば、オプションの良いところは時間という要素がある点です。先物とか株の場合は普通のトレードであれば、上がるか下がるかを当てないと儲からない。でも、先ほどもお話ししたように、オプションというのは「上がる」「下がる」のほかに動かないというのがあって、時間いっぱい逃げ切れば勝ちになることもあります。逃げ切れば勝ちなのだから、上がると思ってたけど上がらなかった、でも下がったとしても自分が予想していたところを下回らなければ勝ちになるのです。この点が良いところです。そういうことを踏まえて、どうやって仕掛けるかというと、数年間のデータの中で、1カ月間のボラを調べて、基準日から逆算をして変動率を確認し、だいたいこれくらいの幅に収まる確率が80%くらいというところで組みます。そうすると、「利益はそれほど大きくはないけど、毎月コンスタントに勝てるかな」ということで、この方法をとっています。

Q:過去に基づいて80%くらいは勝てるということで組むと、逆に20%は負けてしまいますが、ここはどうしていますか?

相場が上がるときと下がるときで違う動きをします。上昇相場だと上がっては揉み合って、上がってはまた揉み合ってというようになります。しかし、下落のときは加速がつくのです。というのは、損切りしなければならない人が出てくるのはもちろん、機関投資家にも損切りのルールがあるので、それに引っかかると何が何でも売らなければならない状態になるからです。だから、下げのときはある程度のところまでいくと加速します。そこでどうするのかというと、下げのほうは保険を掛けます。安いところのプットをたくさん買っています。上のほうはしていません。

Q：上のほうに動いたら、どうされますか？

ここからここまでの範囲だと思ったのにもっと上だったとなったら、ポジションそのものをずらすように持っていくということはあります。しかし玉を増やしていく、いわゆるナンピンは危険なのでやりません。ずらすような感覚です。

Q：その場合、最初に建てたポジションがマイナスでも、後に建てたポジションはプラスになるように？

全体ではトントンくらいです。「なるべく負けないように」を心掛けています。

Q：ということは、上のほうにいったらトントンくらいでも、下のほうにいったら利益が出るとしたら、勝率は9割くらいまで持っていけますか？

途中でやめる場合もありますね。「もう難しいや」と思って。先月（2007年7月）は難しかったですね。旅行などに行くこともあって、損切りをしました。そういうときもあります。8月の上旬にいったん閉じました。

Q：オプションの場合には、マイナーSQでも、メジャーSQでも、とりあえず常にポジションを組みますか？

まだ研究中ではあるので、「これは間違えたな」ということで閉じることもあります。自分に合う合わないもありますからね。あとは相場観でやると、精神的に良くないということがあったので、私は確率的なことでやっていこうと思いました。時々、これは行き過ぎだと思って逆張りをして、それにかつがれて嫌な思いをすると「やるんじゃなかった」と後悔することもあります。でも、損切るときはドライにいきます。「次に勝てばいいや」と思って。

投資家へのアドバイスについて

Q：ほかの市場についてのコメントや投資家へのアドバイスはありますか？

今勝っている人というのはたまたま勝っている人であって、私もそうですが、5年後生き残っているかは5年後になってみないとわからないのです。だから、何事も過信しないほうがいいです。

例えば、ほかの誰かの相場観に頼るのが一番良くないです。間違ったときに対処が遅れます。

そういった本人はとっくに逃げているかもしれませんしね。ジョージ・ソロスも朝と夜で言っていることがまったく違うということで有名ですが、まわりに尊敬できるトレーダーがいて、参考になるようなことを教えてくれたとしても、最終的に判断するのは自分なのです。そうでないと、後手後手に回ってしまいます。すごく尊敬できる人がいても、自分が同じようにできるかというのはまったく別問題なのです。システムにしてもタートルズには20人くらいの養育生がいたのですが、その中でも勝つ人と負ける人がいたのです。でも、みんな同じ人から同じことを習って、情報もほぼ同じだったはずです。それなのに勝てる人と負ける人がいるのはおかしいですよね。「なぜ、その違いが出るのか」というと、システムが良いだけでは勝てないからです。銘柄が同じでも勝てる人とそうでない人がいますから。もっと極端にいうと、銘柄や市場や手法などは何でもよいわけです。

Q：何でもいい……。

とにかく大事なのは精神的な部分です。自信を持つのは大事ですが、その一方であまり過信しないことです。自分自身とトレードの勝ち負けはまったく別のことで、負けたからといって自分が全否定されるわけではありません。「間違うはずがない」と思ってしまうのも危険です。これは男性にありがちだなと思うときがあります。ビジネスでも、自分自身と自分が入れ込んでいるものを同一化しているような気がします。切り替えは大切だと思います。

Q：今の話には、自分自身とシステムとかトレードなど自分の外にあるものを同一視してしまう傾向と、何かがうまくいったときに切り替えが利くかどうかという2つのテーマがありますね。

うまくいくいかないにかかわらず、自分自身と自分がやっていることは別のことです。

Q：例えば、男性ならスポーツカーに乗っていると車の力と自分の力を同一視します。女性なら化粧品やブランド品と自分を同一視します。しかし、やはり男性のほうが同一視の傾向が強い感じがしますか？

例えば、ビジネスで失敗して生きる希望を失ってしまう男性はけっこういると思うのですが、女性の経営者の場合、絶対数が違うので断言はできませんが、それでもビジネスに失敗したからという理由での自殺はほとんど聞いたことがないと思います。ビジネスや資産と自分は違うのです。そういったところには男性のほうがのめりこみやすいと思います。それだけに偉業を成し遂げられるというのもありますが、逆に危険な部分もあると思います。

結局、トレードで成功するか失敗するかということと、自分の能力とか存在価値のようなものとを混同しないことが重要なのだと思います。その中で、トレードが自分には向いていないと気づいたら、今度は違うことをすればよいだけのことです。

取材を終えて

話を聞いてまず思ったのは、彼女は卵が98円でも500円でも、あまり気にしない人なんだろうな、ということだった。トレードとはまったくもって関係ない感想で大変申し訳ないのだが、その話し方とか素振りが、良い意味で大雑把な感じがしたのだ。これはあくまで私から見た女性としての印象。「細かいことは気にしない。そのときにやりたいことをやって、人生、楽しもうよ」。そんなことを言い出しそうな人のように思えた。

ただ、肝心のトレードになると、またガラッと印象が変わる。彼女は自分で道を切り開いてきた人だし、相場の中にいる当事者だから、ひとつひとつがとても真剣なのだ。

そもそも、彼女には強烈な集中力があるのだと思う。何事もダラダラやらず、一気に終わらせるタイプ。子供のときの夏休みの宿題も、おそらくそうだろう。夏休みが終わる前日に泣きながら宿題をやる子供がいる中で、彼女はとうの昔に終わっている。しかも、夏休みが始まってすぐの3日で終わらせるような子供だったのではないだろうか。そしてその後は思う存分、夏休みを満喫するわけだ。〝切れ味の鋭いナイフのような女性〟、それが私が持ついちのみや像だ。

システムトレードの利点について彼女は、精神的弱さの排除を挙げている。要は、すでに出口が決まっているのだから、それに従ってひたすらトレードをすればいい。しかも、システムを組んでしまえば、あとは自動的に行われてしまう。ここに、裁量にはない最強のメリットがある。

私はこれまで裁量でトレードをやってきているから、その精神的難しさはよくわかる。買う場合には、それほど迷いはないかもしれないが、問題は売るときなのだ。株を買った後に株価が下がると、たとえ損切り基準まできても一瞬の迷いが生じる。それは小さな躊躇かもしれないが、時に重大な間違いをも生み出す。

逆に、利益を確定するときにも、そこに存在するのは「もっと上がるのではないか」という期待であり、その期待が「売る」ことに対し迷いを生じさせる。結局、人は、何かを手放すときに躊躇するのだと思う。そこには人間が取り払うことができない、あるいは払拭するのが難しい「欲」があるからだ。

「ここで売ったら、いくら減る」という事実と向かい合うことができない。「もし株価が上がったらもっと儲かるのに」という悔しさが我が身を襲う。そういう苦しさが裁量トレードにはあるのだ。これがなくなるということは大きな負担が取れるということであり、トレーダーにとってはかなり優位に立てるような気もする。そんなことを、いちのみや氏の話から感じることができた。

でも、私はおそらく今後もシステムトレードはやらないと思う。なぜなら、そもそもシステムがどうのこうのという話がよくわからないからだ。私はものすごくアナログな人間だし、そこを乗り越える根性もない。だから、正直すごく傍観者的に話を聞いていたということもある。

しかし、冒頭にあるような「生き方」のようなものには非常に共感できる部分があった。彼女は自由人。というか、自由を自分の力で勝ち取った実力者なのだ。ゆえに、彼女の言葉の裏に見え隠れする自信は、今後、彼女に何が起きようとも、そして相場がどんな状況になろうとも、きっと生き残れる。そんなことを思わせるようなものだった。

それは、子供を身ごもり、10カ月という長期にわたって胎児を守り、そして強烈な痛みを伴う出産を終えた母のように思えた。そこには、子供を我が命にかえても守り育てるという覚悟があり、これからの人生の多くを犠牲にしてでも子供のためにと思う優しさがあるのだ。何というか、同じ女性として彼女の強さをひしひしと感じた。

文中にあるように、彼女は過去に「カモ」にされた経験がある。よくある怪しげなサイトに引っかかり、多額の損失を被った。しかし、そういった経験をさらっと言えてしまうところに、彼女の「余裕」が感じられた。彼女は達観しているのだ。

過去のそんな経験などすでに消化された出来事であり、むしろ多くの人に警告を出す立場になった。このあたりは、何となく優利加氏（第5章）に似た印象を受ける。

負けない投資家の最終形は、おそらくみんな同じなのだろう。その領域に入れるのは、選ばれた者のみ。多くの人はそこに入ることができないのだ。そこに入れる切符を得ることができて、その場所に身を置くいちのみや氏。彼女は、すがすがしく、潔く、美しい人のように思えた。

第3章

「角山 智」

単に割安な銘柄に投資することは本当のバリュー投資ではない。真のバリュー投資は「良いビジネスを行っている企業を安く買うことだ」。この信念に基づいて、主に決算書を参考にして銘柄を発掘していく。やり方自体は特に難しいものではないが、そこから導き出される答えはさすがのひとこと。その研究の深さには「Ｄｒ・角山」と呼んでもよいくらいの何かがある。バリュー投資家には珍しく、思惑と外れた場合には、損切りも厭わない。自分の資産を本当に大切にする、真の意味でのバリュー投資家、角山智。

はじめに

角山氏には、取材の数年前に一度、お会いしたことがある。特に何を話したという記憶もないし、挨拶程度で終わったので、まさかこういった形で再会するとは思わずにいた。おそらく角山氏も同じ感覚だったのだろう。

「あのときお会いしましたね」
「ああ、あのときの川崎さんですか」

そんな感じだった。

角山氏といえば、「バリュー投資」。これが彼に対して持っている私のイメージだ。ただ、私の中では言葉だけが独り歩きをしていて、そもそも「バリュー投資」のきちんとした定義ができていなかった。だから、ほとんど知識がなく、「株価が何らかの基準より安い銘柄をずっと持っているんでしょ?」と、何とも失礼な解釈をしていた。もともと、私は短期投資をメインでやっていた人間だから、何年も株を持つということにすごく違和感があったのは確かだと思う。

でも、気がついたら資産が数倍にもなっていたという驚きの事実を知ったとき、私は自分が毎日行っているトレードに対して、何となく疑問を持つようになったのだ。銘柄を正しく選べば、あとは放置でいいのか……。それに比べて、自分がやっているトレードって……。

極端といえば極端だが、そういう浅はかな考えを持ってしまった私は、早速「バリュー投資」の真似ごとをやってみた。PERが……。PBRが……。

基本〝これ〟だけで銘柄を判断して、企業の成長とか、そもそも背景にある経済の方向性などほとんど無視。非常に甘かったと今は思う。だから、私のバリュー投資は失敗に終わったのだと思う。そういった経験からも、角山氏の話にはいつもとは違う角度から興味が持てるような気がした。

そもそも角山氏に取材をお願いしようと言い出したのは、この本の編集者だった。彼が角山氏の本を担当していて、その内容の濃さとかおもしろさに惹かれたのだ。

「いや〜、すごい人ですよ」

担当した本を眺め、編集者はそんなことを言っていた。何がすごいのかと思って本を手にすると、銘柄を研究するときの緻密さとか、悪い言い方をすれば「しつこさ」だと私は思っている。ここまで見るから勝てるのか。単純にそう思った。

でも、「普通の投資家ができないことでもなさそうだな」と思ったのも事実。ある程度の根性があれば、銘柄を研究することができるのではないかと思ったのだ。でも、同じ「バリュー投資」と言って銘柄を探して実際に株を勝っても、勝てる投資家と負ける投資家がいる。だから、勝てる投資家である角山氏と負ける投資家の間には何か決定的な違いがあるはずだとも思った。それがいったい何なのかはわからない。だから、今回の取材でその答えを見つけようとしたのだ。

果たして見つかるのか。実はそういう不安も抱えていた。なぜなら、角山氏の投資に対する考え方、概念、思いが私の想像をはるかに超えて深いのではないかと思ったからだ。「もっと勉強をしておけばよかったな」。そんな後悔を抱きながら、私は角山氏の横顔を眺めた。

良いビジネスを安く買うこと。これが角山流のバリュー投資

Q：角山さんの投資スタンスはどういうものでしょうか？

私の場合は、バリュー投資というのですが、実はバリュー投資とひとくちにいっても、人それぞれやり方があるのです。狭い意味ではPBRを使って、PBRの数値が低い銘柄に投資をするのがバリュー投資と呼ばれていますが、私の場合はもう少し広い範囲で考えています。

バリューとは、企業の価値のことです。その価値よりも安く買う。しかも、良いビジネスを行っている企業を安く買うということなのです。これによって利益を得ていくというのが私の投資スタンスです。

Q：良いビジネスとはどういうビジネスですか？

「事業素質が良い」という表現を使うのですが、これは少ない投資で大きな利益を生むことができるビジネスという意味です。例えば、やたら設備投資が必要であるというような企業は、確かに売上は上がるのですが、なかなか手元にキャッシュが残らないですよね。こういう会社は常に多額の投資が必要になります。そうではなくて、少ない投資で大きな利益が上げられるようなビジネスが、ここでいう「良いビジネス」です。

Q：例えば、半導体ビジネスの場合、設備投資はどんどんしていかなければならない。一方でファブレスのビジネスもあって、こちらは工場などを持たないで済む。そういう場合は、後者のほうが事業素質が良いということになるのでしょうか？

そうですね。

Q：仮にIT企業の場合、事業素質としてどう判断すればいいのでしょうか？

これは2つに分かれると思います。ソフトウェアの会社の場合、儲かっている会社はパッケージソフトを作っている会社なのです。例えばマイクロソフトです。これはエクセルにせよ、最初作るときにはお金がかかりますが、そのあと売上を伸ばすにはどうかというと、CDにプログラムを焼き付けるだけです。こういうのは事業素質が良いと解釈できると思います。ですから、マイクロソフトは今、現金をたくさん持ってはいるのですが投資先がなくなっている状況にあります。だから、自社株買いをしたり、ほかの会社に手を出していますよね。

逆に、IT関係で同じソフトウェアでも頼まれるごとにオーダーメイドで作っている会社もあります。ある企業から「新しい販売システムを構築したいのでこういうものを作ってください」と言われる立場の会社は、売上を伸ばそうと思ったらそういうものをたくさん受注できるような体制を作っていく必要があります。ということは、働く人の数が増えたりするので、売上を伸ばそうと思ったら経費もかかってしまいます。こういう会社は事業素質としてどうなのかなと考えると、あまり望ましくないということになります。

Q：IT系でいえば、1回作ればあとはコピーすればいいような会社が事業素質的には望ましいということでしょうか？

そうですね。あとは規模の効果ですね。規模の効果が働くとはどういうことかというと、売上が伸びればコストが下がるということです。パッケージソフトというのは規模の効果が働く典型的な例なのですよ。

逆に、ソフト会社にしても、1回ごとに制作を請け負って作っている会社というのは売上が増えても利益率は変わりません。あとは若い起業家がいて、マイクロソフトに対抗するようなソフトを作るといっても、それは無理な話ですよね。規模がまったく違います。でも、どこかの会社のシステムを請け負って開発をするのであれば、それほど経費はかからないので、とにかく頭数をそろえて営業に行かせて、仕事をとってくれば始めることができるのです。やはり状況がまったく違いますね。

Q：例えば、角山さんが注目している「良いビジネス」をしている会社はありますか？

プロトコーポレーションという会社ですね。これは中古車探しの雑誌『Ｇｏｏ』を出している会社です。なぜ良いかというと、金額的に投資をあまりしていないのですが、売上が伸びています。利益も非常に上がっています。ビジネスモデルとしては、いわゆるリクルート型なのですよ。どういうことかというと、リクルートというのは儲かるビジネスばかりをしている会社なのです。プロトコーポレーションも情報ビジネスで、中古車情報ではトップのシェアを取っています。例えば、どこかの自動車屋さんが広告を出すにしても、やはり一番シェアが大きいところで出そうとなりますよね。好調なのは、要するに、そういうことです。

中古車の業界というのは、そもそも新車が売れないと結果的に中古車は放出されないので、業界自体の伸びはいまひとつなのですが、中古車情報という中ではシェアをどんどん伸ばしています。

Q：企業価値というのは、どういった方法で評価されていますか？

収益力がメインになります。これに関して何らかの強みを持っているということです。あとは、事業を行う環境もいろいろあります。例えば、すごく競争の厳しいところで事業を行っている企業もありますし、数は少ないですけど、独占とか寡占状態で事業を行っている企業もあります。ですから、事業環境に恵まれているというのもある意味強みですよね。

それに先ほども話しましたが、収益を伸ばすにしてもすごくお金をかけて投資して、それでやっと利益が出る企業もあれば、あまりお金をかけなくても利益が出る企業もあるのです。この場合は、それほど設備投資をしなくても利益を出すことができるような企業のほうが魅力的ですね。このように、資産価値というよりは「その企業がどういう事業をしていて、どういう強みを持っていて、それが将来的にも続きそうか」という点を中心に見ています。その中で、安く買うことができる企業があれば買っていくというスタンスですね。

Q：いわゆる、世間一般に言われる「良い企業」に投資をするということでしょうか？

そうですね。仮に、ある企業を買えるとして、時価総額が200億円だとします。資産価値をみると無借金でキャッシュを50億円持っていたら、残りは150億円ですよね。その150億円の時価総額の会社を買ったとしたら何年で元が取れるか、というところを見ます。仮に利益が30億円あれば、このペースが落ちない限り5年で元が取れますよね。あとはプラスαの部分で先ほどの強みと継続性を見ておけば、もっと早く元が取れるかもしれない。というか、企業が伸びてくれれば、もっと早く元が取れるわけです。丸々買うとすると、そういった計算になります。もちろん1株を買うのも同じですね。そういう点で企業を見ていきます。

Q：その場合、何年くらいで元が取れるのがいいと思いますか？

何年ということではないですね。例えば時価総額が100億円で無借金、現預金を40億円持っているとすると、丸々回収をしたら現預金は自分のところに入るので、差額は60億円になります。仮に利益が毎年15億円出ていれば4年で元が取れます。これは利回りで考えれば

25%となります。これが高いのか低いのかという判断になるのですが、実はこれも数字だけでは駄目なのですよ。どういうことかというと、例えば不動産の場合だとして、ある物件を買ったら今は家賃の利回りが10%という話があっても、その物件が駅に近い新築のマンションなのか、それとも駅からバスに乗ってさらに歩くという古い物件なのかで、同じ10%でもまったく意味が違いますよね。

こういうことは、企業も同じなのです。要するに、倍率とか利回りとかではなくてビジネスが影響していて、例えば先に話した会社であれば、25%の利回りでも今後を考えるとちょっと不安だなということであれば買えないですね。だから、割高割安という判断プラスビジネスで見ないといけないのです。

Q：先ほどの何年で元が取れるのかというのは、PER的な見方ですか？

これはEV/EBITDA倍率ですね。簡易買収倍率とも言いまして、要するに、この企業をいくらで買ったら元が取れるのかという話なのです。時価総額があってそこから現預金を引きます。逆に借金があったら足します。その企業を買ったら借金を肩代わりしますからね。この額を営業利益と減価償却費で割ることで、何年で元が取れるのかを計算します。ちなみに、減価償却費は帳簿上の費用なので、実際は払っていませんから、広い意味でのキャッシュフローになります。これと営業利益を使って何年で元が取れるのかを計算するということです。

Q：知り合いが中古の不動産の売買をしているのですが、そのときの計算の考え方に似ていますね。

中古の不動産を買ったら、そこの金庫の中にお金があったというイメージですね。例えば、2000万円のマンションを買ったら金庫の中に500万円が入っていた。ということは、その500万円は自分のものなので、結局、1500万円で買えたことになるわけです。それでそのマンションの年間の家賃収入が150万円で、この先も落ちないのであれば10年で元が取れるということです。しかも、その物件が駅に近くて新しくてきれいな物件なのか、それとも駅から遠くてバスに乗っていかなければならなくて、ちょっと古い物件なのかというのが、その企業のビジネスとか強みという部分ですね。仮に、同じ10年で元が取れるのであれば、駅に近い物件のほうがいいですよね。そのあたりが競争力とか事業の強みにあたりますね。

Q：その企業だけを見るのではなくて、事業環境とか競争相手なども全部含めての企業価値ということですね？

そういうことですね。

参考にする情報ソースについて

Q：銘柄を分析するうえで、具体的にどのような情報ソースがありますか？

経済誌も見ますし、常識の範囲内で想定できることもあります。例えば、ソフトウェアの話でエクセルを例にしてみましょう。エクセル以外にも、世の中には無償で使えるオープンオフィスとか低価格で手に入れることができるものがありますよね。そういうものがあるのに、どうしてみんないまだにエクセルを使うのかを考えてもらうといいと思います。

ひとつは、今までエクセルで作ってきたものがあるからですよね。企業によっては業務システムとエクセルを連動させているという深い部分があったりとか、あるいはエクセルを使いこなしている方はエクセルの中にプログラムを組み込んだりしています。単純な作業であれば移行するのは簡単なのですが、先ほどのような場合は移行してしまうとそのまま使えないということもあります。業務システムの中に組み込む場合は、例えば欲しいデータがあったときにエクセルではパッと出せるけど、エクセル以外になると簡単にはいかない（＝その変更が必要になる）とか。これはスイッチングコストというのですが、これが高い場合には簡単には変えることができないのですよ。だから、いまだに多くの企業が高いライセンス料を払ってエクセルを使い続けているのです。

でも、スイッチングコストが安いこともあります。冗談のような話かもしれませんが今日のお昼、いつもはラーメンを食べているけれど、カレーにしようかというときのスイッチングコストはないですよね。せいぜい安い店に入って味が落ちるようなものを食べる可能性があるというくらいです。だから、スイッチングコストは簡単に変える（安くする）ことができるのですよ。なおかつ新規参入にしても、外食にせよ居酒屋にせよ簡単ですよね。ということは競争が厳しいなということはそこからわかります。例えばオリジン弁当ですね。ここは、昔は飛ぶ鳥を落とす勢いで伸びていたのですが、簡単に真似されたのです。なので、似たようなお店ができて儲からなくなってしまうということになるのです。こういうことを見ていれば常識的に判断できる部分はあると思います。

あと、ほかに例を挙げると、ノーリツ鋼機というミニラボ機器の会社があります。この会社、業績が落ちてきています。なぜかというとデジカメが登場したからです。街の現像屋さんが「1時間でできますよ」というのがありますよね。これはノーリツ鋼機のミニラボ機器をレンタルしているのか、それとも買っているのかはわかりませんが、店にフィルム入れてから1時間くらいで現像ができていたわけです。でも、デジカメがあればもうそんなことはしないですよね。これも常識的に考えればある程度わかってきますよね。こういうことを考えればわかってもらえると思うのです。業界誌も大事ですが、普通に世の中を見ればわかってくるものだと思います。

Q：もっと初心者の場合には、何を元に銘柄を探していけばいいでしょう？

例えば、ティッシュペーパーとかガソリンもそうですが、1円でも安ければ買うというような商品を作っている企業は基本的には儲からないと考えてもらうほうがいいと思います。自分はどんなに高くてもこのティッシュでないと駄目だという人は、非常に少数派だと思うのです。ガソリンも同じですね。航空会社もそうです。機内食で差をつけるとかありますが、エコノミーで乗るのであれば、運賃が安いところを利用します。

これと対極にあるのが、何らかのブランド力を持っている会社です。この場合、多少高くても買うということもありますね。ヘルメットのSHOEIは、値段は高いのですが売れています。これはブランド力があるからです。自転車のパーツを作っているシマノという会社もあります。自転車はシマノのどのパーツを使っているかでグレードが決まるらしいのです。そういうところは基本的に儲かります。値段を上げたければ上げることができるからです。でもティッシュ、ガソリン、航空会社などにはこういった強みがないのです。

Q：ということは、新聞を読んだり、経済誌を読むというのはそれほど意味がないのでしょうか？

意味がないとまでは言いませんが、違う視点で考えると、あなたが営業部長として転職したいと思うかどうかで考えるのもひとつの方法だと思います。例えば、「先ほどのような条件でティッシュを作っている会社に営業部長として転職したいですか？」ということです。価格競争で苦労するだけですよ。逆に、シマノの営業部長になれるとしたらその役職に就くかどうか、ということです。

Q：雑誌などの情報で判断するよりも、企業の取り組みそのものを考えるということですか？

そういうことを知るために日経ビジネスは定期購読していますし、週刊ダイヤモンドとか東洋経済、フォーブスも見るようにしています。こういうものを読むのは、儲かりやすい会社などの情報を蓄積して、先ほどの常識のレベルを高めるためなのです。そういうことを繰り返しているうちに、自然にわかってきます。今儲かっている商売がこれからもずっと儲かり続けるかというと、それは競争社会なので難しいのですが、ここに投資しないほうがいいというビジネスはわかりますね。

あとは少数派ですが、しっかり儲かる仕組みを作っている企業を見つけています。例えば、ファーストリテイリングなどが当てはまります。

ほかの企業は何をやっているかというと、気合と根性の世界です。人よりも多く働けと。18時間働いていてもライバル会社が19時間働いていたら、それなら、もっと働けと。もう泥沼状態ですよね。そういう部分と、レバレッジです。つまり、お金をどこかから引っ張ってきて、その馬力で売り上げとか利益を伸ばしていく企業もありますよね。これはお金の流れがスムーズなときはすごくうまくいくのですが、今はそういう企業はどうなっていますか？　マンションデベロッパー（マンデベ）とか。全部絞められて終わりなのですよ。これらの会社は借入金によりビジネスを拡大してきたので、そこを止められたら終わりなのです。だから、フージャースコーポレーションとサンシティのどちらがよいかというレベルではなくて、銀行の融資姿勢がどうなのかを見ておかないと駄目なのです。つまり、時期を選ばないといけない。逆に、時期が良ければ、そのセクターであればどこの会社でもいいのです。

長期投資の対象というのは、商売が儲かる仕組みができているかどうかなのです。そういう会社を見つけることです。

Q：こういった情報を得るには日経ビジネス、週刊ダイヤモンド、東洋経済、フォーブスなどを読むということでしょうか？

うーん。

Q：例えばですが、日経ビジネスであれば、国内企業については、高いクオリティで記事を書いていますよね？

読むのであれば日経ビジネスがよいかと思います。フォーブスはたまによいことが書いてあります。以前、ユーロで稼ぐ企業という記事があって、ヨーロッパ各国での取り組みが成功して業績を伸ばしている企業が4社くらい掲載されていたのです。そういう情報は決算短信とか会社四季報ではわからないレベルのことですよね。「こういう手順を経て欧州での売上が伸びた」ということが詳細に出ていたので、その記事はおもしろいと思いましたね。

Q：テレビからは情報は得ていないですか？

実はね、部屋にテレビがないのですよ。親が使っていたテレビが壊れてしまったので私のものをあげてしまいました。でも、特に支障はないですね。昔はＮＨＫ特集でおもしろいのが時々ありましたが、それでも特に支障はないです。

Q：普段よく見ているサイトなどはありますか？

考え方を示してくれるようなサイトですね。ぐっちーさんのサイトです。「債券・株・為替　中年金融マン　ぐっちーさんの金持ちまっしぐら」(http://blog.goo.ne.jp/kitanotakeshi55)です。文章はとても長いのですが、読んでいますね。ほかには楽天証券の勉強会などもされている広瀬隆雄さんの「外国株ひろば」(http://gaikokukabuhiroba.blogspot.com/)です。あとはサブプライム問題の本を2冊書かれた春山昇華さんのサイト「おかねのこねた」(http://haruyama-shoka.blogspot.com/)。この方も銘柄をチェックされているのですが、そういうことではなくて、考え方ですね。3人ともプロですけど、そういうサイトは参考にさせてもらっていますね。

Q：銘柄ではなく、考え方ということですね？

そうですね。100％信じるというわけではなくて、経済の流れに対するヒントをもらうというイメージです。

投資に向かないビジネスとは

Q：先ほど、「ここに投資しないほうがよいというビジネスはやめておく」と話されていましたが、どんなビジネスですか？

これは5つありますね。ひとつは外食産業です。なぜかというと、外食産業は新規参入が容易なのです。誰でもできて、ちょっとある業態がはやったらすぐ真似ができるのですね。先ほどはオリジン弁当を例に出しましたが、ほかには回転寿司もそうですよね。回転寿司の場合は、いくら良いお店であってもちょっと気のきいた寿司が食べたいと思ったら個人の店に行ってしまいます。ですから、回転寿司の大きな企業であっても、個人経営の店よりも有利とは限らないのです。そういう競争の厳しいところは長期的に伸びることが難しいという傾向があります。回転寿司にしても、ある時期はどこでも非常に調子がよかったのですが、競争が激しくなって業界自体が失速してしまうことになるのです。

2つ目は小売ですね。特に、物を仕入れて売る小売に関しては差別化がしにくいのです。なぜかというと、仕入れて売るだけなので独自性が出せないのですよね。なので、結局は価格競争に陥ってしまうことになります。

3つ目は学習塾です。これは子供の数が減っているというマクロ的な要因があります。学習塾は補習塾と進学塾に分かれるのですが、補習塾は差別化がしにくいのです。個別指導がはやっていますが、規模の効果が働かないのです。例えば、ひとりで5人見ていたところに10人の生徒が集まった場合、講師をひとり増やさないといけないですよね。規模が大きくなっても結局、効果がないのです。進学塾については、量を追求すればするほど質が下がってくるというジレンマに陥っているのです。どんどん広げていったら、それだけ優秀な講師を採らなければならないし、生徒の持続的な確保も必要になります。でも、生徒が増えれば講師の数も必要になるのでその分だけ質が落ちてしまうのです。どちらにしても今後は厳しいと思います。あとは個人でもできますよね。個人でもできることは、新規参入がしやすいので、どうしても競争が厳しくなります。

4つ目はシステム開発です。これについては、実は新規参入が容易なのです。「えっ？」と思うかもしれませんが、システム開発は、その業界で何年かの経験があって、あとはツテがあれば仕事があるのですよ。それに頭数を揃えて、机とパソコンがあれば誰でもできてしまう。

やっている仕事も、個別案件が多くて、例えば「会社用にこういうシステムを作ってください」ということなので、それを作っていけば業績は伸ばせるのです。しかし、案件の数が増えれば利益率が上がるのかというと、そうではないので、規模の効果が出ないのです。なおかつ、無理に規模を大きくすると管理コストの上昇とか人材が増えて人件費も上昇しますよね。あとは学習塾と同じで、社員の質が下がる可能性もあります。そうすると、システムの質が悪い、納期が間に合わない、納めてから根本的な不具合が出るとか、そういうことが起きてしまう。これは損害賠償の対象になるので、そういう点で難しいです。

5つ目はマンデベ、戸建て分譲です。最近はマンション・戸建て分譲においては、特にマンデベの場合は、大きなところで何年か経験を積んだら、そこを辞めて独立する人もいるのです。これも誰でもできますね。あとは借入金による規模の拡大が容易なのです。つまり、どんどん建てることができます。マンションですから建てるときには銀行からお金を借りて、そのお金で建てるわけですが、マンションというのは用地を見つけてから売り終わるまでに2年くらいかかります。売り終わるまでの途中で景気が悪くなったからといって、すぐにはやめることができないのです。建て始めたものは景気が悪くなろうが、マンションが売れなくなろうが、やめるわけにはいかないので、結局、マンションが余ってしまうことになりますね。だからこの業界は市況が悪くなると厳しいです。そういう意味で長期的な成長が難しいと思っています。

これをある方に話したら、「体育会系だね」と言われましたね。

Q：といいますと？

社長が一生懸命になって社員を働かせれば、誰が始めても何年かは成長できるのですよ。なので、体育会系の社長はパスという感じですね。

Q：ということは、株を買うとき社長の人柄も見るのですか？

小さな会社ほど、経営者を重視します。

経験に勝る勉強はなし

Q：各セクターに対して、非常に詳しいですよね。これはどのようにして勉強されたのでしょうか？

基本的には最低1回は買ったことがありますね。成功した銘柄も失敗した銘柄もあるのですが、投資をした以上は、いろいろと調べますし、負けたら負けたでまた調べますからね。こういうことを通じて、少しずつ詳しくなりました。

Q：負けたときに、こういうことを調べたという、具体的な例はありますか？

最近の話では、２００７年になります。アセットアロケーションを組んで投資をしていますから、Ｊリートを比較的多く持っていたのです。２００７年の前半はけっこう上がって、５月末くらいが高値だったのでけっこうホクホクでした。日本ビルファンドとかリートの中では一流のものを持っていて、上がったのはよいのですが、割高になるので売らざるをえなくなったわけです。配当利回りも２％くらいになってきたから、もう上がりすぎだと。このとき、売って現金で持っていればよかったのですが、同じＪリートの中で二流だけど相対的に安くて、配当利回りが５％くらいあるところに変えたのです。それからどうなったのかというと、５月末までは上げたのですが、その後、二流のほうの下げ幅がきつくなったのです。当時は、金利が上がったといっても２％もいかない中でしたから、５％のものはそれほど下げるとは思っていなかったわけです。私はロスカットもしますから、結果的にそこでロスカットしたのでよかったのですが、そのまま持っていたらと思うとゾッとします。

これまであまり気にしなかったのですが、そのあと、なぜこんな事態になったのかを考えました。そのときにマクロ経済、つまり不動産価格とか金利、そういうものをバリュー投資といえども、きちんと見ておかないといけないというように思って、今はそういうところまで見るようにしています。

Q：一流、二流という表現がありますが、これはどういった基準で分けているのですか？

スポンサー（親会社）を見ればだいたいわかります。

Q：7月以降の下げはすごかったですよね。

二流、三流は6割くらい下げましたからね。持ち続けたら大変なことになっています。

Q：ちなみに、配当利回りは株価が一番下がったところで何％くらいになったのですか？

10％を超えたものもありますね。

Q：不動産関連企業もすごく割安になりました。最近（2008年8月ごろ）少し戻してきましたが、見通しとして不動産関係はどうなのでしょうか？

これもちょっと例を出してみると、ＩＴバブル崩壊時に痛い目に遭ったことがあるのですが、ロームという会社がありました。これがＩＴバブルのときにすごく人気銘柄になって上がったのですが、ＩＴバブルの崩壊で株価を下げました。その下げのときに「良い会社だから欲しいな」と見ていたわけです。値ごろ感も出てきまして、2万5000円くらいになったので買ったのですよ。そうしたらそこからまた下げて、最終的に自分が間違っていたということを認めて損切りをしました。

そのとき思ったのが、1回相場が出来上がった後で崩れて、いわゆる〝終わった銘柄〟に関しては、明らかにトレンドの変換があるということ、この場合にはITバブルの崩壊が終わって別の段階に移るまでは、そういう銘柄に触ってはいけないということでした。チャートでいうと釣り鐘型ですね。ソフトバンクとか、古い話ではアメリカのRCAというラジオの会社があります。1930年くらいだと思うのですが、これも同じなのです。今回に関しては、アーバンコーポレイションでもアセット・マネジャーズ・ホールディングス（当時はアセット・マネジャーズ）にしても、フージャースコーポレーションにしても、2006年に新興市場が崩壊したときに、明らかに次に盛り返してくるまで手を出したら駄目だと思って、2006年の2月に処分してからどんなに安いなと思っても手をつけなかったのです。不動産の新興企業というのはいっさい触らないほうがいいかもしれません。

もちろん考え方のひとつとして、これだけ安いので何銘柄か持っていれば、そのうちいくつかはつぶれるかもしれないけど、あとの銘柄がリバウンドして儲かるのではないかということがあります。でも、それは危険すぎると思いますね。先ほどのビジネスモデルのところでも言いましたが、こういう会社の利益の源泉は借金と増資なのです。でもここが止められている段階です。ということは、ビジネスモデルが崩壊しているわけです。三井不動産、三菱地所などの一流のところ、あとはダイビルのように昔から手堅くやっているところは別ですが、それ以外の会社は危険ですね。例えば、バランスシートを見たときに、右側を銀行借り入れと増資で膨らませて、左には販売用の不動産とか仕入れとかコストがたくさん掛かるような会社は基本的に終わりかなと見ています。

Q：不動産の復活には年単位でかかるという感じですか？

いつになるかはわかりませんが、でもそのころには新興企業はほとんどつぶれているのではないかと思いますね。それで結局いちばんおいしいところは三井不動産とか三菱地所などがとっていくのかなと。

Q：角山さんの場合、最初に勉強をしっかりしてというよりは、「まずは投資しながら」というスタンスですか？

初心者のころは皆さんと考えることが同じで、当時はネットの情報も多くはなかったのでマネー雑誌とか株式雑誌を見て、「ああ、こういう会社があるんだな」と思ったりしていました。あとは業界誌を見たりしましたが、やっぱり一番勉強になったのは、実際に買って成功したり、失敗したりしながらの経験からですね。

Q：雑誌や業界誌などでは、どういった情報を見ますか？

決算書とか四季報では得られない部分です。先ほどのフォーブスもそうですが、例えば「この会社の強みは、実はこういうところなんだよ」というところです。以前、日経ビジネスにニッポ電機という会社の話が載りました。そこは蛍光灯のようなものを作っているのですが、ほかと差別化ができているようなのです。例えば、ファッションビルなどは全部ここの電球を使っているようです。今（注：2008年8月のときのお話）はこういう景気なので業績も落ちこんでいますが、将来的におもしろいかもしれないということは、日経ビジネスの記事で知りました。こういうことは決算短信にも四季報にも載ってないですからね。照明関係の会社が最近上場して、しかも業績の下方修正をしていて「何だ、これ？」と思ったのですが、記事を見たら将来的には良いのかもと思いましたね。

初めての株式投資は下がったときに買ったプロミス

Q：ところで、なぜ株式投資を始めようと思ったのですか？

いくつか理由があります。私は経営学部の出身で、コンピューターのことなど知らなかったのですが、会社に入ったときに情報システム部門に配属になったのです。SEというのは仕事ができるようになったらすごくお金のとれる職業なのです。ところが、その会社は本社スタッフとしてひとつにくくられていたので、もっと良いところに転職したいなと思うようになったのです。どうしたかというと、情報処理試験という資格があったのでその1種を取りました。でも、無理をしたので体を壊してしまったのです。当時は試験勉強をしていたら、ほかの人が専門学校で知るようなことを、はじめて知るようなものなのでおもしろいのですよ。だから、ちょっと頑張ってしまって。もともと体は丈夫ではなくて……。ということは、良い会社にいったら当然仕事はきつい。そういうハードワークに耐えられる体ではないなということもあって、今の会社に居続けるのであれば、何らかの形で資産形成を考えないと、将来的にまずいのではないかと考えていたのです。

独立開業の本も読んでいました。そこに〝コンビニは儲かる〟と出ていて、これは本当なのかと本格的に調べたこともありました。大きな書店にいくと業界誌があるので、それを調べたらとんでもない現実が書いてあるわけですよ。例えば、本部の人に「ここに出店したらこのくらい儲かるから」と言われてやったのに全然売上が上がらない。だからアルバイトも雇えず、結局、自分たちで全部やらなければならないとかね。本部が丸儲けですから、これはひどいなと思いましたね。だったら、コンビニをやるならコンビニ本部の株を買ったほうが賢いなと思ったのです。でも、当時はコンビニのPERが30倍くらいあって高かったので、「ほっともっと（当時はほっかほっか亭）」のプレナスという会社の株を買いました。要は本部が儲かるというビジネスモデルを見て判断したわけですね。

私が投資をやろうとしてお金を貯め始めた時期というのが、金利が急激に下がっているときでした。１９９０年代半ばだったのですが、このときにどういう金融商品で資産を作っていけばよいのかを調べていたら、インフレを上回るリターンを得られるのは株式投資だけであるという結論が出ていて、「これって１００％現金で持っていたほうが危険なのではないか？」と思ったのです。なので、株式投資をやるしかないなっていう感じでしたね。

Q：最初に株を買ったのはいつごろでしょうか？

１９９５年ですね。資産バブルがはじけた最中ですね。最初に買った銘柄はプロミスでした。このころ関西で阪神大震災がありまして、お金を借りた人が返せなくなるということで消費者金融の株がすごく下がったのです。そのときに買ったのですよ。これはビギナーズラックでうまくいきましたね。

Q：下がったときに買うというのは、初心者にとってけっこう怖いことだと思うのですが、買いのタイミングは何で判断したのですか？

「怖いもの知らず」でしたからね。安いなと思って５０００円を切ったら買おうと思っていたら、実際に５０００円を割ってしまって。「え？」と思って、じゃ４０００円にしようと。でも４０００円も割ったので、これは買うしかないと思って買いましたね。今だったら買いませんよ。絶対に何かおかしい、何か目に見えない悪材料があると判断するのですが、初心者でただ単に安いなと思って買ったら、たまたま底だったのです。

Q：今はどういう基準で買うのですか？

上期の決算が出てすごく業績が良くて上方修正を出したりするときに、上期の分しか上乗せしていない会社ですね。こういう会社は、下期は当初の予算のままなのです。でも、常識的に考えたら、普通は下期も上方修正があり得ますよね。自分なりの通期予想からPERを予想してみます。こういうときは、明日の寄り付きで多少株価が上がっても買いかなと思いますね。

Q：下がるのは待たないのですか？

下げの過程で買うのは好きではないのですよ。

Q：先ほどの下期の上乗せがあるかどうかですが、これはどこかに書いてあるものなのですか？

上方修正する額が20億円の場合、上期で20億円増益になっているということは下期の分を上乗せしていないわけです。

Q：ということは、その企業の半期ごとの発表で見ていったほうがいいということでしょうか？

季節要因がある企業は別です。そういう企業は単純にはいかないです。ただ、業績が上向き始めた場合、上方修正が連続するという統計データもあるのです。下方修正も同じですね。ですから、1回目の上方修正のときに買ったら、儲かる可能性が比較的高いです。しかも、その段階では投資家のほうも半信半疑なのです。「中間がよかったけど……、果たしてどうよ？」と。でもね、そういう会社というのは期末の決算発表の前にもう1回上方修正をするのですよ。なぜかというと、下期の分を反映させていないからです。上方修正が2回目となると、「ここは本当に良いのでは？」と投資家の反応が良くなって、そこで会社が決算発表をして、上方修正よりも決算が良くて、しかも来期の見込みも良かったりしたら株価はぐんぐん上がっていきます。特に2003年から2005年くらいはそうでしたね。そういうタイミングで買っておけば間違いは少なかったです。このときは景気の状況も良いし、投資家が入りやすいという需給の面でも良かったですからね。

１９９７年から本格的に株式投資に取り組むものの、苦しい展開に……

Ｑ：次の銘柄にはどのようにして移ったのでしょうか？

次は１９９７年になるのですが、２年くらい自分なりに試運転をして、しかも最初の投資でうまくいったので、自信過剰になりましてね。このとき、会社の社内預金が廃止になったのです。社内預金はすごく金利が良かったのですが、会社の負担が大きくなってしまって止める企業が相次いだ時期だったのです。そこで、３００万円くらい手元に来たので、「じゃ、どうしようか」と思ったときに、２年間、株で儲けたという経験があったので、本格的に始めたのです。それが１９９７年の初頭でした。

Ｑ：このときは何を買われたのですか？

初心者がよく買うような流通小売が中心です。ニトリとかサンドラッグ、日本ジャンボーとか。あとは日興証券ですね。

Ｑ：ニトリを選んだ理由は何ですか？

実は、学生時代に親が戸建てを買って引っ越したのです。それで部屋も広くなって本棚とかが欲しくなって、スーパーまで買いにいったら、どこも家具売り場は開店休業状態だったのです。加えて、私が住んでいる街の家具屋さんは、どこも店内が暗くて入ったら出てこられないような、〝一度入ったら何かを買わされそう〟なところなのです。そんな経験をしたことがあるものですから、雑誌で「ニトリというお店が北海道でこんな営業展開をしています」という記事を見たとき、「こんなお店が近所にあったら絶対便利だよな」と思いましたね。その段階で、ニトリは北海道でのドミナント展開を終えて、東北への南下を始めたところだったのです。確か、1996年ごろだったと思います。

家具というのは儲からない産業、つまり斜陽産業の典型だったのですが、ニトリの出店先には同じくらい安い家具を提供できるライバル会社がいなかったのです。しかも、東南アジアに工場を持っていたから安い家具を提供できていました。アジアで作って輸入して日本で売っていたので、値段が安いわけです。

ニトリがなぜ成功できたかというと、家具だからという理由でほかがやらなかったからです。これがもし電子部品の会社であれば、みんなアジアに工場を作って安く作ることをしたと思うのです。家具だからどこもやらなくて、その中でニトリがやったから成功したのです。価格的に他社が対抗できないわけです。だから出店するだけで勝ちなのです。そういうことがあって買いました。

Q：サンドラッグに関しては？

当時のドラッグストア産業は成長産業だったのです。「今後、この分野は伸びるな」という認識が持てましたね。ほかにもいくつかあったのですが、フリーキャッシュフローがプラスだったのがサンドラッグだけでした。ほかは営業キャッシュフロー以上の設備投資をして、無理して出店していたわけです。出店というのはあくまで営業キャッシュフローの範囲内で行うのが経営の常識なのですが、これを守っていたのがサンドラッグだけだったのです。あとは利益率も他社と比べて良かったので買いました。

Q：日本ジャンボーは？

これは失敗例なのですが、写真の集配式ＤＰＥで業績を伸ばしていたことを理由に買いました。ただ、判断が甘かったです。当時は、例えばマネー誌などによると、事業好調の理由が「集配に行く車が全部交差点を左折するようなルートで回っているので他社よりも効率がいい」とか書かれていましたね。要するに、成長していたら何でも理由になるのですよ。今考えたら、「それがビジネスモデルかよ」という話ですけど。

Q：これがうまくいかなかったのは、やはりデジカメですか？

それは１９９８年の話なので、デジカメはまだですね。この場合は競争激化です。ＤＰＥなので参入障壁が低かったのです。つまり、あちこちにできてきたのです。もうひとつはミニラボですね。日本ジャンボーの取次になるのではなくて、自分のところでやってしまえば儲けが厚いので、そういうものが出回ることになった、ということですね。それで業績が悪化して日本ジャンボーは買値の4分の1の価格で売ることになりました。

Q：けっこう深いロスカットになりましたね？

当時は初心者でロスカットをするという考え方がなかったのですよ。「株は買ってずっと持っているものだ」と思っていたので、そのまま放置していましたね。1997年の夏場に買ってロスカットしたのが2001年くらいですから。株価全体も安いときだったこともありますが、成長株だと思っていたものが普通の株になってしまったわけです。4年持っていて4分の1になってしまったという株です。

Q：ちなみに、今はこの会社はどんな事業をしていますか？

実はこの会社はおもしろくて、結局、スーパー銭湯になったのです。しかも盛り返しています。たまたま温泉が会社の土地に出たらしくて、そういう理由でやってみたら当たってしまったと。だから、今はスーパー銭湯が主力事業になっています。例外中の例外ですよ。

Q：日興証券は？

1997年くらいに買いました。この年は山一證券がつぶれたので、買った後、すごく下がりました。買った理由は、ただ単に「すごく下がって安くなったからこれは買いだな」と思ったのです。下げの過程で買ってしまいました。当時はマクロなど見ていませんからアジア通貨危機と証券会社の株価が連動するということも知らなくて、買った後に思いっきり下がったのです。ただ、証券会社の株でしたから、2000年のITバブルで盛り返して買値よりも上がりました。その後、ずっと持っていて、2001年くらいまで持ってしまったので損をしました。値ごろ感だけで買ってしまうという、初心者がよくやる失敗ですね。

Q：これは全部でいくらくらいの投資額でした？

社内預金の300万円は全部使い切って、あとは1995年から始めていた分の資金があるので、500万円くらいですね。

Q：買うときは、均等に買ったのでしょうか？　それとも、ウェイトをつけていましたか？

均等に買うものだと思っていたので、だいたい均等にしました。そのときにミニ株の制度ができたのです。当時は売買単位が1000株で、株価が高い銘柄はなかなか買えなかったのです。でも、ミニ株なら通常の10分の1で買えるという理由から、ミニ株を利用したのです。

Q：当時は、大和証券とか野村證券など大きな証券会社でないと、ミニ株の取り扱いがなかったですよね？

そうですね。ですから、私の場合は預かり手数料が無料という理由から大和証券で買いました。

Q：今利用している証券会社とその理由は？

手数料などを調べてみたら一番安いのが内藤証券だったので、試しに使ってみたことがあります。そういう時期があって、そのあとみんなに「どこを使っているのか」と聞いてみたら、10人中ほぼ10人が「SBI証券（当時はイー・トレード証券）」というわけです。それならSBI証券がよいのかと思って、SBI証券に移行しました。

あとは、外国株でバンガードのインデックスファンドを扱っていた関係もあって、マネックス証券にも口座を開きました。でも、最終的に楽天証券がETFをたくさん扱いはじめたので、こちらに乗り換えました。ですから、今は、日本株はSBI証券で、外国株は楽天証券となっています。

Q：両方とも手数料は安いですよね。

日本株は安いですが、外国株は安いとはいえないですね。SBI証券のほうが若干安いのですが、取扱い銘柄が少ないことと、株を買う前にドルに替えないといけないことがネックです。

そのドルに替えた分は利息がつかないし、利息を付けたかったらそこからMMFに入れないといけない。さらに成行買いができないのです。ETFを買うのになぜ指値をしなければならないのかと思いましたね。

であれば、楽天証券のほうが手数料は高いのですが、成行注文も使えるし、米ドルのMMFから直接買うこともできますから使い勝手が良いと思いました。そういうこともあって楽天証券を使っています。

Q：1997年から本格的に始められたわけですが、2000年のITバブルの前にいったん株価の急落がありましたよね？

そうなのですよ。1997年の秋に北海道拓殖銀行と山一證券が倒産して、すごく株価が下がったのです。これは大変な目に遭いましたね。「本腰を入れて投資をするぞ！」というタイミングだったので。1997年の初めころから買い出して、8月くらいにはギリギリいっぱいまで買っていたのです。買ったとたんに急落しましたからね。

Q：ということは、どこかのタイミングで損切りをしたのですか？

このときも典型的な初心者のファンダメンタル投資ですから損切りはしなかったです。株は長期で持っているものだと思っていましたし、「自分が選んで買った株は間違っていない」という考えもありましたからね。結局、ずっと持っているうちに株価を見ているのが嫌になってしまって、持っているけれど休んでいる状態でしたね、1998年は。

そもそも初心者は、株価が下がるということを受け入れられないのですよね。今なら500万円を投資して450万円になってもどうってことはないのですが、あのときはかなり減ったのでショックですよね。1年間で自分が自由にできるお金をふいにしてしまったとか、すごく後悔しました。

ITバブルの崩壊を経て、損切りの大切さを学ぶ

Q：その株は、その後、どうされたのですか？

その後もしばらく休んでいたのですが、1999年のITバブルで夕刊に「ヤフー株1億円突破」という景気のよい見出しが出るようになったのです。そういうことを何回か見て、「そういえば、持ち株はどうなってるのかな」と思って、久しぶりに見たらほとんどの株価が買値を上回っていたのです。「やっぱり間違ってなかった」ということで、元気を取り戻しましたね。

でも、初心者ですからね、1999年の末とか2000年の初頭では売らないのですよ。例

えば、当時のジャスダック銘柄のスターが今のジャフコといいまして、それを１９９７年に６０００円で買っていたところ、９６００円くらいまで上がったのです。でも、売りません。そのあと、３０００円まで下がって、１９９９年の末くらいには3万６０００円まで上がったのですが、それでも売らないのですよ。普通、売りますよね。今だったら売りますけど、当時は売りませんでした。結局、これを売ったのはＩＴバブルが崩壊した後で、買値とほとんど変わらないようなところでしたね。そういう経験が私のバックボーンになっているのです。

Q：ところで、ジャフコを買おうと思った理由は何ですか？

今でいえば、少し前のソフトバンクのような存在だったのです。ジャフコというのが当時の店頭市場の指標銘柄になっていて、店頭が上がればジャフコはそれ以上に上がるし、店頭が下がればそれ以上に下がりました。そういう存在で、しかも当時は店頭銘柄がけっこう下がっているときだったので、値ごろ感もあって買いましたね。

でも、２００1年に買い始めたら、下がる一方ですよね。そのときに思ったのが「このままじゃ、いかんな」ということでした。

例えば、先ほどお話しした日本ジャンボーについても、参入自体は誰でもできるのです。日本ジャンボーも当時は店頭銘柄のスターでした。でも、その座からすべり落ちて、先ほどもお話ししたように買値の４分の１くらいまで下がってしまったのでそこで売りました。これは「駄目なものは損をしてでも売らないとまずいな」という考えがあったからです。

Q：損切りしたわけですね？

はい。こういう損切りの作業ができてきたのが2002年あたりですね。要するに、1995年から投資を始めて、7年たってようやく損切りができるところまで成長したのです。

Q：実際に損切りをして、どう思いましたか？

頭痛の種がなくなりましたね。今まで「どうしよう」と思っていたものがなくなりました。（資産が）減ってはいるのですがキャッシュが残ります。これはいいと思いました。ですから、駄目なものは立て続けに全部切りました。まとめて損切りですね。

下がっているときには休むのではなく、積極的に挑戦

Q：ほかにご自分で成長を確認できたことはありますか？

もうひとつ、私の中での成長は、1998年に休んでいたことをすごく後悔したことだと思

います。というのも、後から考えれば、あれほど安い株価で銘柄がゴロゴロしていたのは、今考えれば信じられないことですよね。それを、自分がちょっと損したくらいで落ち込んでしまって、マーケットから目をそらしてしまったことについては、すごく後悔しています。そこで多少なり買い増しをしたり、駄目な銘柄は損切りをしてほかの銘柄と入れ替えておけば、1999年のITバブルでもっと利益が取れたのです。

そういう経験があったので、2002年には「ここで底値を見届けなければいけない」というのが自分の中にあったのです。だから、銘柄の入れ替えを行いながら、なおかつ損切りをしながら投資をしていました。それが功を奏して、2003年から2005年までは、持ち株が4倍になったのです。

Q：日経平均が7600円をつけたときに銘柄を探して買って、あとは上昇の波に乗るということですね？

そうですね。例えば、ダヴィンチ・ホールディングス（当時はダヴィンチ・アドバイザーズ）とか、エン・ジャパンとかですね。

Q：なぜ、この銘柄を選んだのですか？

よく「人・物・金」といいますよね。当時は銀行の不良債権の問題もありまして、物に関しては不動産が全然動いていなかったのです。つまり処分したい企業が処分できていない、そして不動産を活用したい企業も、不動産が動いていないので活用できなかったのです。人にしても大企業ではリストラしたい人がたくさんいる、その一方でベンチャー企業は新しい人に来てほしいのですが来てもらえない。ということは、人と物の動きが円滑になったら、そこでお金の動きも出てくるので、それで日本経済の流れもうまくいくのではないか、という広い視点で考えてみたのです。

ダヴィンチ・ホールディングスは、不動産を処分したい企業から買い取って、不動産を欲しいという企業に売っていた、つまり不動産の流動化をしていた会社です。また、人を円滑に動かすような仕事をしていたのが、エン・ジャパンという転職情報をネットで展開していた会社です。ですから、この2つが伸びるのではないかと仮説を立てたわけです。しかも、当時は両銘柄のPERが10倍程度でした。そうであれば、20%の成長が堅いような銘柄ならPER10倍というのは安いのではないかと思いました。なおかつ両社の事業環境も良かったので買いました。

ただ、ダヴィンチ・ホールディングスの場合には、買値の4倍半くらいになった時点で売りました。持っていれば50倍になりました。まぁ、これは結果論ですけどね。

Q：なぜダヴィンチ・ホールディングスを売ろうと思ったのですか？

結局、上がり過ぎたからです。指標的に割高になったので売りました。

Q：今後に関しては、例えば、4倍5倍になったから売るというスタンスなのか、それともバブルの可能性があるからそこまで持つのか。このあたりはどう考えていますか？

経済全体が上げ潮であれば持つと思います。それをやったのが2005年の12月なのです。結局、アーバンコーポレイションでもアセット・マネジャーズ・ホールディングスでもパシフィックホールディングス（当時はパシフィックマネジメント）でも全部ぎりぎりまで引っ張りました。

Q：アーバンコーポレイションは何倍くらいになったのですか？

3倍強くらいだと思いますね。

Q：ちなみに、買い増しはされるのですか？　バリューの場合、高くなると買えないですよね？

アーバンコーポレイションは一直線に上がったのではなくて、何度も急落しているのです。最初は安いところで買ったのですが、急落したところで買い増しをしましたね。ただ、最初の買値よりは高いところでした。売ったのは2006年の2月です。月中では一番安いところなので、タイミングは悪かったです。

Q：ライブドアショックで売ったのでしょうか？

ライブドアショックの後は、実はまだわからなかったのですよ。判断に迷ったのです。ここが天井なのか、また盛り返すのかわからなかったので、しばらく見ていたのです。ところが2月になってから、大した理由もないのにダヴィンチ・ホールディングスのように市場を引っ張っていた銘柄が下げたのです。そして、ライブドアショックから1カ月経過した2月の半ばには、株価が下げ続けたことから「もうここで終わったな、天井は1月だったな」と自分で確信をしたのです。「これはまずいな」ということで2月に売りました。

Q：エン・ジャパンに関しては買った理由がほかにもありますか？

実は、当時の会社のウェブサイトを更新していたのが私でした。あるとき、総務の担当者が自社のHPに採用情報を載せたいと相談に来たのです。この前はリクルートに載せるからよいと言っていたのですが、リクナビの料金が倍になったのでちょっと載せられないということなのです。そのときは、ネットの採用情報はどこも試験的にやっていたので料金が安かったのですが、これはいけるとわかった時点で、何と料金を倍にしたのです。このときに思い浮かんだのがエン・ジャパンなのですよ。

Q：なぜ同社が思い浮かんだのですか？

エン・ジャパンも1回試しに使ったことがあるのです。職場の女性営業マンから「写真を載せたいから」ということで補正を頼まれたのです。「これを何に使うの？」と聞いたら「エン・ジャパンに載せることになった」と。これまでそんなことはしていなかったのですが、ここは会社の紹介をいろいろしたいから写真がほしいと言われたということなのです。それでおもしろいサイトもあるものだなと思いました。リクルートと差別化されているので頭に残っていたのです。

しかも、リクルートが料金を倍にするのであれば、当然、エン・ジャパンの料金も上がるわけですよね。ところが当時の雑誌などの投資情報ではそういう話が出ていなかったのです。要するに、業界の人は知っているけど投資家は知らない話だったのです。売り上げが倍になると利益はどうなるのかというと、原価が低いのですごいことになりますよね。これはもらったなと思って、自信を持ってエン・ジャパンを買いましたね。

Q：エン・ジャパンを売った理由は？

2003年の春に買って、2003年の秋に5倍くらいになったので売ろうかなと思ったのです。でも、このタイミングで急落してしまって売れなかったのです。しかも、ボラティリティが高いので、買値の2倍くらいまで落ちてしまって怖くなったのです。5倍のところで売れなかったという後悔と、買値の2倍まで下がってしまったという現実がありますからね。結局、2003年の秋に買値の2倍くらいで売りました。その後、盛り返したのですが、ボラティリティに耐えられなかったですね。このままでは利益もなくなると思いましたから。

相場は総合力。必要なものは取り入れることが大切

Q：今後は、トレーリングストップ、つまり「高値から少し下がったら売る」といった売り方は考えていますか？

それは今後の課題なのです。買値に対しては15％というところでロスカットの基準を置いているのですが、その年の高値からどのくらい下がったときにどうするかということは、本当はやったほうがいいのかもしれないとは思います。でも、それをやったら売り買いが激しくなるような気がするのですよ。

Q：若干、テクニカル寄りになりますからね。

結局、買値から15％で切るというのも、自分の間違いに対する予防策なのです。テクニカ

ルのような印象も受けますが、何らかの形で歯止めをかけないといけないと思ったのです。
太田忠さんという日経でコラムを書いているプロの方も、買値から30％下がったらファンダメンタルが崩れていると言っていましたし、アメリカの投資顧問の名門も、30％というのをひとつの目安にしています。最初は15％を超えたら要検討、30％は強制損切りしていたのですが、下げ相場のときは買値より15％下がってしまったら30％までずるずる下がった銘柄が多かったのです。それならば、15％で切ろうと思ってやっています。ただ、ボラが高いとこのくらい動くので、30％に戻そうかなという考えも少しあります。

Q：30％まで下がってしまった場合、株価が戻るのはけっこう難しいし、時間がかかるような気がしますね。

そうですね。私の経験ですが、買値より30％下がったら戻すのは難しいし、仮に戻ったとしても時間がかかります。要するに、30％下がったということは、そこから30％上げても元に戻らないですよね。40％くらい戻さないと元に戻りません。基本的に、自分が買ってダラダラと下がった銘柄で盛り返したというのは、私の経験ではほとんどありません。だから、私は、その前の15％下がった時点で、一度検討してみます。その銘柄の洗い直しをします。業界の状況を調べたり、前提が崩れていないかを調べたりですね。例えば、経済誌を見たり企業の中身を見たりします。そうやっているうちに自分の知識も増えてきますからね。それをやって、やっぱりOKということであれば持ち続けて、逆に駄目だと思えばロスカットです。

Q：実際に30％まで下がってしまったら、どうすべきですか？

ギブアップしたほうがいいと思います。そこからさらに下がって買値の半分になったら、相当きついですよ。半分になったら、今度はそこから2倍にならないと買値に戻らないわけですから。だから、基本的には15％で1回考えます。そして切ることもあります。でも、先ほどの話にあるように、再度銘柄を見てみてもう一度買ってみようと思って実際に買った銘柄もあります。

Q：チャートなどのテクニカルで判断することはありますか？

テクニカルに関しても最低限必要なところは、ほかの市場参加者も知っているわけですから、見ておく必要があると思います。そのうえで自分がどうやって取り入れていくか、それが今は課題ですね。

Q：その意欲はすごいですね。妥協がないですね。

最終的には総合力なのです。よくT字型というのですが、投資に関しても一通り、浅く広くはわかっておいたほうがいいですよ。なおかつ、自分はファンダメンタル派なので「その部分に関しては深く」でいいのです。
　今までテクニカルを知らなかったわけですが、今後、テクニカルを軽視しても通用するかというと難しいと思っています。個人投資家の方は非常に勉強熱心なので、やはりレベルアップしていきます。その中で自分だけチャートを知らないということは、あるひとつの視点が欠けていることになります。実際に、自分が買った後、やたら下がって損をしているなと思った銘柄のチャートを見てみたことがあります。そうしたら、チャート上ではまずいところで買っていたのです。仮に、チャートを見ていれば、高いところで買おうとしていないかと自分に確かめることができたのです。このように考えたら利用価値がありますよね。だから、今後はテクニカルも取り入れる必要があるかなと思いますね。

Q：一番強いのは、個別のファンダメンタルがわかって、しかもテクニカルもわかっている人だと思いますね。やはりチャート上のよろしくないタイミングで買うのは危険だと思います。
　最近、それで失敗している例が3つくらいあるのです。ひとつ、視点が欠けていたと思いましたね。小型株はその傾向が強いような気がしますね。自分の場合は、株価が上がってしまうと「せっかく目をつけていたのに……」という焦りから買ってしまっているのです。もう少し我慢すればもっと低いところで買えているのですが、ついつい買ってしまっていますね。

基本は収益バリュー。特に、事業環境に注目

Q：ところで、日経が7600円台のときでも、今のように収益力や事業環境などに注目した投資をしていたのですか？

私はもともと収益ベースの投資をしているのです。実は、資産バリューについて語った『超特価バリュー株「福袋銘柄」で儲ける週末投資術』（秀和システム）という本を書いていることから、どうやら私が資産バリューの投資家だと勘違いされているようなのです。これは出版社からの依頼のときに、「日本ではバリュー投資の本がないので」ということもあったのですが、実は、最初から収益バリューでは難しいとも思っていたため、最初は資産バリューにしたのです。でも、もともとは収益バリューなのです。

Q：そもそも、なぜ収益バリューなのですか？

バリューというのは「今現在、いくら持っているか」ですよね。収益バリューは「今後、いくら稼いでいくのか」という部分なので、結局、収益バリューのほうが圧倒的に強いわけです。企業価値も数字に置き換えてみればわかりやすいですよね。よく女性が男性を選ぶときに例えるのですが、金持ちのボンボンでお金はとにかくあるけど、本人の収入は大したことがないと

いう人を選ぶのが資産バリューです。でも、今は大したことがないけど、会社の中の出世頭でけっこう稼いでくれそうだなというのが収益バリューです。だから、金銭的にどっちがいいかという問題ですね。

Q：仮に角山さんに娘さんがいた場合、どちらと結婚させますか？（笑）

収益バリューです（笑）。持っているお金の額にもよりますが、ほかの条件が同じであれば今後どれだけ稼いでくれるかのほうを勧めますね。

Q：角山さんの場合、会社を単体で見るというよりも、社会の時流なども含めて会社を見ていますよね。

結局はいくら優秀な人がどれだけ頑張っても、事業環境に恵まれないところでビジネスを行えば成功の見込みは薄いのです。逆に、それほど優秀な人材がいなくても、競争相手がいないというように事業環境が良ければよいわけです。例えば、テニスでもそうですよね。いくら飛びぬけてうまいと言っても、ウィンブルドン大会に出場するだけでも相当大変です。でも、町内テニス大会であれば優勝できるかもしれない。だから、「どこで」というのはとても重要なので、事業環境についてはとても重視しています。

少し話がずれるかもしれませんが、「しまむら」という会社がありますよね。しまむらというのは、社長が経営者として優秀だから会社として成功したと聞くのですが、私はちょっと見方が違うのです。しまむらは、若い人向けで競争の激しいところではなくて、ちょっと田舎の、しかも年配の方向けの衣料品を販売したから成功したのだと思うのです。

あと通販でいうと、ベルーナという会社があります。昔伸びていたのはしまむらと同じ理由からですね。要するに、ちょっと年配の方向けの通販だったのです。やり方も独特で、新聞の折り込みちらしで宣伝をしていたのです。普通はネットだろうと思うのですが、ターゲットが違うのです。年配の方はちらしを見るのが好きですからね。

つまり、企業自体が優秀かどうか、経営者が優秀かどうかもあるのですが、でもそれ以上に事業環境に恵まれているかどうかのほうが重要だと思うのです。

Q：事業環境などはどこで調べればいいのでしょう。

あれこれやっていると気づくというのが多いですね。例えば、ボウリング場経営のラウンドワンという銘柄に気づいたのは、会社でボウリング大会の幹事をしたことがきっかけでした。大阪市内のボウリング場を探す必要があって、実際に探しましたが、どこも築30年という古いところで、唯一新しいのがラウンドワンだったのです。それで調べてみたわけです。ボウリングというのは昔、中山律子さんという人がブームを作って、当時はボウリング場もたくさんできたのです。でも、ブームが去って潰れるところは潰れました。残っているところも何かのついでにやっているとか、オーナーが好きだから続けているというような、あまり真剣になって経営されていないようなボウリング場だったのです。

そこにラウンドワンが入ってきて、ボウリングだけではなくてカラオケとかゲーム場を併設しているわけですね。若い人が楽しめる仕組みを考えながら展開していますし、事業環境的に見ても、他社も新しいボウリング場を作っていなかったのです。

それに、30年もたてば立地も変わってきます。昔は一番立地が良い場所は駅前だったのですが、今は車社会になったので道路のバイパスの交差点近くが良いわけです。そういうところにボウリング場を作って企業として経営している会社と、昔からオーナーが好きだからということでやっている会社では勝負にならないのですよ。そういうことを考えると、事業環境が良いですよね。要するに、「今やる気のない企業ばかりの産業は何か?」ということです。

あとはクリーニングもそうですよね。私の近所のクリーニング屋はひどいですよ。「本日、都合により休ませていただきます」と書いた紙が貼ってあるのですよ。「取りに来たのにどうしてくれるんだ」と思いますよね。会社に勤めていたときには、本当に困りましたね。そういうやる気のない店ばかりでした。そこに「きょくとう」というクリーニングの会社が、全部ではないですが、100円クリーニングを売りにして入ってきたのです。しかも、そういうやる気のない店をM&Aで買収しながら、事業を拡大していたのです。だから、「クリーニング屋ってみんなやる気がないけど、その中で1社だけやる気のある会社が出てきたら、それは強いのではないか」と思ったのです。

昔の成功例といえば家具のチェーン店のニトリがあります。先ほど話したように、ライバルも少ないわけです。しかも家具の大きなお店で、誰でも入りやすくて駐車場もあってとなると、これは成功するなと思いましたね。ニトリは8年半くらい持っていまして、途中買い増しをしたのでトータルで2倍半くらいになりましたね。初期に投資をしたものに関しては5倍くらいになっています。

事業環境の大事なところという意味ではサンドラッグですね。しかし、10年前と今とでは状況が違います。今だったらドラッグストアは東京の西のほうにサンドラッグとセイジョーがあって、千葉のほうにマツキヨがあって、横浜のほうにはまた違うものがあって、栃木のほうにはカワチ薬品があります。ということは、サンドラッグが今からどこかに進出しようかとなっても、見渡したら陣地は全部取られているわけです。そんなところに入っていってもお互いに利益どころではなくなりますよね。そういうところは事業環境が苦しいですよね。今はニトリの店も多くなりましたが、当時はどこに出店してもライバルがいなかったわけです。だから、そういう部分を見るわけですね。斜陽産業とかみんなが疲れている産業に元気な企業がないかなと見ています。

Q：サンドラッグを売ったのは、やはり出店地域がないという点を重視されたのですか？

サンドラッグの場合はドラッグストア自体の競争が激しいのですよ。この中を勝っていくのは難しいかなと思ったのと、株価の上昇がちょうど重なったので、そろそろ潮時かなと思って売りましたね。

Q：ニトリは買い増しをされていますね。このタイミングは何をもって判断したのですか？

はっきり覚えていないのですが、小売なので、たぶん既存店の売り上げだと思います。小売業というのは、既存店と新店があり、既存店の売り上げが１年前よりも伸びているというところは非常に良いのです。悪いところは、既存店の売り上げが対前年比で９５％とか９３％とかどんどん下がっていっているのです。それでもなぜ増収増益になるのかというと、新店の売り上げが上積みされているからですね。でも、そういうところは、新規出店のペースが落ちたり、あるいは立地の良いところが取れなくて出店が遅れたりすると全体的な収益がダウンしてしまいます。

少し古い話になりますが、昔、紳士服の量販店が流行ったときにそういうことがありました。当時は青山商事とアオキだったと思いますが、激しく出店競争をしていたこともあり、地主に足元を見られたのです。地主のところに青山商事が行くと、「先週、アオキさんが来てね」と値段を上げていくのです。紳士服が出店するような場所はだいたい決まっていますからね。地主も強気ですよ。そこで、相手に負けたくないから地主の言うことを飲んでしまうと、出店をした段階で利益率が落ちるのです。土地を高い値段で買っているわけですからね。そういうところがあったりしました。つまり、新規出店のペースが鈍ったり、出店競争でこういったことがあると、利益率が下がるということです。

だから、あくまで既存店なのです。もちろん店の数も既存店のほうが圧倒的に多いですからね。ニトリはそういう点も良かったですね。

Q：では、売るタイミングはどうやって決めたのですか？

私の家の近くに出店してきたので売りました。

Q：どういうことでしょうか？

北からずっと南下してきていて、あちこち出店しているわけです。そして、私の家の近くということは、奈良の田舎なわけです。ここまで出店したということはもう良い場所には出尽くしたのだなと思いました。

普通なら喜んで買うと思うのです。株主優待が使えるなとか。でも、そういうのは駄目ですね。逆に、「ここまで来て大丈夫なのかな」と思いましたね。

ただし、それは売るのが1年早かったのです（笑）。あと1年持っていれば、高値で売れましたね（笑）。

Q：損切りと利食いでは、やはり利食いのほうが難しいと思いますか？

圧倒的に利食いですね。損切りはルールでできますが、利食いは難しいです。

Q：売った後は、どうしていますか？　株価を見ないという話もよく聞きますよね。

私の場合、株価は見ますね。売った後に下がったらまた買うかもしれませんし。それに「自分の売りの判断が正しかったのか」がわかるので見ています。でも、本当は、それは拷問になるから見ないほうがいいと思います。

Q：これまで最悪だと思うような投資はありますか？

一番ひどかったのは元勤務先の持ち株会です。月々1万円くらいでも積み立て期間が長くなるので、ポジション的にけっこう増えてくるのです。持ち株に関しては1993年から始めていて、しかも自社株なので株式投資の範疇には入れてなかったのです。脱会したのは2001年でしたが、業績が悪くて株価も下がり続けていたので、売ったときは積立額の半分でしたよ。しかも、チャートを見ると右肩下がりでしたね。

でも、2001年で売っておいてよかったのです。今の株価は、さらにそのときの半分くらいです。

決算書にはヒントが載っている

Q：少し話を変えます。実際に個別の銘柄を買うとき、先ほどの簡易買収倍率のほかには、何を見て判断していますか？

決算書です。

Q：やはり決算書は大事ですか？

大事ですね、必ず見ます。決算書には損益計算書、バランスシート（貸借対照表）、キャッシュフロー計算書があります。一般的な投資家は、その中でも損益計算書を重視しますよね。特に、売り上げと利益、その予想を重視しています。

しかし、私はバランスシートを見ます。バランスシートの「資産の部」を一番重視しています。しかも、流動資産の中身がどうなっているのかをチェックします。流動資産では、「現預金」「売上債権」「棚卸資産」の3つが重要なのです。この3つがどうなっているのかを見ます。

流動資産を見て、ほとんど「現預金」であれば私の場合はOK。逆に、ほとんどが「棚卸資産」であればパスです。私の場合には投資対象になりません。なぜなら、この場合はほとんど商品が売れてないという状態と判断できるからです。商品が売れていないから現金化できずにキャッシュが少ししかない。そういう会社は負債の部を見なくても、借金だらけだということがわかるのです。もちろん例外はありますよ。

逆に、流動資産の中で、「現預金」が多い会社に借金が多いはずはないですよね。だって、現金を持っているわけですから。仮に、借金があったとしてもそれは銀行との付き合いとかですよ。ですから、バランスシートの中身を見て、その3つの比率を見て、現預金が多ければそこからさらに調べてみます。

「売上債権」についても、売上債権自体が多かったり、前期と比べて著しく増えている場合は、不良債権化している恐れがあります。

ここまでの話を簡単に言ってしまえば、「現預金」が多ければOK。逆に、「売上債権」と「棚卸資産」が多ければそこで終わり、ということなのです。

Q：マーケットの状況や業界にもよると思うのですが、その3つの割合の目安はどのくらいが望ましいと思いますか？

望ましいのは、流動資産の半分が現預金という状態ですね。ただ、これが絶対的ではないですよ。この3つがきちんと回っていればいいわけです。つまり、在庫が売れて売上債権になって、売上債権が回収されて現預金になってというように、グルグル回っていれば問題はないのです。それでまた仕入れて作って、売ってというようになるので、ここで支払いなどが生じます。この支払いがきちんとできていれば問題はないのですよ。要するに、在庫が山ほどあっても飛ぶように売れていればよいのです。例えば、小売業で商品がそこそこ売れていて、なおかつ現金商売という会社はどんどんキャッシュが入ってきますよね。現金が入ってきて、かつ支払いは1カ月先という会社は、少々現金が少なくて借金が多くても回るのですよ。

あとJRとか電力もそうですね、独占企業で現金で入ってくるので、バランスシートだけを見たら借金が多いと思うのですが、格付けが良いですよ。なぜかというと、キャッシュフローが安定しているからです。つまり、動的に見て、きちんと動いているということです。

初心者はそこまでは難しいので、「バランスシートを見て現預金がたくさんあれば、つぶれることはない」という見方になると思います。

Q：もし現金が多かったら、次は何をどう調べますか？

利益剰余金ですね。純資産の部というのは、資本金、資本準備金、要するに株主から出資を受けたお金と、利益の積み立てである利益剰余金に分かれますよね。その比率がどうなっているのかを見ます。例えば、株主から出資を受けたお金が20億円で、利益剰余金が200億円だったら、株主から預かったお金を10倍にしたということになります。そういう会社は良い会社です。

逆に、株主から預かった20億円なのに利益剰余金が5億円しかない場合は駄目ですね。ひどい会社になると、利益剰余金がマイナスになっています。これはどういうことかというと、株主から預かったお金を使ったビジネスで失敗して、食いつぶしたということです。これでは駄目ですね。資本金、資本準備金、利益剰余金の比率がどうなっているのかです。

Q：具体的には、この3つの割合がどうなっていればいいのでしょう？

資本金と資本準備金は株主からの出資金ですよね、これを何倍に増やしたかが利益剰余金です。会社の歴史にもよりますが、武田薬品は確か10倍以上ですね。だから、昔からあって、なおかつ確固たるビジネス基盤が出来上がっていて、高収益の会社では、資本金、資本準備金に対して、利益剰余金が積み上がっているはずです。特に何倍以上という基準はありませんが、利益剰余金は多いほどよいといえるでしょう。

信用収縮のときはポートフォリオを見直す時期

Q：ところで、最近ではヘッジファンドがバリューファクターに対して重み付けを軽くしているというような話もありますね。ということは、ヘッジファンドが売ってくることもあるわけ

です。そういう場合、個人投資家はどう対処すればいいでしょうか？

長い目で見ればよいことだと思いますね。というのも、債券とほかの資産運用に比べたら、株式投資のリターンが一番高いと言われているのですが、それはあくまで長期的な視点でリターンをならした結果のことですよね。でも、株式というのは、投資対象として好まれる時期と、忌み嫌われる時期を周期的に繰り返すのです。だから、「相場が良くなって、悪くなって」となるわけです。

バリュー株も同じです。グロース株とバリュー株という分類をするのであれば、バリュー株のリターンが高いといわれていますが、これも長期のリターンをならした結果の話であって、短期的に見ればそうでないときもあるのです。

例えば、１９９７年はバリュー株のリターンが悪かったのです。それをどうとらえるのかというと、たまたま短期的にはリターンが悪くて、バリュー株が売られていて投資家にも人気がない。でも、そのバリュー株は長期的にリターンが高いと判断できるのであれば、絶好の買いチャンスですよね。ですから、長い目で見て、かつファンダメンタル分析で見て、企業価値に対して株価が安い会社の株を買っていれば、長期的に考えた場合にはすごく良い買い物ができたと思いますね。

Q：例えば、日経平均が1万8000円くらいの高値のときでも株を買った人はいますよね。そこで、キャッシュポジションがある人であれば、買い増しができると思うのですが、キャッシュがない人は、どこかのタイミングで損切りをするべきでしょうか？　あるいは持ち続けたほうがいいのでしょうか？

これはバリュー投資の話と別の要因が入ってきますね。というのも、経済動向がどうなっているのかということもあります。お金の流れがあって、潮が満ちるように株式市場にどんどんお金が入ってくる時期と、逆に潮が引くようにお金が逃げてしまう時期が交互に訪れていますよね。専門用語で信用膨張、信用収縮と呼ばれています。信用収縮のときは不動産などの資産価格が下がるのです。

Q：なぜ資産価格が下がるのですか？

企業の持っている資産価格も下がるということもありますし、信用収縮が起きると景気が後退します。そういう意味で企業業績が下がるので株価が売られます。主に、この2つが原因です。ということは、資産バリュー株は、主に資産について評価されている銘柄なので、特に収益を伴わない資産バリュー株は、信用収縮時はリターンが悪くなる傾向があるのです。

こういった銘柄はPERが低いとか配当利回りが高いということがあっても、「現状でホールドするのはちょっとどうかな？」というのはありますね。結局、そのあたりは個人の考え方にもよるのですが、お金が引き上げられていくときには、投資家自身が現金を持っているということが非常に大事なのです。なので、私は、銘柄を見ながら現段階で失敗だったと思うものは、損をしてでも切っていかないと駄目だと思います。これは、私が2002年とか2003年にやったことなのですが、下がっても有望だと思うものは持っていればいいのです。でも、判断に迷うようであるなら1回売ればいいと思いますね。なぜかというと、その段階で実現損が出るので、将来的にその分は税金面で有利になります。損失は3年間繰り越しができますからね。そして、実際に損を出した場合、2日〜3日ほど、冷静になって考えてみるのです。「どうする？　買いなおす？　やめておく？」という具合にね。

ということは、売ることによってその銘柄に対する思い入れとか思い込みをいったん解除できるのですよ。なおかつ、手放したことによって気持ちをニュートラルにして考えることができますよね。そして、もう一度買おうと思うなら買い戻せばいいのです。そこで買い戻せば買い単価が下がりますし、損を出したときの分は将来利益が出たときに相殺されるのでまったく困らないわけです。そういう作業をすれば、おそらく売った銘柄を全部買い戻すということはないと思いますね。ここで、銘柄整理ができるメリットのほうが大きいのです。例えば、ここでは買い戻すべき株と買い戻さない株を分けるという作業をすることになります。それをすることでキャッシュができます。ほかには、買い戻す株は理由があって買い戻すのだから、それに関しては自信を持って保有することができるということもあります。

ですから、こういう時期はポートフォリオの見直しですね。「この銘柄、きちんとした理由で買ったのか？　自分で考えて判断して買ったのか？」という質問もできます。

あるいは、当初の前提が違ってきたということもありますよね。例えば、この銘柄は住宅関係で伸びると思っても、改正建築基準法の関係で伸びないとなれば、前提が崩れたわけなのでいったん切るべきですよね。このように、現時点ではポートフォリオの見直しをすればいいと思います。なおかつ、キャッシュを確保して、「今後どうするのか」を考えるのがいいと思いますね。

Q：銘柄の管理はどうやっていますか？　株価や資産評価額などは毎日見ていますか？

エクセルで一覧表を作って管理をしています。資産評価額はパフォーマンスをつけていることもあって、月末には全部見ます。株価はヤフーファイナンスに持ち株を登録してあるので、基本的には1日に1回は見ています。この理由は15％下がったら損切りをするからです。あと大幅に動けば何かがあると思っているので、「その原因を調べるため」という理由もあります。

Q：売却後、再度、買われた銘柄はありますか？

うまくいったのは、センチュリー21・ジャパンという不動産フランチャイズチェーンです。これは4回転させています。3回までは利食いですが、最後の1回は損切りでした。3回目までは高くなりすぎたので売りました。最後は決算が悪くなったので切りました。というのも、成長をしていた企業なので良い決算が続くと思っていたのですが、その成長が止まったのです。

Q：センチュリー21・ジャパンについては、なぜ再度買おうと思ったのですか？

街の不動産屋のセブン・イレブン版であり、かつ、フィー（手数料）ビジネスで高収益だったことから買いました。

Q：ファンダメンタルで見てすごく良い銘柄があったとして、その銘柄のチャートが崩れているような場合であったとしても、やはり買いにいくのですか？

そうですね。ただ崩れているというのが単にジリ貧なのか、あるいは何らかのチャートの規則があるのかによって考え方も違うと思うのです。あまりにもきれいに下がっている場合は、やはり原因があると思うのです。そういう銘柄の場合は警戒します。きっと、テクニカル重視の人から見たら、妙なタイミングで買っているということはあると思いますね。

Q：ジリジリ下がっている場合には、自分が気づいていない何らかの要因があるかもしれないので警戒をしていくということですね。

そうですね。あとは、釣り鐘型です。ITバブルのときのソフトバンクのようなものです。

こういう銘柄は今が底値だと判断しても買いませんね。

Q：それはなぜですか？

先ほどお話ししましたが、釣鐘型になったものはもう終わりだと判断するからです。

Q：逆に、どういう形のチャートであれば、参考にしますか？

例えば、今（注：2008年2月のときのお話）のタイミングであれば緩やかに上昇しているもの、あるいは株価を保っているものですね。なぜかというと、今マーケットが下がっているにもかかわらず、頑張っているからです。

Q：チャートはどのくらいの期間のものを見ますか？

長期的に見るので、1年間の動きも見ますが、安く買いたいという思いもあるので日足も見ています。あとは時系列の株価ですね。過去1カ月の安値はいくらなのかとかです。指値を決めるときの参考にします。ちなみに、買いは指値です。売りは成行です。

Q：なぜ買いと売りで注文方法が違うのですか？

買うときは、誰かが投げるのを下で口をあけて待っていればいいわけです。売りは、バリュー投資にとっては「逃げ」なんですよ。売るということは、もういらないということですからね。

Q：見切ったということですか？

それもありますが、なぜ売るかというと、買ったときの前提条件が崩れたということのほうが圧倒的に多いのです。あとは、四半期決算が悪かったとか、業績の下方修正があったとか。そういうときは、品薄で買いと売りの株価に開きがある場合でも、逃げられるときにはさっさと逃げます。例えば、売りが700円で買いが650円だったら、650円の指値で売りますよ。指値はそこから下で売りたくないからするだけで、結局、成行と同じなのですが、もし誰かが650円で先に売ったら、その下が600円だったりしますからね。ただし、そうなったらなったで、600円でも売りますけどね。売りは逃げだから、くれてやるということです。

Q：買いは誰かが投げるのを待つということですね。例えば、ダウが下がったとか。

例えば、2008年2月のようなときは、下で口をあけて待っていれば誰かが投げてくれるからよいのです。でも、上昇相場の途中のミニクラッシュのようなもの、あるいは強気ムードの中で業績の上方修正が出たときには、成行で買うこともありますね。でも、基本的には指値で買います。

情報の見方とマネーマネジメントについて

Q：ここで、情報の見方についてお聞きしたいのですが、もしPERで見るとすると何倍くらいがよいと思いますか？

基本的には15倍ですね。これは歴史的世界的なPERの平均です。ちなみに、あくまで私の感覚ですが、30倍を超えると厳しいですね。高すぎだと思います。

Q：15倍で買っておけば、ほぼ間違いはないという感覚ですね。

例えば、2008年2月のときだったら、事業環境も業績も良いという会社がPER11倍くらいで買えるのです。そういうときに、わざわざ30倍の銘柄を買う必要もないですよね。

Q：PBRに関しては基準がありますか？

PBRについては1倍がベースになります。大企業に関してはブランド価値が入ったりしているので、そういう会社については1.2倍とか1.5倍でもいいかなと思います。ただ、私は収益バリュー中心なので、PBRはあまり使いません。

Q：配当利回りは気にしませんか？

状況によりますね。今のように信用収縮を起こしている段階では歯止めにならないですよ。スクリーニングをしたら７％、８％の銘柄が出てくると思いますが、逆にそういう会社のほうが危なかったりします。マーケットの状況が上向きの２００５年のときにある会社だけ４％とかであれば割安なのではないかといえるかもしれませんが、そうでないときは安ければいいというわけでもないので、状況次第ですね。

Q：銘柄を絞り込むときに、四季報CD－ROMなどでPERとPBRで絞って、次に売り上げとか経常利益などで絞り込むと、かなり銘柄数が限られますよね。その中で良さそうな銘柄に投資をするというやり方が考えられますが、これについて何かアドバイスはありますか？

今は、そのやり方は少し危険かもしれません。例えば、２００２年、２００３年であれば、景気がボトムだったので、ＰＥＲやＰＢＲが低いものを拾っていくというやり方は、不人気株への投資という意味では非常に有効だったと思うのです。なぜかというと、景気がボトムなので、そこから利益がどんどん上がっていくからです。そういうところでＰＥＲ８倍程度の不人気株がいきなり業績を上げてくるわけですよ。当然、投資家の評価も上がりますよね。つまり、利益が倍になってＰＥＲの評価も倍になる、これはダブルプレーといいますが、株価が４倍になりますね。

でも今は、景気のボトムからさらに悪化していく段階なので、PERで見ていくと、特に不況抵抗力が弱い会社は利益がどんどん落ちていく可能性が高いです。でも、わかっている人はそういうことを見越しているのですよ。「この会社は去年は良かったけれども、これから景気が悪くなったらすぐに利益が落ちる」ということを見越していると思います。ここ2年～3年増収増益だったというのは、「景気が良かったから」という理由があるのです。そして、それが今後も続くのかはわかりません。特に、景気循環株はそうですね。ですから、今そのパターンで銘柄を選ぶと、痛い目に遭う可能性もありますね。

PBRに関しても、当時は銀行の不良債権の問題で、低迷している資産価格がベースとなっていました。こういうときに、保有している有価証券の評価が上がるとか、次の年の利益が出て利益剰余金にたくさん積み立てができたという理由で、低めに評価されてきた企業のバランスシートに厚みが出るということは、BPS（1株当たりの純資産額）がどんどん上がるということでもあるのです。ということは、「この会社はこんなに良い資産を持っていたのか」とか、「利益の蓄積が進んでいるよ」ということでPBRの見直しが入るわけですから、必然的に株価がどんどん上がっていったのです。

Q：お話を伺っていると、収益力が強い弱いという言葉が出てきているのですが、これは何をもって判断するのですか？

まずは売り上げについて考えた場合、売り上げは、数量×単価ですよね。ということは、数量の伸びがどうなるのか、というのが1点目です。もちろん、事業環境も関係しているのですが、例えばデジタルカメラを出している企業というのは、今後しばらくは数量的には伸びるだろうと思います。では、写真フィルムとかDPE、街の写真屋さんはどうかというと、数量的には伸びを期待するのは難しいですよね。

次は単価のほうです。自分のところで価格を決めることができるかどうか、つまり価格決定権が重要になります。先ほどもお話ししたように、バイクの高級ヘルメットを作っているSHOEIは、ライバルのアライとかもありますけど、それでも「うちはこの値段で売るんだ」となれば、売れる売れないは別として、販売することができるのです。では、新日鉄の場合、鉄の値段は新日鉄に聞いてもわからないわけです。そんなことは市況に聞いてくれという話なのです。要するに、自分のところで値段を決めることができないのです。

よく最近業績の下方修正の言い訳に出てくるのが、「原材料価格の上昇を吸収しきれず」というフレーズです。「原材料価格が上がっているのであれば、販売価格も上げればいいじゃないか」と思うのですが、上げられないわけです。これはどういうことかというと、実質的な価格決定権がないということになります。ですから、売り上げを数量と単価に分ければ、こういったことがわかります。ここまでで言えば、今後販売される数量が伸びる可能性があって、さらに価格決定権がある企業の売り上げが伸びるとわかると思います。

あとは売り上げの安定性の話ですね。マンションが良くないと言いましたが、その理由のひとつとしては、マンションは普通、一生に1回しか買わないということが挙げられます。でも、利益を出すには次々と売っていかなければならないわけです。

一方で、例えばセコムのホームセキュリティサービスは1回契約をしたらずっと使ってくれるので、売り上げの見通しが立ちやすいのです。こういうのはストック型ビジネスといって、マンデベとか結婚式とか葬儀屋はフロー型といいます。要するに、売り上げの安定性があるのかどうかも重要ですね。

あとは、収益力に直結する利益の話でしたら、売り上げが伸びれば利益率が上がるのか、売り上げが伸びても利益率が上がらないのかというところですね。例えば、自動車会社の最大手のトヨタ自動車は営業利益率が一番高いのです。逆にスバル、つまり富士重工業のほうはどうかというと、営業利益率が非常に低くなるのです。なぜなら、規模の大きいほうが安く作れて、なおかつ売り上げの伸びるほうが利益率が上がるという傾向があるからです。これが規模の効果ですね。特に製造業ではこの傾向がありますね。

売り上げが伸びても利益率が伸びないものの例としては、商社が挙げられます。三菱商事とか三井物産は最大手クラスで売り上げは一番多いのですが、いろいろなものを扱っているということもあって、営業利益率だけ見たら非常に悪いのです。その一方で、専門的な商品を扱っている商社のほうが、売り上げは小さくても利益率が高かったりします。そういうことから、「この会社は売り上げが伸びれば利益率も上がるのかどうか」を見たら、ある程度は収益力について見ることができますね。

Q：お話が変わるのですが、マネーマネジメントについてもお聞きしたいと思います。含み損が出ているときは、何を考えていますか？

ロスカットする基準まで来ているかどうか、マーケットの状態はどうなっているのかを考えます。

Q：逆に、含み益が出ているときは、何を考えていますか？

いつまで引っ張るかですかね。株式市場にどんどんお金が入ってきているときは、今までの経験則でいうと、自分の基準で割高になってきたのでそろそろ売らないと駄目だなというところで、加速度的に株価が上がるのですよ。ですから、そういうときは、最後まで乗ってもいいと思います。でも、「何が起きたときに降りるのか？」ということをあらかじめいくつか考えておかないとまずいです。例えば、マーケットを引っ張ってきた銘柄に何かがあれば、そこで降りたほうが無難だと思うのです。ライブドアショックのときも、ライブドアはあのマーケットを引っ張っていた銘柄でしたから、そこに何かが起きたときはまずいことが起こるかもしれないと考えて早めに判断するべきでした。あとはダヴィンチ・ホールディングスもそうです。

今のマーケットを引っ張っているような銘柄を、買うつもりはなくても見ておいて、それが何らかの異変を起こしたらちょっと考えるようにするとか、そういうことが大事だと思います。今（注：２００８年８月３日のときのお話）も潮目として見ていたのは、商品価格が天井を打ったかなということなのです。それプラス、商社とか鉄鋼がドカンと下がっています。銀行は値動きが不安定ですが、ちょっと戻りかなということを考えると、流れが変わっているのかどうか確信はありませんが、私個人としては今は底値のボックス圏だと思っています。だから、ここで動くということはありませんが、今後、天井圏で何らかの異変が起きたら、半分とかある程度は逃げておく必要があると考えています。

だから、どんなに儲かっていようがそこで喜んでいては駄目なのですよ。私が２００６年の２月にアーバンコーポレイションとかアセット・マネジャーズ・ホールディングスを売れたのは、半身で構えていたからです。こんなに上がるのはおかしいと。それでライブドアショックの１カ月後に我に返ったのです。そこで１カ月もかかったのは、状況を想定したシミュレーションをやっていなかったからです。どういう状況になったらこのマーケットが崩れるのかという想定をしていなかったから、１カ月もかかったのです。事前に、どういう条件で降りるかを考えておく必要はありますね。

勝てる投資家はメンタルが強い

Q：全体のお話を聞くと、特別難しいことをやっているとかではないですよね。でも、角山さんのように勝てる投資家と勝てない投資家がいます。その違いは何が原因だと思いますか？

基本的にはメンタル面でしょうね。銘柄選びに関しては教材が充実してきているので、それほど困るということはないです。しかも、個人投資家の方でも勉強熱心な方が多いですから、銘柄選びについてはそれほど大きな違いはないと思います。結局は、あとはメンタル面になるのかなと思います。

Q：メンタル面について具体的に教えてください。

本能的にまずは、自信過剰に陥りやすいということです。しかも自信過剰の人は、集中投資をしがちです。儲かったらかっこいいですしね。でも、私もサラリーマン時代はある上場会社の本社スタッフだったのですが、本社の人間でも業績がどこまでいくかはわからないのです。それを外部の人が当てられるのかというと、とても難しいでしょうね。ですから、銘柄も業種も分散を行うべきなのです。

でも、実際にはそうではなくて、例えば2005年には不動産流動銘柄を3つしかもっていないというような人が多かったのです。自信過剰が災いして、その後、マーケットが反転したときにあっという間にやられてしまったということがあったので、自信過剰になるという点には注意が必要です。要するに、自分はそれほど賢くないと思うことが大切ですね。

あとは、人間の習性として代表制バイアスというものがあります。

Q：代表制バイアスの作用について説明してください。

直近の業績が良い場合、その後もずっと良いと思ってしまうのです。人間は単純な考え方をするらしく、ちょっと前まで良かったらずっと良いと思ってしまうようなのです。野球でもそうですよね。あのバッターはずっと調子が良いからこの打席でも打てるって思いませんか？でも、実際はどうなのかというと、資産運用については平均回帰といって長期的には10％で回るということが統計では出ているのです。ということは、一昨年20％で、去年30％という銘柄があれば、そろそろ危ないのではないか、逃げておこうかという判断をしないといけないわけですね。でも、人間は逆をやるのです。

一昨年20％、去年30％、それなら今年は40％と考えてしまう傾向があります。統計的なデータではなくて、過去の延長で物事を考えてしまうのですね。

あとは、損失回避ですね。要するに、損失を確定したくないということです。つまり、今、含み損を抱えている場合、買値まで上がってから売ろうと思うわけです。

もうひとつは、例えば1000円で買った株が1500円まで上がって、その後1100円くらいまで下がったとしますよね。このとき、人間は何を思うのかというと、今売らないとまずい、買値を割ったらどうしようということなのです。わずかな利益で売りに出してしまうわけです。そういう人のポートフォリオがどうなっているのかというと、本来なら成功するはずの銘柄をわずかな利益で売ってしまい（もう持っておらず）、株価が下がってどうしようもない銘柄ばかりを持っているということになります。身動きが取れなくなっている状態ですね。時間の経過とともに、どうしようもなくなっているわけです。

そうではなくて、本来であれば、その逆をやらなければならないわけです。駄目だと思ったらどんどん損切りをしていくべきなのです。そして、有望だと思う銘柄は、できるだけ長く持つようにすることが大事なのです。

Q：メンタルについて、ほかにはどのようなことがありますか？

一番重要なのが、群集心理です。人間は、他人の儲け話を黙って聞いていることができないのです。それで、結局、乗り遅れたくないということでマーケットの高値あたりで乗ってしまうということもあります。そういう心理的な面で勝てるか負けるかが決まると思います。

Q：今教えていただいたメンタル面の要素を満たせば勝てる可能性が高いと思いますか？

これは深層心理の深い部分から出てくることなので、克服するのはとても難しいと思います。でも、まずは「そういうことがある」と自覚することが大事なのです。そうですね、わざと逆のほうを意識したりするといいかもしれません。例えば、業種の分散をして集中投資を行わない、と最初から決めておけばいいと思います。

好調な銘柄については、今後も好調さを維持できるのかを、ちょっと懐疑的に見るということですね。例えば、2005年に不動産流動化銘柄が上がった理由のひとつは、どこの会社も上方修正をしたということもあるのですが、上方修正の理由が、持っている物件が想定以上の値段で売れたからなのです。売れたのは市況であって企業努力ではないのです。ということは、そういう会社は市況が悪くなれば思った値段で売れなくなるというリスクが出てくるので、そこを見るのです。つまり、すごく良い商品を作ってそれが高く売れたのではない、ということですね。

あとは、やはり投資家なので「間違いに関しては素直に認めましょう」ということですね。「ロスカットについても何らかのルールを作りましょう」ということです。私も売るときはすごく嫌なのです。要するに、この企業は割安であるという確信がある程度あって買っているわけですから。でも、15％下がったら売るというルールがあるので、そういう状況になったときは辛いですね（笑）。ただ、そのあと「あぁ、売っておいてよかったな」と思うことがありますよ。

ですから、ロスカットについてはルールがあったほうがよいと思います。
もうひとつ、マーケットがお祭り騒ぎになったときには、ちょっと警戒するくらいがよいと思いますね。私が始めたときが1995年で、そこから2002年までの7年間で株価が上がった年というのは1999年の1年間だけでした。だから、2005年後半の楽勝相場は、これはどう考えてもおかしいと思いましたよ。

Q：「楽勝相場」のように、みんなが勝てる相場というのは、冷静に考えると異常ですからね。

だから、マーケットの勝者というのは少数であり、誰でも簡単に儲かるというのはおかしいという結論になるようにロジックを組んでおけば、投資に関して大きく外すことはないということです。2005年後半は素人が参入してきて、経験者と同じ銘柄を買って、しかも集中させて信用まで使って1年で3倍になりました、ということがあちこちで起きていましたよね。でも、この状態というのは、私からするとありえないのです。これはどう考えてもおかしいと思ったので、私は2006年の2月に流動化銘柄を全部売りました。これは、銘柄に惚れていないからですね。つまり、昨日までよいと思っていたけど、今日になったら手のひらを返したようにスパッと売れるような状態でないと、それを抱えたままマーケットから退くことになると思います。
事業環境は激変するわけですし、この会社が完璧にOKだということもないのです。個別銘柄は、ポートフォリオで言えばあくまで駒なのです。大事なのは、将棋でいえば陣形。ここで飛車を切ったほうが戦局が良くなるのであれば、ここで切ればよいということです。普通の人は逆ですよね。飛車を守り抜きたいがために大事なところで攻め込まれて終わるわけです。でも違いますよね。やはり切るべきところでは切っていかないと、最終的には勝てないのかなと思いますね。

銘柄に惚れすぎないこと。事業環境の変化とともに臨機応変に対応すること

Q：私のイメージですと、バリュー投資をされている方には、「銘柄に惚れる」という傾向があるように感じているのですが、角山さんの場合はいかがでしょうか？

私の場合は少し違います。先ほどもお話ししたように、事業環境は日々変わります。ですから、買うときは惚れても翌日はバサッと切れるという良い意味での投資なのです。変わり身の良さ、柔軟性は必要だと思います。例えば、ジーンズメイトというジーンズのチェーン店があったのです。当時は、街のジーンズ屋さんが1店1店で展開していたところが多かったのです。それに対して、ジーンズメイトはチェーンだったので、規模の効果などもあって売上を伸ばしてい

ました。でも、ユニクロができたときに、この会社は終わったのです。なぜかというと、ジーンズメイトは他社から仕入れて売っていたからです。ということは、仕入れ価格に対するコントロールができないのです。でも、ユニクロは商品をいくらで作ってというところまでやっているのです。これでは、明らかに勝負ができないのです。このときに、昨日まではジーンズメイトは良い会社だと思って惚れて買っていても、日が変わったらユニクロができたから駄目だとバサッと切れることが大切です。つまり、事業環境の変化に適応できるということが必要なのです。だから、そのあたりはシビアに行くことですね。

逆に、自分の間違いを認めずに未練がましく持っているほうが問題かなとは思いますね。

Q：投資家が勘違いされやすいのはまさしくそこですよね。言っていることが昨日と違うじゃないかと。

私もそう言われることがありますよ。「角山さん、それ去年と言っていることが違いますよね」とか、「ブログに全然違うこと書いていた」とか。自分で確認してみると、確かに今と言っていることが違うわけです。でも、それは仕方ないですよね。環境が変わったら、変わらざるを得ないわけですから。

Q：逆に、環境が変わっているのに言っていることが同じということは、よほど普遍的なことを言っているとかですよね。

だから、そっちのほうが少しおかしいのではないかと思うのです。確かに、投資には普遍的な部分はあると思いますから、そういう部分はベースとして持っている必要はあります。でも、それ以外で言えば、例えば普遍的なものが戦略であるならば、状況に合わせて変えていくというのは戦術なのですよ。戦況は絶えず変わっていきますから、そこが変わっているのに戦術を変えないというのは逆におかしいです。そのあたりを勘違いしている人は多いですね。

投資によって得たもの、失ったもの

Q：投資で成功されたことによって得た、1番のものは何ですか？

嫌な仕事をしなくて済むようになったということでしょうかね。

Q：仕事が嫌いだったのですか？

そうではなくて、先ほどもお話ししたように私はもともと私立文系だったのですが、たまたま情報システム部門というところに配属されたので、コンピューターを最初から覚える必要があったのです。そういうことがあって、一生懸命勉強して覚えて仕事をしていたら、今度は経営企画部門というところに異動になったのです。情報システム部門のときは、自分の仕事をある程度決めることができたので、夕方6時半とかに帰って自分の投資のこととか書店に寄ってちょっと本を見ることもできたのですが、新しい部署に配属になって、いわゆる新入りですから、朝の8時半から夜の8時半までずっと仕事をすることになったのです。なおかつ、今までのスキルがほとんど活きないという状態でした。それでも会社に魅力があれば、経営企画部門は、ある意味、花形部署ですから続けてもよかったのですが、ずっと赤字の会社だったのでね。それに部署が変わったときに驚いたのが、仕事のやり方が前近代的だったのです。情報システム部門では自分たちの仕事もある程度自動化していたのですが、経営企画部門はすごくアナログだったのですよ。「いまどき電話とFAXかよ」って思いましたね。それに仕事の内容も、私としてはおもしろくなかったし、私自身が独立したいということもあったのかもしれませんが、スパッと辞めました。

あとは、将来的にそれほどお金の心配をしなくて済むというのもありますね。それに、こういう自分の好きなことを本業にできるようになったというのは、投資で成功して得られたことですね。ですから、仮にあと1年早く異動になっていたら、今でも会社にいたのかなと思いますね。そう思うと、天と地ほどの違いがありますよ。

Q：では、逆に投資で成功したことで犠牲にしたことはありますか？

楽しさですかね。今は投資自体がそれほど楽しくないです。昔は会社から帰って勉強したり、書店で本を買ったりというのは、自分の時間だったわけです。でも今は、自分の投資があまり楽しくない。なぜかというと、仕事とどこが違うのだろうと思うわけですね。

あとはパフォーマンス的なプレッシャーもありますね。２桁のマイナスとか悪いパフォーマンスは出しにくいです。だから、楽しそうにブログを更新している人を見ると羨ましいなと思うことも時々ありますよ。

Q：ということは、もし専業でやるのであれば、そういった覚悟も必要ということですか？

う～ん、それは……。私としては、専業はやめておいたほうがよいと思いますね。本当に専業でやるのであれば、ファンダメンタルでもテクニカルでも、買いも売りもできないと通用しませんよね。買いしかできない人は、２００７年とか２００８年は相当苦しいはずなのです。ですから、去年であれば、決算書のバランスシートでこの会社のこの資産はちょっとまずいかなという判断ができても、空売りができないとやっぱり勝てないと思います。私もそういう会社には気づいていたのですが、信用取引はやらない主義だし、空売りして逆に株価が上がっていったら怖いですからね。いくらで買い戻せるかわからないこともありますし。結果的には空売りをしておけばよかったと思いますけど、そのときの心理状態を考えると、私にはできないです。やはり買いも売りもできて、どんなマーケットでも利益が取れるという人でないと専業は難しいと思います。

Q：空売りについては、今後、検討していきますか？

今後の検討課題はつなぎ売りです。でも信用口座を持つこと自体に抵抗があるのです。なぜかというと、飛び道具があったら使いたくなると思うからです。人間は非常に弱いですからね。最初は手堅いところから始まるでしょうが、それがうまくいくと人間というのは調子に乗ってしまうものです。キャッシュだったら100株しか買えないけど、信用使ったら……となったときが怖いのですよ。私は信用口座を開かないということを、自分自身の歯止めにしているのです。大儲けすることもないかわりに、予期せぬことで市場から撤退することがないように考えているので。つなぎ売りはしたいのですが、飛び道具を持って我慢できるほど自分自身をコントロールできるか、というところに不安があるのです。ここが問題です。つなぎ売りだけできる信用口座があれば開きたいですけどね（笑）。

Q：キャピタルゲイン税が20％になることも考慮する必要がありますね。

そうなのです。結局、税引き前でTOPIXに勝っていても、2割のハンディキャップがあるわけなので少し厳しいですよね。それだったら、手間暇かけて調べてやるよりもETFを買って放置してほかのことに注力したほうがよいかなと思います。特に、私のように中長期でやる場合はやはりつなぎ売りを考えないとまずいかなと思います。税引き後でどうやってＴＯＰＩＸに勝つか、ここですね。

Ｑ：投資は孤独を感じることが多いと思いますが、そのあたりについてはいかがですか？

結局、投資というのは特殊な世界です。例えば、会社であれば、ひとりで悩んでいるよりもチームで考えたほうが良いアイデアが生まれる可能性が高いですよね。

でも、投資は基本的には個人プレーの世界です。だから、専業になってしまうと、世間との関わりという点でどうなのかなと思いますね。特に、若い人はやめておいてほしいです。というのも、人格形成において社会とか職場の果たす役割は大きいと思うのです。私も３０歳くらいのときは生意気なことも言っていましたが、人間ができてくるのは４０歳くらいだと思います。

ですから、話は少しそれますが、３０代の経営者というのはちょっと怖いなと思います。人生経験が少なすぎるからです。だから、会社の経営者としては４０歳以上ですね。投資家でも同じで、社会経験がほとんどなくて投資の世界に入ってしまうと、物事の対応とか社会人的な常識とかが欠けてくる可能性があります。こういうことを加味すると、なるべく専業にはしないほうがいいと思います。

あとは、その人の可能性を投資に限定してしまうのはもったいないと思います。投資は会社に勤めながらでもできますからね。それに、あくまで私の考えですが、「投資というのは余ったお金をどうするのか?」なのです。もちろん、投資はとても大事なことです。なぜかというと、資本主義社会というのは、基本的に給料と銀行預金だけでは資産形成ができない仕組みになっているからです。というのも、この2つは企業にとってのコストなのです。人件費もコストだし、銀行からの借入金利もコストです。このコストを引いた後で企業は儲けているので、結局、資本主義では資本家が儲けています。それに対して、給料と銀行預金だけの人は、食べていけるだけのものを手に入れるのが精一杯だと思います。だから、お金を生み出すという意味で投資というのはとても大事なのです。

Q:この場合、元手は何になりますか?

元手は当然給料になります。それをコツコツと銀行預金をしてある程度の額になったら、例えば半分を投資にまわそうとなるのです。だから、あくまで余ったお金での運用になるので、それが人生の中心になってしまったらどうなるのかと思うわけです。仮に、ある人が20歳のころから投資で一生暮らすのであれば、人生のほとんどが株価の値動きに翻弄されることになります。株価の動きの8割は後から考えたら意味がないと言いますからね。結果的に、60歳くらいになってある程度の資産が築けたとしても、その人の人生がどうなのかなと私は思います。あくまでも真面目に働いて、社会に貢献して、なおかつ一生懸命働いて貯めたお金で投資をして、ちょっとだけリッチな気分を味わうのがよいのかもしれませんね。

変化に対応できるものが生き残る

Q：角山さんが、尊敬できると思うような投資家は、どのような人ですか？

最近「品格」と言いますが、人間として尊敬できる部分が必要だと思います。もうひとつはバランスがとれているということが大事ですね。セミナーなどでも話しているのですが、投資というのは豊かな人生を送るための手段なのです。目的ではありません。お金持ちになったとしても、毎日株価を眺めながら、ほかにこれといったこともせずに人生が終わったとしたらそれが楽しいのか？　そう言われたら、それはちょっと違うと思うのです。例えば、仕事もきっちりして、家庭生活もちゃんとしていて、友達もいて、趣味もあってというように人生をエンジョイされている方であれば、少々パフォーマンスが悪かったとしても、私自身としてはお付き合いをしたいなと思いますね。

あとは、投資家というのは自分の投資方法が一番だということで、ほかの方法を否定しがちなのですが、実際はいろいろな考え方がありますよね。私自身も昔はテクニカルに対して否定的なこともあったのですが、現実にテクニカルで利益を上げている方がいるわけです。話を聞いてみると言うこともしっかりされています。特に、マネーマネジメントという考え方がありますが、ここについてはテクニカルのトレーダーから学ぶことも多いのですよ。例えば1銘柄で全資産のどのくらいまでが損の許容度なのかという部分が、非常にしっかりしています。そういうところで、お互いの意見の違いを尊重しながら楽しくお付き合いできる投資家さんはいいかなと思います。

Q：ひとつの情報を多くの人が見ているけれど、勝てる人と負ける人がいます。その違いは何から生まれると思いますか？

例えば、小さなところから言えば、売上と利益はみんなが見ていますよね。でも、バランスシートとかキャッシュフローまで見ているかというと、見ていない人もいます。まずはここで差がつきます。次に、定量的な数字については全部見ている。つまり、損益計算書だけではなくてバランスシートもキャッシュフローも見ているという場合でも、定性的な部分を見ていないことがあります。つまり、ビジネスモデルとか事業環境、あるいは小さな企業であれば経営者、そういうところを見ていなかったりすると、そこで差がつきます。

あとは、ビジネスモデルでいえば、マンデベは借金が収益の源なので、銀行がどんどん貸してくれるときは良かったのです。借金ができればその分だけ売上が上がるので、そういうときは良かったですよね。結局、それがわかっているかどうかなのです。今は蛇口を閉められている状態です。そうなったら、最悪の場合はつぶれますから、そういうビジネスモデルをどこまで理解しているかだと思います。

当然、個別銘柄だけを見ていても駄目で、今であればマクロ経済の動きがあります。決算もそこそこよくて、PERも安いけどなぜ下がるのかという部分ですね。こういう世の中で、アメリカで金融危機が起きていて信用収縮が起きていて、お金の流れが株式市場から引いていっているというときだから、いくらファンダメンタルが良くても、マクロが改善されなければ厳しいということです。これがわかっているかどうかでも差が出ますよね。

要するに、投資対象をトータルで見ることができるかどうかで、ひとつの情報に対するリアクションが変わってくるわけです。例えば、決算で売上も利益もすごく増えたという会社があったとします。売上と利益しか見ていない人は「これは買いだ」ということになるのですが、営業キャッシュフローが全然増えていなかったら、「あれ?」となりますね。もちろん、ここまで見ている人は「ちょっと買えないな」となります。逆に、そのあたりが全部よかったとしても、アメリカの景気が悪ければ、その後の展開がある程度は読めるような気はしますね。実際に、トヨタは下方修正していますし。つまり、その人がどれくらい多くの視点を持っているかでひとつの情報のとらえ方がまったく変わってくるのです。

Q：最後に、読者の方にメッセージはありますか？

投資なので間違いはあると思います。重要なのは、その間違いを認めて、いかに早く修正できるかという良い意味での柔軟性を備えているかでしょうね。要するに、マーケットの状況に応じて変えるべき部分は変えていくという対応ができるかどうかが今後必要になってくると思います。

ダーウィンの進化論がありますよね。何が生き残るのかというと、強いものではないです。一番賢いものでもない。変化に対応できるものが生き残っているのですよ。投資家としてもそうだと思います。私はバリュー投資ですがロスカットもしますし、最近はマクロのデータも見ます。今後の課題としてテクニカルの部分で知っておくべきことはマスターしようと思っています。やはり、状況に応じて変わっていくことは大事です。

あとは自分の投資がうまくいかないときは、ステップアップのチャンスなのです。人間というのは、何事もうまくいっているときはそのまま続けますよね。でも、うまくいかなくなったとき、「何でかな？」と考え直しますよね。ここにステップアップのチャンスがあるわけです。ここで改善ができる投資家なのか、それともそのままの投資家なのかという違いもあると思います。ここができるかどうかでその人が変わってくるということもあります。

もうひとつ大事なのは、投資だけが人生ではないということです。いろいろやってみて、全然駄目だったら、最後はインデックスの積立でよいではないですか。別に投資ができるから偉いというわけでもないですからね。うまくいけば、たまたま投資に向いているという部分もあったからと解釈すればよいわけです。投資だけが人生でないので、それに偏っているというのはあまりよいことではないと思いますね。楽しい人生を送るためのひとつの手段、これが投資なのですよ。

取材を終えて

何というか、非常に追及心が強い人なんだろうなということは、すごく理解ができた。何かひとつでもわからないこと、納得ができないことがあったら、それが解決できるまで徹底的に調べ、研究する。しかも自分の中にストンと落ちてくるまでその作業をやめない人、それが角山氏だ。

正直、私とは対極に位置する人である。私自身は「ほどほどでいいじゃん」という部分もかなりあるので、逆に角山氏の話を聞くことで、それが自分の弱点になっているのではないかと、ハッと気づいた。物事は、突き詰めれば突き詰めるほど、自分が望むよりも高い結果が得られるのだろう。それをやらないのは、私の知識の浅さが原因だと思う。やろうと思っても、知識がなくてよくわからないから、挫折をしてしまう。結果、知識の積み上げもないし、むしろ自信をなくす。

角山氏の表情は、終始にこやかだった。七福神のようだなと思ってしまうくらい穏やかな感じがする一方で、時にとても鋭い目をするときがあった。でも、そこが彼が強く主張したい部分であり、彼の核心的な部分なのだと思う。もしかしたら、完璧に理解できていない私への不満もあったのかもしれない。そう思うと、不勉強な自分を呪わずにいられなかった。

話の中で私が一番印象に残っているのは、「ニトリ」を売った理由だ。「自分の家の近所にできたからですよ」と、当たり前のように平坦な口調で答えた角山氏。私はここに彼が負けない理由があると思った。「そういう見方をするのか」と感心させられ、私はその答えに大いに納得したのだ。

普通、近所にできたら「やっとできたか。頑張ってるな、ニトリ」という感じで、逆に株を買ってしまうと思う。でも、そこは思い切り逆の発想をするべきなのだ。「こんなところまで出店するようになったのか」と。

そう、彼は売るタイミングについてはマイナス思考を持って判断している。最初に組んだロジックが崩れたときもそう。「駄目だから売る」。これが彼のスタンスだ。でも、逆にここで降りることができるから、勝てるのだと私は思う。

「俺のロジックは正しい」と頑固に株を持ってしまうのは、非常に危険だ。中には、「いや、自分の考えを曲げるのは正しくない」と反論をする投資家もいるだろう。でも、いくらロジックに自信があったとしても、従わなければならないのは相場の動きなのだ。自分が正しいのではなく、相場が正しい。だから、相場で生きている以上、それに合わせて行動することができなければ、市場から追い出されるのは当然のこと。それを「そんなの当たり前ですよ」という感じに言えるのが、角山氏なのだと思う。

取材中に思ったことがある。それは、『投資の達人探訪』でお話を聞かせていただいたDAIBOUCHOU氏に似ているということだ。彼も同じように安い銘柄、というか彼の場合は「うさんくささ」がポイントになるのだが、そういう銘柄を絶好のタイミングで拾うことができる。そして、何よりも銘柄研究の深さ、粘り強さが似ていると思ったのだ。DAIBOUCHOU氏は暇さえあれば地図を見ているという。例えば、不動産会社であれば、どこにどういった建物を持っていて、それが今後どう動いていくのかを、建物の位置と駅の場所だけではなくてバス亭の位置からも推測する。その細かさというか「え？　そこまでやるの？」と思わずにいられない発想に私は感服した。それに似ている印象を受けたのだ。

投資で成功するひとつの要因としては、やはり「細かさ」、言いかえれば「しつこさ」があると思う。ひとつの銘柄を徹底的に調べ上げ、そこで考察し、買うか買わないかの判断を下す。長期的に見るからこそ、この探究心は必要になるし、この深さがもしかしたら利益率に比例するのかもしれない。そんなことを思わせるような人が、角山氏だ。

だから、そういう粘り強さがある人というのは、「負けない」投資家なのだとも思う。決算書にしても、普通の人であればうわべだけを見て判断してしまうところを、「負けない投資家」は掘り下げて掘り下げて、さらに掘り下げてみるのだ。ここまでくると「探究心」というレベルではなくて、「マニア」なのだと思えてならない。そう、彼らは「マニア」なのだ。

例えば、「車が好き」というレベルであれば、車種と年式くらいは言えるだろうが、「マニア」になると「エンジンはこうで」とか、「シートは実は……」と、「その知識って本当に必要なの？」と思うようなことまで知っている。つまり彼らの「知りたい」という欲求のレベルは「好き」をはるかに超えているわけだ。

結局、それと同じなのだと思う。ただ、投資においては「その知識が必要なのか」というのは愚問というだけ。なぜなら、より細かい部分を知っていれば、そこから小さなヒントを見つけ出すことができ、それが大きな利益をもたらすこともあるからだ。

多くの人が行きつくことができないはるか遠くのものをつかみ取れる人というのは、意外と自分の足元を見ているのかもしれない。遠くばかりを見ていて、1メートル先の穴に気づかなかったら、その時点で終わりだ。

逆に足元ばかりを見ていても、方向性を失う。要は、このバランスが一番重要ということになるのだろう。角山氏は、絶妙のバランス感覚を持ち、しかも最高の運動神経を持っているように思う。だから、直前に穴を見つけても、それを飛び越えて向こうに行くことができるのだ。そしてまた涼しい顔をして、口笛を吹きながら歩き出す。そういう人なのだろうと思うのは、果たして私だけだろうか。

第4章

「北浜 悠輝」

慎重に、慎重に、慎重に……。マーケットに果敢に挑戦する姿勢を持ちつつも、力任せに攻撃するわけではなく、臆病すぎるほど様子を見てマーケットに戦いを挑む。そのさまは、まるで狩りを始めたばかりのライオンのよう。迅速な損切りで小さな勝ちを何回も積み上げながら、最終的にそれを大きな勝ちに育てていく。これからが楽しみのデイトレーダー、北浜悠輝。

はじめに

「北浜さんを紹介しますよ」と言われたとき、最初、私は「あの北浜流一郎さんか」と思った。今思えば、実に失礼な話なのだが、当時の私の頭の中では「北浜＝北浜流一郎」という方程式が出来上がっていたのだ。しかし、紹介されたのは北浜悠輝氏。北浜流一郎氏の息子さんだった。

「あれ、若いんだな」

これが北浜氏への第一印象だった。私の勝手な想像では、30代後半、あるいは40代前半という年齢で、しかもこれまた私の勝手な想像だがメガネをかけている人。これが北浜氏だったのだ。

実際のところ、彼はまだ20代だったし、メガネもかけていなかった。思いっきり違う人物が私の前に現れたので。それによる小さな戸惑いもあったのだが、それはすぐに払拭されることになった。彼は、非常に気さくな人なのだ。というか、場の緊張感を崩せる能力を兼ね備えたおっとりした人。

しかし、彼のトレードスタイルはデイトレードなのだ。株価の動きを追い、瞬間的に利益を狙う、あのデイトレ。そのギャップに何となく、違和感を持った。

「あれ？　父親である北浜流一郎氏は、デイトレ派ではないよな？」

そう思ったことも、私の違和感の理由だろう。その時まで私の中では、おそらく父親と同じスタイルで投資をしているんだろうなと、何の疑いも持たずにいたのだ。歌舞伎役者の子供が歌舞伎役者になるように。

でも、実際は投資スタンスが違う。普通に「何でだろう」と思った。おそらく、多くの人がそう考えると思うのだが、何が彼をそうさせたのかという部分に私は興味をそそられた。「親への何らかの反抗だろうか」。そんなありきたりな理由を思い浮かべる私が、そこにはいたのだ。

と同時に、私は『投資の達人探訪』で、デイトレーダーとして登場していただいた三村氏を思った。彼は、一種、感覚的なトレードをしながら、10億円にまで資産を膨らませている。とにかく、研ぎ澄まされた勘のようなものが素晴らしい人だった。北浜氏もそういうトレードをするのだろうか。感覚的、あるいは動物的なトレードをするのだろうか。そんなことも考えた。

北浜氏にインタビューをしようと最初に考えたのは、インタビュアーの新田氏だ。もともと友達なのだという。2人の雰囲気のあまりの違いにこれまた意外な組み合わせだと思った。でも、新田氏が選んで連れてきた人物であれば間違いないだろうという気持ちが私の中にあったのは確かだ。きっと何か1本の筋が通っているはず。新田氏を信用しよう。そんな思いを込めて、私はインタビューに臨んだ。

「限られた人たちだけのものではない」と感じて始めたトレード生活

Q：なぜデイトレードを始めたのですか？

それまで美容の仕事をしていたのですが、本屋に行くのが好きで、けっこういろいろなジャンルの本を見ていました。当時は美容関係の仕事についていたので美容系の本ばかりでした。例えば、月刊のスパ系の本などです。最新情報が載っていて、薄いやつですね。あとはネイルマックス。ネイルサロンの管理をしていたので、勉強のために読んでいました。それで、そういう本を見ている中で、ふとデイトレの本が目に付いたわけです。

株は、もともと親父（北浜流一郎氏）がやっていたので知っていました。本をちょっと立ち読みして、株の用語ではじめてそれなりに意識したのが「デイトレード」だったのです。「これは何だろう」と興味を持ちまして。

それまで知っていた株の知識は、例えば、何年も保有して10年後とかに高くなって儲かるというイメージだったのです。でも『今すぐ受けたいデイトレ授業』（宝島社）という本を見てみると、何分とか、早ければ数秒で利益が出てしまうというやり方が出ていました。最初は「これが本当に通用するのか？」と思いました。そういう理由から興味がわいて、その「デイトレード」の本を買ってみたのが、そもそものスタートです。

Q：そこで、「怖い」とか思いませんでしたか？

正直、株に対しては「怖い」というイメージしかなかったです。

Q：でも、「やろう」と思ったわけですよね？

そうですね。それまでは株をやるには大量の資金が必要だとか、長期で持つという考えだと思っていたのですが、デイトレードというやり方があると知って、逆に興味がわいてしまったという感じです。株は長期間保有するもので、お金持ちがやるものだとずっと思っていましたからね。でも、少ない資金でも可能だと知ったわけです。

Q：「デイトレード」という言葉が一般的になったのは、おそらく2005年後半の、あの爆発的な上昇相場のときだと思います。でも、お父さんである北浜流一郎さんのスタンスというのは、どちらかというと中長期ですよね。ということは、そのギャップにカルチャーショックのようなものを感じたのでしょうか？

カルチャーショックというよりは、「違う世界もあるのだな」と思いましたね。「何億円儲かった」とか「超簡単」なんていう言葉につられて始めました。もちろん、本を読んですぐに始めたわけではないのですが……。

Q：最初の資金はいくらくらいでした？

150万円くらいですね。

Q：この資金は、どうやって作ったのですか？

大学時代は、バイトとボクシングだけをやっていたので、グッドウィルとかフルキャストなどの派遣の会社に登録をして仕事をしていたのです。夏休みとかの長期休暇のときに一気に働いて稼いでいましたね。あとは社会人になってからの収入で資金を作りました。

Q：印象深い仕事はありますか？

グッドウィルはつぶれましたよね。これが港湾作業を請け負ってはいけないのに請け負っていたとか。例えば港に着いた船からコンテナを出すとかですね。港での仕事は実は一切禁止なのですよ。おそらく危険だからでしょうね。でも、そういう作業もやっていたわけです。ワインをコンテナから出してトラックに乗せるとか。そういうことが引っ掛かっていたのでしょうね。

カルチュア・コンビニエンス・クラブを2000円で損切り

Q：北浜さんは、何歳から投資を始めたのですか？

２７歳とか２８歳ごろですね。

Q：その間ずっと会社で働いていて、その給料から貯金をしていたのですか？

そうですね。

Q：金額は決めていましたか？

特に決めていませんでした。そのころは投資をするとは思っていなかったので、将来のためにと思って貯めていたら、自然に１５０万円が貯まっていたという感じですね。

Q：最初に買った銘柄は何ですか？

ＣＣＣ（カルチュア・コンビニエンス・クラブ）です。

Q：なぜこの銘柄を選んだのですか？

本を読んだときには「ランキングで探す」などとあったのですが、やっぱり怖いのですよ。知らない銘柄ばかりですし。それで身近なところから買ってみようと思ったのです。ちょうど近所でTSUTAYA（ツタヤ）がプレオープンをしましたし、自分もよく利用するだろうと思いましたしね。レンタルの最大手ですし、これはこれからも需要があるのではないかなと思いました。

Q：それは何で調べたのですか？

楽天証券のサイトの中の四季報を見ました。でも、初心者ですから、全般的に数字もまだよくわからないわけです。ただ、営業利益とか売上とか経常利益くらいは何とかわかりましたが、具体的にそれをどう見ればいいのかについてはよくわかっていませんでした。営業利益は本業が儲かっているかどうかなので、本業が儲かっていればいいかなというくらいでした。

ＣＣＣの場合は営業利益、売上、経常利益が良さそうだなと思いました。「ファンダメンタルが良いから」などという理論は一切わからない状態でしたから、とりあえず利益が毎年上がっているので良いかなと思った程度です。チャートを見たら、順調に上がっていますし、本当に「何となく良さそう」という感じでしたね。

Q：そのときはデイトレードでしたか？

それは買ったらすぐに下がり始めたので売りました。

Q：ということは、最初は損切りだったわけですね。ここで負けたことで、やめようとは思わなかったのですか？

とりあえず怖いとしか思わなかったのです。あとは損をして「何だよ」という逆ギレですよね。ただ「このまま持っていればいいや」という考えはありませんでした。株価がどんどん下がってくるのは気分が悪いですから。

Q：株価はずっと見ていたのですか？

そうですね。ずっと見ていました。

Q：その間、何を考えていましたか？

上がると思って買ったので、儲かることしか考えていなかったですね。自分の中でのシナリオが上に行くことしかなくて、下に行くことを想定していなかったのです。実際に株価が下がっていくと気分が悪くなって、マイナスが拡大していくのがすごく嫌でしたね。

Q：どのくらいの時間ですか？

5分以内ですね。

Q：そもそもなぜ株価が上がるとだけ思ったのですか？

本を読んで、「5分足で上昇トレンド」ということしか頭の中になかったからでしょうね。本の中では、「デイトレは強い銘柄についていくという考え方であることや、5分足は初心者でも一番トレンドを掴みやすい」ということが書いてありましたね。あとは四季報の内容も良かったからですね。

Q：どのくらいの損をしたのですか？

2000円です。

Q：2000円ですか？

そうです。とにかく株価が下がっていくのが嫌だったのです。即売りました。

Q：よくすぐに切れましたね。初心者であればあるほど株価が持ち直すと思って、そのまま持ってしまう人が多いと思うのですが……。

怖さが先行していましたね。上がるかもしれないという気持ちもありましたが、とにかく減っていくのが嫌だったのです。

5分足チャートを印刷。反省&反省の繰り返し

Q：このマイナスを確定してからは、勉強をしたのですか？

勉強というよりは、毎日取引した銘柄の5分足チャートを印刷して見ていました。そして買ったところ、売ったところに印をつけていました。後から見れば結果にすぎないのですが、反省という意味も込めて見ていましたね。あと、5分足チャートは、1日分しか見られないのです。だから、例えば去年の6月1日の5分足といっても見ることができないので、先々のために5分足を取っておこうという考えもありました。

Q：5分足を選んだ理由は？

本を読むと、1分足がよいという人もいれば、5分足がよいという人もいました。実際に1分足も見たりしたのですが、小さすぎて見えないのですよ。ごちゃごちゃしていて。そこで、

3分足も見たのですが、これも小さいのです。次に5分足を見たら、これは大きくて見やすかったわけです。視覚的によかったということが5分足を選んだ理由です。

Q：日足は？

日足もありますね。勝ち負けは関係なく、取引した銘柄については5分足チャートと日足チャートをとっています。

Q：週足まではとらないですか？

少し見るくらいです。デイトレードなので、そこまではいらないのです。すごく儲けている人たちに比べると、僕の場合は「何となく」でやっている感じがします。やってみて、「急騰銘柄に手を出して天井でつかんだら終わり」とか、「ここで買わないでいつ買うのか」というように心境が先にきては駄目だとか。

あとは自分が底だと思って急落銘柄に入ってみても、実際は底ではなかったとか。結局、自分が底だと思っても、判断するのは自分だけではないですからね。

急落については、途中で慌てて売らないほうがよいということを学びました。必ずではないのですが、いったん値を戻すことが多いので、戻ったときに売ったほうがいいですよね。そういうことを痛感してもっと勉強していくということですね。

上昇トレンドだけで勝てても駄目。トレードには怖さがつきもの

Q：急落のお話が出たのでお聞きします。これまでで一番の急落はどういうときでしたか？

アクロディアという銘柄ですね。連日値を上げていたのですが、一転ストップ安になって一気に5万円くらい下がりました。これが一番すごい急落です。そういうこともありますから、やっぱりいくら勉強をしていたとしてもトレードには怖さはありますね。

Q：どういう怖さですか？

その当時見ていた雑誌とかは「楽して儲かる」という感じだったのですが、実際に上昇トレンドが終わったとき、その当時は話題になった人でも、今はブログを更新していないという人がけっこういます。上昇トレンドに乗って、たまたま儲かった人も多いのだなぁと痛感しましたね。

このとき、「この世界で生き残るには、上昇トレンドだけで勝てても駄目だ」と強く思いました。やはり、上げでも下げでも安定的、継続的に勝ち続けるには、それなりの技術がないと駄目だなと思います。そういうところに怖さがありますね。

Q：いつからブログの更新が止まっていたのでしょうか？

２００７年の2月頃でしょうかね。チャイナショックあたりからちらほらと。サブプライムが出て確定的になりましたね。

Q：今は、その怖さを克服されたのですか？

いや、まだ怖いですね。

Q：でも実際に株を買うわけですから一歩先に進んでいますよね。その一歩を踏み出すためには何が必要ですか？

売買回数だと思います。僕の場合、１００回以上は経験して、だんだん慣れてきた感じですね。今でもドキドキはしますが、当初に比べたらそれほどの迷いもなく注文ができるようにはなりました。

Q：ということは、まだ多少は迷いがあるのだと思いますが、どんなとき一番迷いますか？

買いパターン、売りパターンがチャートには表示されていても、本当に大丈夫かなって思います。だから、スムーズにトレードはできていないです。

Q：どうして迷うのでしょう？

やはりメンタル面でしょうね。売買を決めるのは自分なので、それができていないということは自分の心の問題です。それができるようになれば、もっと勝てるような気がします。

出来高急増、下ヒゲが買いのサイン。長い上ヒゲは売りのサイン

Q：少しお聞きしたいのですが、先ほどの売買サインとは、例えばどんなサインですか？

買いのサインは大きく下げてから出来高も増えて下ヒゲをつけた場合ですね。でも、全セクターがマイナスとか、日経平均採用銘柄がすべてマイナス圏で動いていたり、日経平均先物が前日比マイナス圏で横ばいの動きをしているときなど、「今日は全体的に弱いな」という場合にはまだ迷いが出てしまって買えないときもあります。

売りはその逆です。勢いよく上がっていたものが、長い上ヒゲをつけたら売りですね。仮に長いヒゲをつけたところで持っていたとしたら、もう希望しかありませんよ。また戻ると思ってしまいますからね。実際、その裏付けを探そうと、自分が持っている言い訳とか好都合の材料を探そうとしますよね。

Q：下ヒゲがついたらその途中か、遅くても次の足くらいには買わないと間に合わないですか？

そうですね。そこでためらいが出て、買わない場合にはすごく後悔しますね。「たられば」ですけどね。

Q：そういった機会損失があって、次こそはというような自分の中での訓練などはしていますか？

チャンスを逃しているので、「前回は逃したよね」と自分に言いきかせてはいます。でもやっぱりためらいは出てしまうので、心を無にしてやらないと駄目かなと思います。勝ち続けている人は、機械的にできるのでしょうね。いくらシグナルが出ていても、決定するのは自分ですからね。

Q：克服はしきれてはいないけど、そういった心の部分の課題に取り組んでいるということですね。

技術とかシグナルも大切ですけど、株とかトレードは心理、メンタル面の影響がすごく大きいなと思います。だから技術だけを教わっても儲けることができないような気がします。

テーマを重視、強い銘柄についていく

Q：ところで、注文をするときは板を見ていますよね？

板も見ていますが……。そうそう、最初に困ったのは板の見方がわからないということでした。

Q：板の見方は何で勉強しましたか？

あらゆるトレードの本を読みましたが、板について細かく解説している本がなかったのです。だからそのとき、板に特化した本が欲しいと思いましたね（笑）。板がさっぱりわからなかったのです。でも漫画もついていて、わかりやすい本がありました『株のデイトレ革命で毎日1万円おこづかい稼ぎ！―迷える子羊式』（扶桑社）という本です。そこで買いの軍隊と売りの軍隊がいて、この2つの戦いが起きている。それで、軍隊が大きいほうが強いというようなことが書いてあったのです。その話からようやくわかった感じですね。

Q：板がどういう状態だったら買うのでしょう？

大きな売り板を、パクパクと買っているような銘柄に乗っていきますね。

Q：要するに、買いがどんどん入っている銘柄ですね。そのような銘柄はどうやって見つけますか？

前日に、年初来高値や上場来高値を更新した銘柄、ストップ高した銘柄はチェックしていますね。2007年～2008年前半は上場来高値を更新した銘柄がけっこう出てきていました。例えば、GSユアサとか。電池関連ですね。GSユアサはテーマ性に乗っていますよね。エネルギー関連ですから。例えば、2008年6月のころは電池に勢いがありましたからね。そういう強い銘柄についていきます。

Q：強いというのは、どういう判断基準ですか？

ひとつはテーマ性があるということですね。毎年、何らかのテーマがあります。先ほど電池を例に挙げましたが、過去にはM&Aの年もありました。あとは、食糧危機とか。ほかにはバルチック海運指数とか、石油関連ですね。そういうテーマに合った銘柄が強いと思います。

Q：テーマは、どうやって探していますか？

年末年初に今年のテーマはこれだという感じで、株式新聞とか「ダイヤモンドザイ」などのマネー系の雑誌に出てきますよね。それを見て、「今年はこういうのが来るのか」と考えています。それで実際に取り上げた銘柄などを見てみて、動き出したときに乗るということが多いです。

Q：動き出したということは、その前はどういう状態だったのですか？

チャートを見ても平らになっているとか、一定のレンジの中で動いているとかですね。そういう銘柄が、ドンと動き出すと連日のようにランキングの上位に出てくるのです。例えば太陽電池であれば、この関連銘柄がランキングに顔を出すので、今は資金が太陽電池関連に集まっているのだなと考えたりしています。それがテーマです。そして、証券会社のポートフォリオに表示させてマークしていきますね。

Q：ちなみに、証券会社はどちらを使っていますか？

楽天証券とSBI証券です。使い分けているというわけではなくて、資金を半分くらいずつ入れています。

Q：この2社を選んだ理由は？

始めるときに、証券会社ランキングを見たら、楽天証券とSBI証券が上位2社だったのです。実際に使ってみても使いやすいですよ。

Q：どのあたりが使いやすいですか？

楽天証券は、ランキングを一画面で大きく見ることができたり、自分の好きなようにアレンジできますからね。SBI証券はデイトレのツールも使いやすいです。板を表示したりする画面から直接注文ができるという点がいいです。

Q：最近はどちらをメインに？

SBI証券ですね。楽天に登録してある銘柄と、SBI証券に登録している銘柄は、実は違うのです。これはどちらでもいいのですが、例えば、海運は海運でひとつの証券会社にまとめているのです。最近は、狙った銘柄がたまたまSBI証券に登録してあったというだけですね。

Q：本をよく読まれるようですが、本を参考にして行ったことはありますか？

当初は本を読んでいて、「人がやらないことをやる」と書いてあったので、出来高があまりないような銘柄を買ったりしていました。そうしたら、全然動かない。そもそも、そのときは意味もよくわからなかったですからね。チャートがバーコードのようになっている銘柄でしたよ。

Q：その銘柄を選んだ一番の理由は出来高だと思いますか、ほかに理由はありましたか？

値が飛びやすいということもあります。上がるときには、一気に上がります。これはうまくいけば儲かるなと思いましたね。

Q：この銘柄はその後どうなりましたか？

売り注文は出していて、株価も僕が注文を出している価格まで上がってくるのですが、買われる株数が少ないので順番がまわってこないのです。果てしない戦いでした。これは時間の無駄だなと思って売りました。

Q：損切りですか？

損切りです。時間の無駄なので売りました。

Q：当時は、１銘柄を買うときの株数は何株でした？

最小単位ですね。怖くて買えませんから。

Q：怖さがなかなか取れないですね。

たぶん本に書いてあるような初心者の失敗はすべてやっていると思います。例えば、株価が上がっているときに「今買わないでいつ買うのだ」と思って買ってしまって、その後に株価が下がるとかですね。

上昇率ランキングと出来高で銘柄を検討し、ブレイクに乗っていく手法

Q：そういった失敗を踏まえて、初心者がやってはいけないことは何でしょうか？

やはり、株価が上がっているのに乗ってしまうことでしょうか。これは心理的なものも多いですけどね。株は上がっているときに買いたくなるものだし、「今、買わなくては」という焦りがあるので、ついつい買ってしまうのだと思います。だから、その銘柄が強く見えてしまうのでしょうね。

Q：「強さ」は何で判断していますか？

板と5分足ですね。僕がやるのは、ブレイクに乗るという方法です。前日の終値より下がったところから始まった銘柄を、前日の終値を抜けるところで買うというパターンが多いです。

Q：前日の終値より下がったところから始まった銘柄をどうやって探していますか？

上昇率ランキングで昨日上がった銘柄はチェックをしています。証券会社のトレードツールに登録をしておいて、動きを見ています。楽天証券のマーケットスピードでは値上がり率ランキングとストップ高銘柄などを表示しています。それが、例えば昨日の終値よりも低いところ

から始まったら要チェックです。

Q：その中からさらに銘柄を絞り込むと思うのですが、このときの基準は何ですか？

出来高の多さですね。といっても、2桁とか超低位銘柄は株価がちょっと動いただけなのに出来高がすごく増えるので、これは除外しています。これはデイトレに向かないですね。順番待ちが長いのです。最低単位で入っても儲からないということもあります。

ただ、その他の銘柄で先物のほうは上がっているにもかかわらず、値が下がっている銘柄というのは狙っていきます。

Q：先物についていくということはトレードの常識ですが、これを知った過程は？

知人に聞いたからです。あとは本も読みましたけど、あまり書いてなかったですね。なので、知人からの話で知りましたね。それで実際に見ていると、先物が上がると株価も上がっていたのです。

Q：先物に気づく前は何を見ていましたか？

それまでは日経平均を見ていました。日経平均も先物につられるので、日経平均だけを見ていてはタイムラグがあるわけです。ということは、その分、損をしていることになります。ですから、今は先物を見ています。

Q：先ほど買いのタイミングの話になりましたが、仮に前日が890円で終わったとして、今日の始値が875円だとすると、どうなります？

前日のニューヨークも関係しますが、仮に875円で始まったとしたら、そのあたりでみんな売ってしまって、それが落ち着いたら戻ってくるので、戻り出したときを狙いますね。

Q：戻り出したときに買うということですか？　このときは板を見て、パクパク買われている状態ですか？

そうですね。戻り出したら買います。例えば、前日の安値を超えてきたらエントリーです。多少フライングをするときもありますが。

Q：フライングをするときは、どんなときですか？　そのときの状況を教えてください。

先物が上がってきて個別銘柄が前日の安値、終値を超える前ですね。先物が強いので前日安値、終値に厚い板があってもそのまま突破できる可能性があるからです。

Q：このときの注文方法は指値ですか？　成行ですか？

ほとんど指値ですね。買いで待つのではなくて、売り板にぶつけていきます。

Q：買いのタイミングですが、これは890円前後で指値をしておくのですか？

890円には、大きな板があるはずなのです。節目ということではないのですが、前日の終値は意識されていますからね。売りそびれた人とか、前日損をしている人は、そこで売りたくなるのでしょう。心理的なことだと思います。

逆に、買いたい人も多いです。そこを抜けると上がっていきそうなのです。なので、強いというのは「前日終値抜け」「前日安値抜け」「前日高値抜け」で判断します。

Q：仮に890円で買って、さらにブレイクをしたら乗るということですか？

890円近くの板が薄いところで買い注文を出します。もし、890円の板がどんどん消化されて抜けてきたら乗ります。

Q：その場合、890円で？　それとも891円で？

890円を超えてしまうと、成行合戦になるので買えるか買えないかという状態ですね。890円の板が薄くなってきたら、そこで買うときもあります。例えば、890円に10万株の売りがあっても、一気に7万株買われたら残りは3万株なので、890円で注文を出します。

単純に大きな売り板に大きな買いが入ると、全体の強さにもよりますが、その後に追随した買いが入る可能性が高くなります。例えば、この場合、10万株あったところに7万株の買いが入ると残り3万株。10万株に比べてかなり小さくなり、蓋が取れた感じがするので軽くなる気がします。その3万株すら一気に買われる可能性もあると考えると、大きく上にいく可能性も高くなります。そうなってしまうと勢いがついてしまい買いたいところで買えなくなる、結果、高値を掴んでしまう可能性が高くなるので890円で注文を出すという感じです。

Q：安寄りするときは2つのパターンがあって、ニューヨークが下げたから全体的に下がって、それにあわせて個別の銘柄も下がる場合と、ニューヨークは下げないけどその銘柄が個別の理由で下げた場合がありますよね。買いに行くとすると、前日の安値を超えてきたときは、どちらがより強いのでしょう。

私がよくやることは、テーマ性の銘柄の日足チャートを見て、きれいに上がっている銘柄で材料がなくて下がったほうですね。でも、この場合は、ニューヨークは下げてても上げてもよくて、要するにテーマ性の銘柄なので押し目を狙う方法です。つまり、テーマ性は人気があるので、3日くらいは急激に株価を上げやすいのですが、逆にその後は調整が入って株価が下がる傾向にあります。そういう銘柄が前日終値抜けなどをしたら、狙っていきます。

Q：こういう銘柄はどうやって見つけているのですか？

ドリームバイザー・ドット・コムが提供している「ぱらっとチャート（※現在はサービス終了、

松井証券とマネックスで口座開設すると利用できます）」があるのです。これは9銘柄のチャートが1回で見られるので、チャートの形を見るには便利です。ちなみに、僕の好きな形は底値圏から戻り出しているもの、緩やかに戻っているものです。

ただ、全部を見ると大変なので、セクターで絞り込みます。これもテーマ性に乗ってですね。石油が強いときは石油関連、海運がきているときは海運というように。今（2008年6月）であれば電池がきているので電気機器ですね。でも、それだけだと出来高が少ないものも拾ってしまうので、その後は出来高で絞込みをします。

Q：東証が良いとか、市場にはこだわりがありますか？

今はないですが、最初のころは「新興市場は怖い」と思いました。すごく上がるけど、すごく下がりますからね。

Q：出来高は、どの程度ないと基準から外れるのですか？

具体的な数字ではないですね。呼び値ごとに板が詰まっていて、約定価格も1呼び値ごとで、自分が買うことによって株価がいきなり数ティック飛ぶということがないものです。要するに5分足でみたときに、点、点、点となっていないものです。

Q：今の株数は単元株ですか？

銘柄によって違うのですが、例えば、株価が600円で単元株数が100株だったら、500株～1000株買います。ほかに買っている銘柄があれば500株になりますね。僕は500株が好きなのです。それだけの理由です。さらに、僕は1000円台の株が好きなのです。例えば、1200円とか1300円とかですね。

Q：低位株が好きなのかと思っていました。

例えば、株価が1300円で100株から買える銘柄が好きです。それは東証に多いのですが、それを500株から買うのです。もし単元株数が1000株だったら、1回で投資資金が100万円を超えますよね。僕は、これが嫌なのです。やっぱり怖いので。かといって、新興で1株100万円だから買うかというと、これも買いません。1株100万円だと、利益も損も1万円ずつ増えていきますよね。これが怖いのです。

これがもし1300円の株であれば、1呼び値が1円なので、仮に500株買っても1呼び値で動くお金は500円ですよね。1ティックの重さが違うというか、1呼び値で動く金額を小さくしたいのです。

1000株だとしても、1回で1000円の動きなので、それはそれでよいと言えばよいのですが、先ほどもお話ししましたが、資金が100万円以上になるので嫌なのです。ということで、その半分ですね。これには特に理由はありません。切りがいいとか、そういう心理的なものです。

Q：買い増しはしますか？

始めたときは、調子に乗っていて逆ピラミッド状態でした。要するに、株価が上がって買うたびに買う株数が増えるということですね。これはやってはいけないですね。下がったときにどうしようもありません。ですから、逆ピラミッドではなくて普通のピラミッドで買っていきます。

Q：買う株数は決まっていますか？

最初に500株だったら、次は300株、そして100株という感じです。だいたい前の半分にしていくというイメージです。こういったことも、一度痛い目に遭って実感しないとわからないと思います。

自分のルールを持つこと。間違った勝ち方を過信しないこと

Q：痛い目に遭わないようにするには、どうしたらいいと思いますか？

自分のルールを作って、それを厳守するということです。

Q：北浜さんにはどのようなルールがあるのですか？

先ほどの逆ピラミッドはしないということもあります。あとはサポートラインを割ったら売る、抵抗線（レジスタンスライン）を超えられないでモタモタしていたら売るということですね。基本的なことを押さえておくだけでそこそこ勝てると思います。

Q：厳守するために何かされていますか？

痛い目に遭っているので、過去の記憶をよみがえらせています。あとは、「マイルールを守らないと痛い目に遭います」と紙に書いて、机の前に貼ってありますよ。普通の人がやらないことをやっています。でも、絶対守るというのは無理だと思います。

Q：無理な理由は？

やはりメンタルですよね。これが一番難しいです。儲かることだけを考えるのではなく、本当は下がったときのことも考えておかなければならないと思います。要するに、買う時点でどこで売るのかを頭に入れておく必要がある、ということです。先に損失を考えておくのです。

Q：自分で点数をつけるとすると、何点くらいですか？

う～ん、60点くらいではないですかね。

Q：残りの40点分は？

今でも、切らない理由を探そうとしますからね、持ち続ける理由を。とにかく良いニュースを探したりします。あとはデイトレで買ったつもりでも、ドンと下がったときに日足を見て「ここでサポートされそうだ」とか、25日移動平均線で「ここから切り返しそうだ」とか考えてしまいますね。それでスイングにしようとかね。いかにして「自分が持っていることが間違いではないと言い聞かせるか」をしていました。でも、これは最初のころは誰でもすると思いますね。特にマイナスになっているときは。

Q：でも、そこは切らないと駄目ですか？　デイトレと決めたらデイトレでいかないと。

そうですね。でも、一度は痛い目に遭ったほうがいいですよ、僕と同じ間違いをしてね。最初からうまくいってしまうと、「楽して儲かるものだ」と勘違いすると思います。僕も最初はそうでした。買った後に下がっても、それを持ち続けたら株価が上がってきて、やっぱり自分の判断は間違いではなかったと思ったのです。

でも、ここで株価が上がったのは偶然だと思います。本来であれば、切らなければならないラインに来ているのだから、切るべきなのです。でも切らないでいたら、たまたま上がったわけです。そういう経験があると、次も大丈夫だと勘違いをしますよね。前回大丈夫だったからと……。そうすると、なおさら切れなくなると思います。ここで最も問題なのは、間違って勝ってしまったということだと思います。

Q：これに気づくには？

やはり一度は経験することです。偶然勝ち続けられたとしても、一度は負けないと気づかないと思います。気づかないと、最終的には資金がなくなりますからね。

Q：間違って勝ったというのは、例えば、どういう銘柄でありました？

サマンサタバサですね。

Q：どうして買ったのですか？

大学生のころから知ってはいたのです。女の子がみんな持っていて、「あれって何のバッグだろう」と思っていました。あるとき「サマンサタバサ」だと知りました。大学を卒業してから、上場すると聞いて「ああ、上場するのか」と思ったものです。しかも、けっこう上がったのです。そのときはＩＰＯがバブルのときでしたが、僕が買ったのはちょうど下がってきているときでした。この銘柄がこんなに下がるなんておいしいなと思いました。

Q：ここまで下げたらさすがに上がるだろう、という感じで？

そうですね。本当に初めのころでしたから。でも買ってからどんどん下がったのですが、その前に間違った勝ち方をしていたので、どうせ戻るだろうと高をくくっていました。でも戻らなかったですね。これが最高の損失ですね。３０万円くらい負けました。

Q：最初の取引では２０００円で切れているのに、サマンサは３０万円も損失を出しましたよね。この原因は何だと思いますか？

やはり、それまでの間違った勝ち方ですよね。これまで何度も救われていた経験があったのでそれと同じように考えていました。でもそうはいかなくて、やられましたね。

Q：逆に、戻った銘柄は何でしょうか？

テーマに乗った銘柄は強かったですね。2007年であれば海運です。これはドーンと下がっても、持っていれば高値更新の連続でしたからね。例えば、乾汽船とか。海運はけっこうやりましたね。

Q：同じような意味でグッドウィルは？

つぶれるときにやりましたね。このときもストップ安になっていましたが、寄れば多少は反発をするはずなのでここで乗りました。さすがに迷いましたが、確か寄った次の日に買ったと思います。

Q：グッドウィルのときも、押し目を狙ったのですか？

そうですね。上昇トレンドに乗ってクネクネと動いているものです。

よく利用するテクニカル指標とは

Q：押し目の場合、具体的にどこまで押したらという基準はありますか？

前回の安値を意識します。そのときは、下値を結んだトレンドラインを引いて押し目を探します。これをやるようになって逆張りをするようになりましたね。もともと株は上がっているものを買うと思っていたのですが、今は順張りと逆張りの両方を使っています。

Q：順張りと逆張りでは、どちらが得意ですか？　それはなぜですか？

どちらというのはないですね。上がっていくのについていくのが強いと思っていたので最初は順張りでしたけど、下げ相場では勝てないと痛感しました。下げトレンドの中でも上がる場面があるので、ここをどうにかすればもっと儲かるなと思いました。ですから、「下げ止まったな」と思ったらチェックをしています。

Q：チャートで見て、今まで停滞している、あるいは下げていたものが上がり始めたらということですか？

そうですね。チャートで確認をして戻り出したところを狙っていきます。基本的には、パラットチャートを見ています。底値圏から戻り出して出来高が増えている銘柄が一目でわかるので。

Q：トレンドラインは、1本ですか？

いくつか引きますね。ですから、必ずここという押し目ではないです。

Q：そのいくつかの押し目の中で、ここだという判断は何をもってしていますか？

僕は5分移動平均線と25分移動平均線を表示していますが、デイトレの場合はだましが多いので、押し目はあまり機能しないのかなと思っています。ですから、押し目ということであれば、スイングのほうの日足です。5日、25日、75日の移動平均線を見ていて、上昇トレンドの中で、どの移動平均線でもいいのでサポートまで戻ってきたら押し目だと判断しています。

Q：移動平均線のゴールデンクロスなどは意識しますか？

ある程度は意識します。はじめの頃は、本にも「ゴールデンクロスをすると上がる」というようなことが書いてあったので、それを使ってトレードしていましたが、上がらない銘柄もありました。ですから、それほど強く意識はしないですね。

Q：ところで、北浜さんがよく使うテクニカルの指標は何でしょうか？

あるていどは移動平均線も意識しています。あとはストキャスティクスとかですね。押し目を狙うときにチャートとストキャスティクスを見て条件が良いものを選んでいます。例えば、ストキャスティクスが前日に30を切っている銘柄は押し目を発揮するなとか考えます。僕の場合、ストキャスティクスの基準はだいたい30くらいですね。

チャートだけしか見ていなかったときよりも、こういったことを利用したほうがタイミングもわかりやすいと思います。これも、実際に自分で使ってみないことにはわかりませんけどね。

Q：出来高はどうでしょう？

例えば、ドーンと下げた銘柄が出来高を一気に増やして、しかも下ひげをつけたローソク足になっていたら注目します。こういうことはチャートフォリオを使って見ています。これは松井証券で使うことができるので、松井証券の口座を開きました。

欲と戦う売りは難しい

Q：ところで、今までのトレードを思い返してみて、買いと売りはどちらが難しいと感じていますか？

売りでしょうね。売るときは「欲」があって、しかも損をしているときは「ここで売りたくないな」という気持ちがあります。買うときは、基準があるのでそれほどためらわないですね。売るときは、状況によって違います。利益確定なのか損切りなのかで。

Q：利益確定のときは、どうやって判断するのですか？

前回の高値までできたらですね。それで抜けてきたらまた買うというイメージです。

Q：これはリアルの日足チャートを見て判断しているのですか？

そうですね。事前に前回の高値をチェックしています。あとは、日足チャートに高値のところで線を引いていますね。楽天証券のマーケットスピードにはこういう機能があるのですよ。

Q：仮に前回の高値が500円で買値が450円、そして500円に近づいている場合、500円で売りの指値を入れるのでしょうか？　それとも、もっと下から売っていくのでしょうか？

500円では指さないですね。というのも、先ほども話しましたが、500円などのように、何となく意識されやすいところには厚い板がある場合が多いのです。前回の高値はみんな意識していますからね。なので、497円とかで指して待っています。これは板を見て、薄いところで指して待っていますね。

Q：株数はばらしますか？

450円で買ったのであれば、1000株単位なので、全部売りますね。

Q：もし半分にすることができたら半分にしますか？

半分にしますね。そして500円を超えたら様子を見て、チャンスがあればまた買います。

Q：この場合、すべてを売るのはどのタイミングになりますか？

この場合はデイトレなので、上がるところまで持っていますね。移動平均線を見ていてレジスタンスが出てきて、それを超えない、あるいはそこから下げてきたら即売ります。

Ｑ：損切りの基準はありますか？

その日の安値を割ってきたら、とりあえず切ります。当日の安値はやはり節目になっているので、それを割ってしまうと株価が下がりますからね。

Ｑ：この場合は早めに売るということはありますか？　例えば、当日の安値が４５０円だったら、どのあたりから売っていきますか？

それも先ほどと同じで、４５０円には厚い買い板がある場合が多いです。でも、売りが先行していてこの板が半分になったら逃げますすね。例えば、４５０円に買いが３万株出ていて、大きい売りが一気に１万５０００株出たとしたら逃げます。あるいは、１０００株ずつの小さい売りがちょこちょこ出てきた場合も逃げます。

Ｑ：成行で？

状況によりますよね。下の板を見て板が薄い場合には成行では売らないですね。４５０円が崩れたら、みんな成行で売ってきてしまうので、こちらも成行にすると底の底で売るしかなくなる可能性が高いからです。でも、底までいけばいったん戻ってくることが多いので、戻ったところで指し直します。

Ｑ：直近のトレードで指値で売ったというのは、どういう場合でしたか？

ＧＭＯとか木村化工機ですね。板が薄かったのです。

Ｑ：ＧＭＯはなぜ買ったのですか？

チャートが戻り歩調だったからです。これはチャートフォリオで見つけました。ＧＭＯはインターネット関連で並べているチャートがあるのですが、それを見て戻り歩調だとわかりました。もともとスイングトレードをしている銘柄なので、ずっとチェックはしているのです。

Ｑ：買いはどのタイミングで入ったのですか？

ギャップアップする前ですね。８月２１日に４４０円台で買いました。この日はずっと持っていました。４６０円近くで売りましたね。でも、これは自分にとって一番苦手なパターンです。利益は乗っているのですが、それがどんどん減っていって心理的に追い込まれている状態です。スイングだという思いが邪魔をしたということもありますね。

Ｑ：スイングだと思うのであれば、逆に押し目になりませんか？　ここでは買わなかったのですか？

買わなかったですね。ほかにも木村化工機を買っていたからです。あとは、買い増ししてさらに含み損になるのが嫌だったということもあります。

Q：木村化工機を選んだ理由は？

これは乾汽船と並んで、最多売買回数を誇る銘柄です。2007年、すさまじい動きをしていてそれに乗ってけっこう儲けることができたのです。

Q：木村化工機を見つけたきっかけは？

原発関連のニュースが出たときがあったのです。「東芝がアメリカのウェスティングハウスと原発の事業をする」ということでした。

原発関連の親玉は「東芝」「日立」「三菱重工業」の3トップです。そのあたりが動くとその下の銘柄も動くのです。原発のニュースが出ると、親玉が強いので、木村化工機も強くなります。そのときの値上がりに乗れたということですね。

Q：普段は指値が多いですか？

そうですね。成行で売買しているときに痛い目に遭ったことがあるので。

Q：どんな痛い目に？

やはり節目を割ったときですね。本では「そういうときは成行で売れ」と書いてあったので成行で注文を出したところ、みんなが同じことをしているのでしょうか、なかなか約定しないのですよ。そのときは、成行にも順番があることを知らずに、「成行はすぐに約定するのではないか」と思っていたのでね。いや〜、本当に大変ですよ。自分の順番がいつだろうと思いますよね。そのくらい長い下げがありましたね。

Q：それはよほど売られていますよね。

連日急騰しているような銘柄ではありました。僕はトレードしていませんが、最近（2008年6月）ではゴールドウインがそういう動きをしていましたね。そういう経験をして、成行で売ってよい場合と、成行で売ってはいけない場合があるとわかりました。

Q：成行で売ってはいけないのはどういう場合ですか？

連日急騰している銘柄ですね。それは駄目ですね。売られるときは一気に売られます。

Q：ということは、指値ですよね？

ところが、成行でそういう状況ですから指値でも売れないわけです。でも、そのような銘柄の場合、いったん売りが止まって大陰線が立ったら、速攻で戻します。半分以上戻すのではないでしょうか。

Q：戻すときは狙わないのですか？

これも成行合戦なのです。本当に、そこには入れないですよ。下手すると、買ったところが天井ということになりますからね。これはシューティングゲームですよ。あるいは運。

これはやったら怖いと思いますよ。こういう経験もしているので、僕は成行の怖さを知っています。ですから、急落してからいったん戻して、陰線の半分くらいまで行ったら指値で売ります。

トレードは、慎重すぎるくらいのほうがちょうど良い

Q：例えば、下げ基調のときなど、空売りしようとは思わないですか？

僕は、空売りは一切やらないのです。信用買いはやりますけどね。空売りはまだ勉強をしていないし、最初のころのイメージで「空売りは怖い」という感情があるのです。

とはいうものの、二刀流のほうがやっぱり強いと思います。下げ相場で勝つには、空売りを使うのが効果的だと思いますから。ただし、買いとは全然違うものだと思いますので、勉強は必要でしょうね。それに信用自体に怖さもありますから。

Q：どうやって勉強をしていこうと思いますか？

やはり本ですね。空売りで良い本というのはあまりないのですが、新しい本が出たらまずは手にとってみます。基本的には簡単でわかりやすいものが好きなのですが、なかなかないので今探しているところですね。

でも空売りは怖いという印象が強いですね。青天井ですからね。かつがれたら終わりです。損失が限定されないという部分が怖いです。

Q：慎重なのですね。

ですので、あまり大きなことはしないです。基本的には弱気なので。でも、かえってそのほうがいいと思いますけどね。

慎重であれば、買いのサインが出てもやっぱりそこでいったん考えます。ただ、迷いと慎重というのは非常に似ている感じがします。僕の場合は、調子に乗ると駄目なので慎重にいっています。慎重であればあまり大損をしないと思います。ただし、その分チャンスを逃すときもありますが……。

慎重さが良い方向に行く場合は、下げたときですね。買わなくてよかったと思うこともあります。なので、タイミングをより厳選するという意味では慎重さは必要だと思います。

Q：慎重でよかったと思える経験を教えてください。

去年、ネクストジェンという銘柄を扱いました。携帯関連です。IPO銘柄で上場して、すぐにすごく上がったのです。ストップ高が続いたので注目をしていました。でも、さすがに上がりすぎということでやはりストップ安になったのです。ここで買っておこうかとも思ったのですが、結局、買いませんでした。次の日ギャップダウンをして始まりましたから、買わなくてよかったなと思いました。

Q：ちなみに、買わなくて失敗した銘柄はありますか？

GSユアサとかですね。太陽電池関連でかなり上がりましたから。なぜ、買わなかったのかというと、気づいたらすでに急騰していたためです。ストップ高近くで買うのは怖いですからね。日本電工も同じですね。これも太陽電池関連です。ランキングの上位に載っていたのですが……。

Q：利益確定ですが、金額で決めるということはありませんか？　例えば、3万円儲かったからこのあたりで売ってみようとか。

金額だとやっぱり「もうちょっと」と思ってしまいますよね。3万円と決めていても、4万円まで……というように。なので、感情のブレを正すという意味でもチャートを最も重視します。

ファンダメンタルについて

Q：テクニカルだけでなく、ファンダメンタルもチェックされると思うのですが？

四季報が発売されたときに見るくらいですね。

Q：四季報にはたくさんの情報がありますが、真っ先にどこを見ますか？

営業利益です。前期と今期予想を見て、単純に数字が伸びていればいいと思います。本業で儲かっていればいいのではないかと思うのです。逆に、本業で儲かっていないところは少し危険かなと思います。ただ、基本的にはテクニカルなのでファンダメンタルで見てよいからといって買うことはありません。

Q：PERやPBR、配当利回りは気にしないですか？

気にしないです。

Q：配当は？

配当落ち前は株価が上がることがあるので、それを理由に買ったところ、たまたま権利を取ったことはあります。優待もあって、サンリオからギフトセットをもらったりしました。サンリオは僕の好みの銘柄でした。株価が1000円台で、100株単位で、値動きがあるので。キティちゃんが好きだからということではないです（笑）。

Q：お話を聞いていると、大枠で考えているような印象ですね。

そうですね。細かくはやらないです。例えば、ここまで下がったら買うとか。何％下がったから売るとかではなくて、あくまで大雑把に下値水準だからというやり方ですね。

よくトレードする銘柄については監視しやすいように管理

Q：これまでのトレードの中で、これはうまくいったというトレードはどのようなトレードでしたか？

一番儲かったのは「アクロディア」という銘柄です。携帯の中身を作っています。要するに、インターフェイスを作っている会社です。ボタンの操作性などを開発しているようですね。

Q：どうやって見つけたのですか？

２００６年に上場して、ＩＰＯしたときも見ていて、けっこうマークはしていたのです。株式雑誌などを読んで知りました。しかもこの値段では安すぎると書いてあって、ちょっと買ってみようかなと思ったのが始まりです。

その後、２００７年の3月ごろに暴騰しました。２００７年の1月に、下がっていた株価がいったん戻ってきたので、僕はそこで買いました。１０万円くらいの株価が4月に７０万円を超えるまでいきました。僕はずっと持っていたわけではなくて、毎日、細かく売買をしていたのです。

Q：これは携帯関連の銘柄だからということも、注目の理由にありますか？

２００６年のころはまだ携帯のコンテンツも普及していなかったと思うのですが、携帯の操作性の会社ですし、海外の携帯電話にも採用されていたのです。ノキアとかですね。

Q：暴騰している間も、前回の高値抜けなどを狙っていたのですか？

そうですね。あとは、寄付で成行買いをしたりしました。

Q：成行で買う場合は、どういう場合ですか？

日経平均は上がっているのに、この銘柄は下げているという場合です。そういう場合は、それまで連日で上げていることが多いため、一時的な調整だと判断できます。あとは、ほかの銘柄が上がり始めたから、そろそろ買ってみようということもありましたね。

Q：ということは、ほかの銘柄も見ているのですね？

そうですね。

Q：画面はいくつありますか？

４つですね。それぞれにチャートが映っています。日ごろよくトレードをする銘柄が映っているもの、先物のチャート、セクター別にまとめた個別銘柄のチャート、そして注文画面です。先物が動いてから個別がついていくので先物は必要ですね。あとは、最近（2008年8月現在）では中国株とインド株にも注目しています。

Q：中国株とインド株に注目する理由は？

中国株とかインド株が下げると、先物も下がるのです。ですから、中国が寄り付く時間帯には注意しています。午前11時半ごろです。インドが13時30分です。この時間には注意が必要です。ただ、日本自体の好材料で上がっているという場合には、それほど影響はないのですが……。

Q：ということは、日経が下がっているときは影響を受けやすい？

これも必ずではないのですが、日本で材料がなくて横ばいのときに海外市場が下げると、連れ安しますね。日本に材料がないときにアメリカの先物市場が下げ始めると、日経平均も下がります。また、日経平均が良くても、中国が下げ始めると上値が重くなったりします。

Q：日ごろよく売買する銘柄は、いつトレードしてもよいように見ているのですか？

乾汽船とか木村化工機がそうですね。過去に何回もトレードしていますし、好きな銘柄なのでいつも表示しています。サンリオや野村ホールディングスもそうです。日中のボラティリティがあるということと、どれもわかりやすい動きをするという理由から、好きな銘柄になっています。100株単位で買えるので僕は500株から買います。

Q：野村はどうやって見つけたのですか？

チャートフォリオで見て、一目惚れしました。株価も僕が好きな価格帯だったし、100株単位で買えるからということも魅力でした。

Q：注目セクターは？

今（2008年6月）は海運を見ているのですが、この中でも「やる銘柄」と「やらない銘柄」があるのです。いくら海運が強いといっても、その中で好きなものと、自分とは相性が合わないものがあるのです。

Q：相性が合うのは、どういう銘柄ですか？

海運であれば乾汽船ですね。これも100株単位で、株価も1500円近辺とかなのです（2008年6月）。これはターゲットですね。あとは、飯野海運です。これも100株で株価も僕が好きな価格帯です。例えば、日本郵船の場合は1000株単位となって、丸代金が

100万円を超えるのでやりません。
さらに、川崎汽船と商船三井、日本郵船はリード役なので、基本的には買いません。親玉が下げるときついですからね。親玉は日経平均採用銘柄であったり、時価総額が大きい銘柄だったりするので、それが下げると全体的にセクターも軟調になります。ですから、親玉が下げた場合は同じセクターの銘柄の下げもきつくなります。ボスはやっぱりボスなので、影響力がありますよ。

Q：例えば、鉄だったら新日鉄、自動車だったらトヨタという感じですか？

そうですね。ボスが弱ってくると、その下も弱ってきます。だから、常にボスの株価をチェックしていますね。ボスの株価が上がっているときは乾汽船も上がりやすいです。だから、連れ高を狙って買うこともしますね。

Q：そのときは、連れ高をしている銘柄のチャートなどは見ないのですか？

一応は見ます。でも親玉が上がってきて、乾汽船がまだあまり動いていない場合とか、前回の高値とかの節目を抜けそうなときはそのまま買います。逆に、親が動いていないのに小さいほうが上がってしまっていたら様子を見ますね。

Q：親が上がってから、小さい銘柄が上がりだすまでのタイムラグはどのくらいあるのですか？

5分以内ですね。5分足で見ても違いが出ないので、おそらく5分以内です。

Q：このとき買いが増えますよね？

売り板がどんどん買われるのです。親玉が上がっているので、買うほうも下で待っているよりはどんどん買っていくという状況になるのだと思います。そうなると、強いですね。しかもテーマ性があればより強いです。ですから、僕の場合はいくら鉄の親玉の新日鉄が上がったとしても、鉄の小さい銘柄は買わないです。なぜなら、テーマ性がないからです。逆にいえば、テーマ性があれば買います。

要するに、僕の買い銘柄の基準は、セクターが強いこと、材料が出ていることなのです。海運であればバルチック海運指数ですね。もし新日鉄にも鉄の価格を上げるという材料が出て、それに影響されてほかの銘柄も上がるのであれば、それに乗ると思います。

毎日のトレード生活について

Q：普段、情報を集めていると思うのですが、毎日見ているサイトはありますか？

チャートと、トレーダーズ・ウェブをざっと見ます。ここで新高値などを見ていますね。僕にとって見やすいので。

Q：この２つとチャートを見て銘柄を決めるのですか？

そうですね。

Q：トレードは毎日ですか？

そうです。午前9時から午後3時まで、必ず画面は見ています。といっても、ずっと集中しているわけではないですけど。

Q：集中していないときは何をしていますか？

動かないときはけっこう眠くなるので、１０分程度寝たりしています。あとはラジオを聴いています。ＦＭヨコハマです。

Q：ラジオから情報を得たということは？

残念ながらないですね（笑）。でもテレビでＣＮＢＣは見ています。

Q：ちょっと集中が途切れたときに、チャンスを逃したという経験はありますか？

マネーパートナーズグループですね。これはチャートが良い形だったのです。具体的にいうと、いったん前場で高値をつけてから緩やかに下がり、後場に緩やかに上昇して前場の高値を上に抜ける形になったのです。僕はそのときに良いと思った銘柄は画面に表示させておくのです。それまで横ばいでいたのに、ちょっと寝ている間に株価が上がっていました。こういうときは悔やみますね。だからといって、そこから買うわけではないです。急騰しているので乗れないです。

Q：もし下がってきたらどのタイミングで買いますか？

サポートラインまで下がってきたところで買いますね。過去そういうトレードをした銘柄もあると思いますが、どれというのは覚えていないです。

Q：デイトレの場合、椅子とか机にこだわるトレーダーもいるようですが？

机は小学生から使っているものです。でも肩がこるので、ピップマグネループは必需品です（笑）。

Q：椅子は？

椅子を買いたいと思いますね。しかも自分に合うものですね。

Q：私の経験からですが、おしゃれなデザイン系の椅子はトレードに向きません。長時間集中するには厳しいです。体の骨格などを考えた工学的な椅子がいいかもしれません。大塚家具には、ワーキングチェアがたくさんあります。コンテッサという椅子が1番人気で、良いイスですが、10万円くらいします。私はコンテッサを見にいって、結局もう少しよい社長イスのようなものを買いました。

椅子も良いものを買わないと駄目だなと思います。肩はピップでOKですが、腰が痛くなります。

損切りと利食いの後にすること

Q：話は変わるのですが、損切りをした後は気分が悪いですよね？　気分転換のために何かしていますか？

昔は走っていました。大学のとき、ボクシングを4年間やっていたので、ついつい走りたくなるのです（笑）。１時間くらいですが、これで気分は変わりますね。

Q：リフレッシュをしたら、もうさっきの損は引きずらない感じですか？

そうですね。あとは心臓の強化です。これは、最初のころはドキドキしていたのでね。そのドキドキは、運動の後のドキドキに似ているなと思ったのです。そこで、走って鍛えようかなと思いまして。もともと走るのが好きだったということもありますけど、これで心臓が強化されればドキドキも少しは収まるかなと思いましたね。

Q：逆に利食いのあとは？

あまりウキウキはしなくなりましたね。次のことを考えます。ざっとチャートを見たり。あとは利食ってまだ時間があれば、同じ銘柄を買うこともありますね。

Q：利食いをしたら、その利益も次の投資にまわすのでしょうか？　それとも利益分はとっておいて違うことに使うのですか？

普段、ちょこちょことは使っています。

Q：自分の投資に使う資産は決まっていますか？

特に決まりはないですね。金額が大きなものを買う予定もないので、そのままにしていますね。

Q：あまり、がっちりルールを作っているわけでもないように思えますね？

それは、自分にとって悪いところでもあるし、良いところでもあると思います。おそらく、大成功しているトレーダーの方は、きちんとルールを作って、それをがっちり守っていると思います。でも、僕の場合は、まだまだだと自分で思っています。ですから、もっとルールの精度を高めたいということもあります。まだ100％守れていないので、厳守することを考えている最中です。

Q：ルールをきつくすることは考えていますか？

何％上がったら売って、何％下がったら損切るというようにはしないと思います。裁量は維持したいです。移動平均線でも、そこから何％上がったから売ってとかはしないです。単純に移動平均線を割ったからという感覚的な部分は残していきたいです。

株というのは、技術がすべてではない

Q：ところで、マーケットが下げてもトレーダーとして市場に生き残っているということは、やはり勝てる理由があるからだと思います。ご自身ではどのあたりにその理由があると思いますか？

臆病だからだと思いますね。慎重とも言えますが……。

Q：２００７年から２００８年の相場で、多くの人が市場から撤退させられたと思うのですが、そんな中、北浜さんは臆病だからこそ相場で生き残れたということですね。

そうですね。あとは、1回やりだしたら熱中するタイプだからでしょうか。とことんやりたいので、失敗をしてもそこで諦めなかったからだと思います。確かに、失敗はたくさんあるのですが、そこで勉強しようと思えたというのが大きな理由かもしれません。

Q：自分の弱点を克服しようとする力が強いのですね。

そういう意味では心理面の改善ができればと思っています。そうすれば、今以上に良いトレードができると思います。ですから、これを改善できるまでは続けていきたいと思っています。

最初のころは、株というのは技術がすべてだと思っていたのです。どこで買うのかとかですね。でもその「買う」ということさえも自分の心理が影響をして買えないということが多いので、メンタル面の鍛え方、対処の仕方を考えています。「何が邪魔をするのだろう」という疑問を解決したいです。

Q：同じく、この本に登場してくれている南緒さんは、とにかく練習だと言っていましたよ。

ただ、数回の練習でできてしまう人と、そうでない人がいるので……。ここも心理面だと思います。

株式市場以外の注目市場について

Q：株以外に注目している市場はありますか？

これまで日本株でしたので、タイ株をやってみたいです。

Q：なぜタイなのですか？

ムエタイが好きなのです。大学のときから第2外国語がタイ語ですから。少しぐらいなら話すことができますよ。

Q：タイの投信とか買ったりはしないのですか？

実は、もう個別を持っています。

Q：買うタイミングは考えましたか？

タイの証券会社のツールでチャートを見て判断しました。年初来高値に近づいたところだったのです。結果的に今はプラスになっています。

Q：これは長期投資ですか？

そうですね。日本のようにすごく動く市場ではないので。企業のファンダメンタルというよりは、タイという国のファンダメンタルにかけるという感じです。

Q：売るタイミングは考えていますか？

クーデター、政権の不安定さなど、タイ自体の成長にかげりが見えてきたら考えます。そういう意味から、タイ関連のニュースはチェックしています。あとはお金が必要になったときですね。

Q：どこの証券会社ですか？

シミコ証券ですね。銀行株を買いました。単純に出資が増えるんだろうなと思いました。タイはデイトレができるような市場ではないので、これは長期ですね。

Q：いつごろ始めたのですか？

２００７年の5月か、6月ごろですね。現地に行って口座を開きました。その前にタイに行ったときは大学生のときでしたから、5～6年間、空いていますよね。しばらくぶりにタイに行ったときに「すごく発展したな」と思いました。大学生のときは地下鉄もありませんでしたし。ビルの建設ラッシュではあったのですが、ちょうど通貨危機があって、ビルの建設も手付かずになっていました。すごくさび付いた感じでしたので「大丈夫なのか」と思ったものです。ところが、前回、再びタイに行ったときには地下鉄はあるし、ビルもきちんとできているし。すごく成長しているのだなと思いました。

Q：そのときは、もともと株を買いに行ったのですか？

事前に調べていて、タイはおもしろいなと思っていました。現地に行って、さらにおもしろそうだなと思いました。

Q：何をどうやって調べましたか？

日本語で書かれているのですが、タイにしかないタイ株の本があったのです。証券会社が書いている本です。それで具体的にタイ株について調べたのです。

勝てる投資家とそうでない投資家の違いは

Q：勝てる投資家と負ける投資家の違いはどこにあると思いますか？

確実にルールを守れる人は勝てると思います。たぶん、これだけだと思います。あまり難しいことではなくて。売買のルールがあってそれを守れる。これができないと勝てないと思います。

Q：同じ情報を見ていても、勝てる投資家と負ける投資家がいます。この違いは何が原因だと思いますか？

買うタイミングでしょうかね。デイトレードをしてみての感想として、タイミングだなと思うことが多いですね、そもそもチャートも、タイミングをつかむために見るようなものです。例えば、サポートラインまで下がってきたら買うとか、急落で下ひげがついたら買うとかですね。

あとはチャートの役割は、その銘柄の元気度ですよね。どれだけ勢いがあるのか。例えば、底値圏からの反発の場合であれば、それまで出来高の少なかった銘柄が、いきなり通常の数倍の出来高になったら勢いがあると思います。それだけ買いが押し寄せたということになるので、強いと判断します。そういうことを見て、良いタイミングで入ることができれば勝てると思います。

ただ、買いサインとか売りサインが出たり、良い情報が目の前にあっても、結局、買うか買わないかを決めるのは自分なのです。そこで買えない人は心理的に弱いわけです。決断力がないとか。そういう違いだけだと僕は思っています。良い情報が出たときに儲けることができる人というのは、メンタル面が強い人なのでしょうね。

ほかに付け加えるとしたら、先ほどの「ルール厳守」ですね。例えば、自分の決めたルールがあって、それを守らないと電気ショックが体を走るというようなシステムがあれば、守れるのでしょうけどね（笑）。

Q：これだとシステム売買のような感じになってしまいますが、ところで、自動売買は行っていますか？

いえ、使いませんね。自分で見ていられるので。というか、自分で見ていられる範囲でしかやっていませんから。すべて気づく範囲なわけです。例えば、下がってきたとかも、上がってきたとかも、自分で見ることができます。そのくらいの銘柄しか見てないですしね。

逆に、自分で見ることができなくなったら自動売買などで逆指値を置くというように、リスク管理をしておく必要が出てくると思います。

Q：普段は、何銘柄も売買されるのですか？

僕の場合は、1銘柄を何度も売買することが多いですね。多いときでも5～6銘柄です。でもけっこう疲れますよ、デイトレは。ですから、ちょっとスロースタイルの投資も勉強しようかなとは思っていて、スイングなども勉強しています。

Q：スイングはどうやって勉強していますか？

本ですね。渋谷高雄さんの『株のステップアップ講座』（ダイヤモンド社）を読みました。

Q：デイトレよりもスイングのほうが向いている？

デイトレの場合は、上昇トレンドの中でも本当に短い時間で利益を取りに行くのであわただしいのです。瞬発力のようなものも必要で、常に気を張っていないと駄目なのです。そういう面でも疲れますよね。

Q：尊敬できるトレーダーはどういうトレーダーですか？

やはり忠実にルールを守れる人ですね。自分のことを振り返っても100％ルールが守れるというわけではないですから。有言実行できる人は尊敬しますね。

あとは、投資で成功している人はみんなすごいと思いますね。直接会ったことはなくても、その気持ちはあります。実際に自分がトレードをしてみて、こんなに難しいことだということもわかって、毎日恐怖心と戦いながらトレードしているという意味では、みんなすごいと思います。

Q：将来はそうなりたいということですね？

そうですね。あとは僕自身教えることが好きなので、初心者の方に教えるということもしたいと思いますね。「コレをやってはいけませんよ」と（笑）。本は必ずといってよいほど成功体験なので、逆に失敗体験というか「これをやってはいけない」というような内容の本があってもいいのかなと思いますけどね。といっても、失敗はしないと駄目だと思います。もし僕が2005年から始めていたら、間違った勝ち方をしていると思うので、たぶんその間違いにも気づかないと思いますね。だから、そういう面では最初は失敗ですよね。成功からはあまり学ぶことはないような気がしますね。

Q：トレードで成功している人の特徴は何だと思いますか？

あまり欲張りではないような気がします。ルールまできたらそれ以上欲を張らずに売買できるのではないでしょうか。要するに、「チャンスはまだまだある」という考えを持っているのだと思いますね。

マネーマネジメントについての考え方とは

Q：含み益があるときは何を考えていますか？

とにかく喜ばないことです。もちろん嬉しいのですが、いつ利食いをしようかなと考えています。これは皮算用だと思うのですけど、3万円の含み益が4万円になったら、やっぱりまだまだいくと思ってしまうのです。それで次の日に3万円まで減ってしまったら後悔する。このパターンは僕にとっては売れなくなるパターンなのです。だから、含み益では喜ばないで、ルールを守るように努力します。

Q：逆に含み損があるときは？

気分は悪いですよね。いつ逃げるかを考えていますね。

Q：例えば、５０万円が４５万円までになったら切るというような具体的な金額での基準はあるのですか？

5万円というのは、自分の中で「いけない金額」なのです。僕にとって5万円はけっこう大きい額です。だから5万円の含み損が出たら切りますね。それ以上損をするのは、本当に嫌だからです。それに僕が好んで取引をする銘柄は、株価が１２００円とか１５００円とかで、売買も１００株単位ですよね。それで5万円の損を出すということは、仮に５００株買ったとしたら１００円下がるということです。これはよほどトレードが下手だと思いますね。

1番の材料になるのはやはりチャートですね。仮に1万円の含み損であっても、下値の節目を抜けそうという状態であれば、そこで切ります。逆に含み益の場合でも、前回の下値を割りそうであれば売りますね。そこで利益確定です。

Q：投資家として成功したら、その資金を使って何をしたいですか？

初心者に教えるということもしたいですし、タイに関連した何かをやりたいですね。特に何ということはまだ考えていませんが、タイと関わりがあるようなことをしていきたいです。

メンタル面を鍛えながらトレードと戦っていく。これが今後の目標

Q：北浜さんにとって投資（トレード）とは何ですか？

僕の中ではまだまだ欲と恐怖との戦いです。

Q：これからも戦う？

まだ中途半端だと思うのです。確信できるものを相場の中で得ていないので、中途半端なままでは終わりたくないです。あとは、もっと学んでみたいということもあります。

Q：もっと儲けたいというのは？

もちろん儲けがなければ投資はしませんけど、でもそれ以上に、投資の心理を知りたいということが強いような気がします。株での将来的な目標というのも今のところないので、こう考えているのかもしれません。

Q：最初に目標を決めるべきという人もいますよね。でも北浜さんの場合は、あえてその目標を決めない状態にしているということでしょうか？

もちろん、お金を増やそうという目標はあります。ただ、だからといって1日いくら儲けるというようなことは考えていません。そうなると、ノルマのようになって〝買わないといけない状態〟になってしまいます。正しい判断ができなくなると僕は思うのです。ですから、僕は僕のペースを守って、メンタル面を強くしながら続けていきたいと思います。

取材を終えて

臆病な投資家。

北浜氏に対してはそういうイメージを持った。文中では話がスラスラと流れているように感じるかもしれないが、実際のところはそうではない。彼はひとつの質問に対して、すごく時間をかけて答えるのだ。それは、おそらく言葉では表現できないような、ある種の感覚的なものが彼のトレードを支えているからだと思う。そして、それをうまくまとめることができない。つまり、まだ彼の中でも現在進行形でトレードスタイルは形作られているのだ。

大変失礼な話なのだが、私としては彼のトレードは完結されてはいないと思う。バベルの塔のように、あと一歩というところにあるのだが、その最後の一歩が非常に大きい。

そもそも、何をもって「完結」と定義するのかという問題もあるが、私の場合には本人が自信を持って語れるかどうかがひとつのポイントと見ている。あたかも、教科書を読むかのように、すらすらと言葉が出てくる、そして、ときには熱く語り出す。そういうものがあれば、きっと自分の中でトレードが具現化されているのだと思うのだ。しかし、北浜氏は言葉を慎重に選び、ときに頭の中で絡まった糸をほぐすかのように語る。トレードに入るタイミングには一定の基準があるのだが、彼オリジナルの「必勝パターン」が見えてこないというか。

かといって、彼が勝てない投資家なのかというと、そういうことではない。その臆病さゆえに、額は小さくても着実に利益を積み上げていけるのだ。いや、臆病であることこそが彼の味になっているのかもしれない。あまりにも慎重だから、まだトレードを確立させずに試行錯誤をしている。「あれはどうだ」「これはどうだ」と。あくまで、途中なのだ。彼の置かれている状況は、ゴールがぼんやりと見えているという段階なのだと思う。

もしかしたら、今の状況が彼にとってベストなのではないかとさえ思った。トレードを完結させることなく、常に何かを探っている状況。ゴールがクリアにならなくても、彼にはそれが心地よいのかもしれない。そんなことをふと思った。

一方で非常に努力家だとも思った。チャートを印刷して、トレードのタイミングに印をつけて保管しておくというあたりは、普通の人とは一線を画すものがある。何となく「演歌歌手」のような人だと思えた。下積み時代は長くつらいけど、1回ブレイクしてしまえば息が長い。華々しい舞台に立ったのはよいけれど、数曲ヒットしただけで終わり「あれ、あの人って今、何してるの？」と思われるような歌手ではないのだ。

トレードスタイルは違うにせよ、そういった慎重さとか堅実性は父親である流一郎氏と同じなのかもしれない。長年投資の世界にいる方の背中を見てきたのだ。意識しなくても、そういった思考はできてしまうのだろうか。

彼はある意味「2代目」になるわけで、そこには苦悩とか葛藤があるように思えるし、流一郎氏のことはよく聞かれると思うのだが、北浜氏自身はそれほど意識していないようだ。私の知り合いで大きな会社の社長の息子がいるが、彼には私たちが想像できないような苦悩があった。自分の立場が苦痛で仕方なかったというのだ。それに比べると、北浜氏はいたって普通。まるで父は普通のサラリーマンですという感じなのだ。おそらく、マイペースな人なのだろう。

父は父で、僕は僕。父がこれまで歩んできた道は父のものであり、そこにある栄光も父のもの、僕には関係ない。そういう感じ。

「だから、僕は自分で考えてやってるんですよ、川崎さん」

そんなことをさらっと言いそうな印象を受けた。彼はとてつもない可能性を秘めているのかもしれない。それがいつ芽を出すのか。あるいは出さないのか。

数年後に、話題のトレーダーとして脚光を浴びていたらなんか嬉しい。そんなことをちょっと思った。

第5章

「優利加」

「投資はビジネスである。ビジネスである以上、戦略・戦術・戦闘法が必要だ。特に戦略は無視できない」。この考えを元にトレードを体系化。そして、何をすべきで、何をすべきでないかを明文化。経済指標のチェック、移動平均線の傾きの確認、逆指値での発注ｅｔｃ。〝やるべきことは限られていること〟を浮き彫りにし、迷える投資家（トレーダー）に「生涯現役」で通じる手法を伝授した。次は何を発見（eureka）し、何を伝えてくれるのか。生涯現役のトレーダー、優利加。

はじめに

まず、正直に告白してしまうが、私は優利加氏にはお会いしていない。今回のインタビューはすべてパートナーの新田氏にお願いした。著者として非常に残念ではあったのだが、どうしても都合がつかなかったのだ。優利加氏は名古屋の方で私は都内にはいないとなれば、なかなかスケジュールが合わない。そういうこともあって、今回は新田氏のセンスでインタビューを進め、その音声を元にして私が原稿を書いた。そして、私の視点でわからないことや、もっと聞いてほしい部分を追加するという、一種、遠隔取材的なものとならざるを得なかったことを了解していただきたい。

優利加氏をインタビュー先に推薦してくれたのは、これまた編集者だった。角山氏と同様に、彼が優利加氏の本の編集を担当していたのだ。優利加氏の本を読まれた読者の方もいるかと思うが、正直高価だ。本としては異例の高さ。それでも作りあげるのだから勝算があるのだろう。実際、ある学生投資家と話をしたときに「あの、優利加さんが本を出しているパンローリングですね?」と言われたことがあって、正直驚いた。二十歳そこそこの学生が読む本なのかということよりも、

「この若さを持つ者にあの分厚い本を手に取らせてしまう優利加氏の魅力はいったい何なのだ？」と思ったのだ。

しかも、優利加氏は大学で教師をしているという。投資でしっかり利益を得ている中で、「なぜ、そんなことをするのだろう」と不思議でならなかった。人に何かを教えるという行為は、そう簡単なことではない。かなりの時間をかけて準備をしなければならないし、何よりも学生のモチベーションを保たせるのが非常に難しいような気がするのだ。しかも、相手は大学生。万が一にでも、「とにかく単位欲しさで受講してます」という生徒がいたら、同じ学生だけではなく、教える側のモチベーションまで削がれていく。そういう状況の中で、教鞭をとる優利加氏。なぜ彼は教えるという立場になろうとしたのか。

冒頭にも書いたように、今回は新田氏にすべてを任せた。彼のセンスと知識で優利加氏の内面を引き出してもらえると信じ、私は彼にすべてを託したのだ。結果、今回のインタビューでは投資の手法や考え方のほかに、優利加氏の心理にも迫ることになった。

彼を作り出したものは何なのか。何が彼を支え続けているのか。そういう優利加氏を形づくるベースを追うことによって学ぶべきことは多い。普通のチャラチャラした投資家とは一線を画す、ある種暴力的ともいえる彼の強さがここにはある。それを痛いほど感じてほしい。

一番大事なのは、中期移動平均線の傾きで戦略を決定すること

Q：まずは優利加さんのトレードのスタイルについて教えてください。

最初に戦略を決めるのが私のやり方です。どういうことかというと、今は売り戦略なのか、買い戦略なのかを何らかの基準によって決める、ということです。

このときの基準で一番簡単なのは中期移動平均線の傾きです。あるいは、エクセルを使える場合には線形回帰トレンドの傾きでもいいと思います。要するに、中期的に見た場合、相場全体は今どちらに傾いているのか、ということなのです。そのうえで自分が買い主体でいくのか、それとも売り主体でいくのかを決めていきます。

そして次に、それが単なる一時的な需給の〝あや〟による中期トレンドなのか、経済的な裏付けがあっての中期トレンドなのかについての確認を取ります。その方法としては、鉱工業生産指数、有効求人倍率、その他を3つ、4つ見てすべてが一致していればまず間違いないだろうということです。

わかりやすい例でいうと、2007年の8月以降、それまで上向きだった日経平均の中期トレンドがだんだん下向きになってきました（中期上昇トレンドを下方ブレイクした）。そのときに、それまで上がっていた有効求人倍率も天井を打って下がってきたのです。鉱工業生産指

数も天井を打って落ち始めたかどうかなというところでした。つまり、日経平均の中期トレンドの変化とピタッと同じ動きをしたのです。こういうことを過去の動きで見ればほとんど狂いがないのです。

ただ、ここで大事なことは、株価の動きが主であって、裏付けは後だということです。株価が上がっているときに景気が下がっていると思って空売りをすると、思わぬ痛手を被ります。ですから、株価が動いてからです。でも普通はだいたい2～3カ月くらい遅れます。この間が非常に悩ましいところでもありますね。

でも、迷ったら休むというのもよいと思います。ある程度底値から上がってきて半年くらいたってももみあっているのであれば、とりあえずお休みしようというのもひとつの手です。

一番難しいのは、実は「休む」ということなのですよ。というのも、それまでうまくいっていた場合には、もっと儲けたいと思いますからね。だから、ついつい無駄な売買をして、結局、それまで儲けた分をなくしてしまうのです。そこで休んでいれば、なくすこともないですし、次の下げのときに入れば儲けることもできるのですが、どうしても欲が出てしまいます。

このあたりは感情のコントロールなので、自分なりの客観的な基準を決めないと、「今は休むぞ」というのは難しいと思いますね。

Q：線形回帰の中期トレンドを把握するときには、過去どのくらいを見ればいいのでしょう。

目先は２５日を見ますが、あとは６０日か９０日です。どちらでもいいと思うのですが、私の場合には９０日のほうが多いかもしれません。９０日のトレンドが上向きであれば、戦略的には買いだと判断します。ただし、２５日がだんだん下向いてきたら、そこで買いはストップです。底から見て半年くらいたっているのであれば、買いは撤退します。あるいは、いったん買い玉を持ってずっと転がしていって、それに対してつなぎ売り玉の増減操作で勝ち抜くというやり方をするのであれば、買い玉はそのままにしておきます。

Q：ということは、９０日の回帰トレンドが少しでも上向きであれば買いであると判断していいということですね？

基本的には買い戦略です。ただし、９０日線形回帰のトレンドの反応は遅れるから、まず２５日を見るのです。なぜかというと、２５日移動平均線の上か下かでよく判断されるのですが、多くの人がそれで判断するのであれば相場もそう動くようになるからです。だから、９０日で戦略は決めるのですが、目先の売買は２５日移動平均線の傾きを見れば、より早く方針の転換ができます。

Q：２５日のほうは、回帰線よりも移動平均線を見たほうがいいということですか？

どちらでもいいと思います。９０日の線形回帰トレンドと、２５日の線形回帰トレンドの組み合わせで見ると、視覚的にとてもわかりやすいのです。移動平均線の傾きだと、見る人によって違うのですよ。移動平均線だけだと上向いた気になるのですが、線形回帰トレンドを見ると下向きだということもあります。

Q：長期的に９０日が右肩上がりだとして、２５日のほうが下向きから横ばいになって、少しでも上向きになってきたら買いということですか？

そうですね。９０日が水平から上向きになって、２５日も上を向いてきたら、中期も上で目先も上になるのでしばらくは買っても大丈夫かなと考えます。

Q：それを見つつ、主要な経済指標を４つくらい見るとよいという感じですか？

そうですね。複雑なことをやる必要はないのです。あまり複雑なことをやってもどうせ当たりません。やるのは当てることではなくて、今起きている株価の動きの裏付けを取ることなのです。だから、３つ、４つ取れれば良いかなと思いますね。それでも不安であれば、過去１０年のデータを見ればよいのです。政府のホームページにいけばデータはありますから、その気になれば調べることもできます。

私がよく言っているように、株価というのはものすごく理論的なのです。「需給だけで動き、アットランダムだ」と言う人がいますが、それは嘘ですね。もしアットランダムに動くのであれば、ありえない株価をつけることもあるわけです。例えば、トヨタの株が1円になることはないと思いますが、そもそも1円で売りたいと思う人はいませんよね。それは頭の中にあるのですよ。「いくら需給だといっても、いくらなんでも1円はおかしい」という考えがね。これは三菱ＵＦＪフィナンシャルグループも同じで、極端な話、１００円になることはないですよね。みんな、頭のなかで何らかの考えを持っていて、この株価はいくらでないと経済合理性に合わないとわかっているのです。その幅が５０万円～１００万円だったりするわけで、それが需給によって中心からずれるだけなのです。要するに、でたらめに動いているわけではなくて、必ず理論的な裏付けがあるのです。その会社が将来生み出す期待キャッシュフローの現在価値、それから1株当たりのキャッシュフローを計算して、それで会社が将来生み出すリターンはこのくらいだと割り出して、「このくらい上であれば売ってもいいけど、これより下だったら売れない」ということが暗黙の了解となっているのです。それから過去を見て、どのくらい乖離してきたのかを見れば売られ過ぎとか買われ過ぎがおおよそわかるのです。

当然、その会社の決算の見通しだけではありません。例えば、「来期は１００億円の営業利益」と言っていたとしても、経済全体が下がっていたならば、それは信用できないということになります。「会社が１００億円だと言っているけど、そのだいたい7割程度かな」と思って７０億円くらいで考えて、そこから計算してみると、今の株価にだいたい合ってくるのです。

会社は、悪いときは良いことをいうものです。これは人間の習性です。だから、7掛けとか8掛けで計算をするのです。そうすると、「この会社の株価はだいたいこんなものか」とわかってきて、今の株価はフェアバリューだとわかります。

もし景気が悪くなったら、このフェアバリューからさらに下にいってもおかしくない。であれば、今買うのは危ないということが自分でわかるわけです。その通りになるかどうかは別として、今の株価が高すぎるのか安すぎるのかが、ある程度、自分なりの基準で判断できるのです。

そのときに難しいモデルを作らなくてもいいのです。だから、まずは戦略を立てて、株価の動きを見てその裏付けを取る、現在の株価のフェアバリューを試算してみる。試算は会社が発表している来期の見通しとか市況、再来期の売上などにその数字を入れてみて、どれだけ違うのかを見ます。同じであればこんなものかと思いますが、例えば2008年12月のようにどんどん景気が悪くなっているときには必ずそれよりも下がります。そして下方修正されますよね。そういう場合、「同じ業種のほかの会社が3割下方修正したからこの会社も同じくらいかな」と試算すると、実際はこれくらい下がると出ます。それがほぼ株価と同じであればそろそろ底かなと判断できます。もし、その試算よりも高かったら、もっと下がると判断します。その通りになるかどうかはわかりませんが、手がかりにはなりますよね。迷ったときに背中を押してもらえます。

Q：戦略を立てるということは、今が買いの地合いなのか、売りの地合いなのか、それとも休みなのかの判断をするということですね？

そうです。私はこれが一番大事だと思っていますね。ただ、休むという戦略は忘れてしまうことが多くなります。1年のうち数カ月は休んだほうがよいと思うのですが、夢中になっていると、絶えず売り買いをやってしまいます。

Q：買いの地合いから休みの地合い、休みの地合いから売りの地合いになる変換点を見つけるのは難しいかもしれませんが、何が決め手になるのでしょう。

絶対ではないので「これかな」と思うことですが、株価が中期トレンドラインを割り込んだときですね。そのときは、そろそろ変わってきたところかなと思います。そこから振り返ってみると、「1カ月、2カ月前から休むべきだったのに実際は休んでなくて、売買していたからロスカットが続いたんだな」とわかります。

Q：ということは、90日の回帰線が平行になってしまったら、そこから先は休む相場ですか？

というよりも、角度が緩やかになったときですね。

Q：そうすると、平行になる前に休み出したほうがいいということですか？

チャートを見ると、高値を抜けなくなったときですね。ここはもう休むときです。このときは、90日の回帰線がだんだん寝てくるのです。25日の回帰線も水平になるので、こうなったらとりあえずお休みということです。ただ、25日の場合は保ち合いをすることもあるので、上げ始めてから半年以上経過しているかどうかも見ます。もし、上げ始めてから2カ月くらいであれば、天井はまだ来ていないということです。下げの場合も、2～3カ月では25日が上向きになってもそこは単なるお休みであって、第1弾の下げが終わって第2弾の下げに行くまでの単なる戻りであると判断できるかもしれません。そういう見方をしないと、大きな下げに巻き込まれてしまいます。ほとんどの個人投資家が負けるのは、ここで1段下げが終わって戻りのところで買いに入ってしまうというように、最悪なところで買ってしまうからなのです。普通は、そのあとに2段下げ、3段下げがあります。同じようなことは、2段下げ、3段下げのときにも言えます。例えば、3段下げ直前か、その途中で今度は上がると思って買ってしまう人もいるかもしれません。2008年の場合には、3段下げがすごく大きかったですよね。

そこで何が足りないのかというと、戦略的な思考です。つまり、地合いを見たときに、「今は売りか、それとも買いかの裏付けがきちんとあるのだから、それを調べましょう」ということです。今回（2008年10月以降）の場合は、経済のサイクル（景気循環）に加えて金融危機があったから加速されてしまったということです。それをまったく考えずに、ただ買っていればいいと趣味的な売買をしていると、一財産を飛ばすようになってしまいます。

あとは意識を片玉にしないということです。いつも買いだ、つまりいつも株価は上がると思うのは大間違いです。売りも同じで、いつも売りだと思って突っ込んでいくと、踏み上げられたときに悲鳴を上げることになります。

Q：これから株を始める人とか初心者の場合、戦略を立てるというところからやるには、やはり90日の回帰線で右肩上がりであれば買いの地合い、その次に見るのは経済指標。それも買いの方向になっているようであれば買いかもしれない。次が25日平均線か回帰トレンドが水平以上になっていれば、基本的なタイミングということになりますか？

そうですね、ゆったりやるのであればこれを使います。でも25日回帰のときには10日移動平均線を使います。

すべての銘柄に通用する変数はない

Q：初心者の場合、変数をいくつにしたらいいのかわからないと思うのですが、そういう質問にはどう答えていますか？

それには答えがないのです。ある銘柄については最適値は13日、また違う銘柄においては15日というように、銘柄によって全部違うのですよ。だから、「これ」というのは絶対にないのです。もし知りたいと思ったら、その知りたい銘柄の過去何年間かをさかのぼってみて、自分で決めてスイッチ点（仕掛けるタイミング）を検証するのです。これでやった場合、どれだけうまくいったのか、いかなかったのかがわかります。これが一番だと思います。

Q：ということは、銘柄ごとに変数を変えるのがいいということですね。そうすると、けっこうばらつきが大きくなると思うのですが、全然違う変数で仕掛けてしまうなど……。

バラバラの変数でも仕掛けないと駄目なのですよ。みんなうまくいかないのは、それをやっていないからです。銘柄には個性があります。人間と同じです。10人いれば同じ褒め言葉でも受け止め方は全員違うわけですよ。それと一緒で効果が全部違います。それぞれの個性を理解したうえで、一番喜びそうな褒め言葉を言わないとせっかくの言葉が伝わらないのです。ところで、なぜ、銘柄に個性があるのかわかりますか？　これがわかってないと株はできないですよ。

Q：なぜですか？　個性とは？

これは根本的なことですよ。これがわかってないからみんな失敗するのです。なぜソフトバンクを手掛けたり、なぜ東京電力を手掛けているのか、自然と決まってくるのです。それがわからないと、今日はこの銘柄、明日はこれというようになってしまう。例えるなら、プレイボーイがあちこちで女の子に声をかけているようなもので、節操のないことになるのです。

その点、バフェットはしっかりしていますよね。彼は自分の基準で銘柄を選んでいます。それ以外は自分にとって銘柄ではないと。世の中にたくさんの女性がいる中で、結婚相手はこの人しかいないというのと同じです。

株価だってやみくもに動いているのではなくて、きちんと理由があって動いているのです。それはその会社のビジネスリスクです。その会社が行っている事業のリスクに応じて株価は動いているのです。だから、決算数字にばらつきが多い会社の株価は、ものすごく上がったり、ものすごく下がったりするのです。それに比べて、決算数字が安定している会社の株価は、大きく振れないのです。なぜなら、リスクが小さいからです。つまり、リスクとリターンのトレードオフ関係は厳然としているのです。東京電力とか東京ガスの株価が大きく動かないのは、利益にブレが少ないからです。ブレが少ないということはリスクが小さいということ。リスクが小さいということは、投資家はそれほど大きなリターンを求めなくても満足するのです。その点、ソフトバンクはブレが大きいから、株価もすごく上がってくれないと投資家は満足しない。でも、ものすごく大きく上がったら、その反動でものすごく大きく下がるのです。だからチャートもすごい動きになるのですよ。

自分が選ぶときには、自分でその会社の内容を理解して、会社のビジネスリスクを知ってチャートを見る。そうすると、「確かに、これだけの上げ下げがあるね」ということがわかります。だとしたら、この波に乗るにはどうしたらいいのかを考えるのです。そうすれば、それほど間違いはないと思いますよ。

Q：ソフトバンクの場合、2000年にすごく株価が上がりました。例えば、回帰線でバックテストのようなものを行った場合、基本的には、もう一度、同じような上げが来ないと儲かりにくいと思うのです。でも、こういった銘柄の場合、将来もう一度爆騰が来ないとバックテストの結果が再現しないのではないでしょうか？

ITバブルはイレギュラーなことなので、これは参考にならないでしょうね。だから、その期間ははずすべきだと思います。それ以外の通常のところでバックテストをして、その平均値、最小値、最大値を見て、自分で「これくらいかな」と見立てたうえでやったほうがいいでしょうね。

Q：そうすると、ある銘柄が1回急騰しているような場合、その期間はイレギュラーだから、そこを除いた期間で過剰最適にならない範囲で、最適化された変数でやるのが望ましいということですね？

そうですね。だから25ではなくて、24・5とか23でやっても仕方ないのです。何が言いたいのかというと、「安易に○○ですか？」と聞く人は駄目なのですよ。自分で調べないと駄目です。そのくらいのやる気がないとうまくいくわけがないのです。

株式トレードというのは個人事業なのです。事業主がその会社のやるべきことを安易に他人に聞くようでは駄目なのですよ。

Q：検証についてはだいたいエクセルでやればいいとは思うのですが、普通、作業にさける時間などのリソースが限られていますよね。そうすると、最初のうちは、例えば各セクターから代表的な銘柄を選ぶとか、大型から小型までまんべんなくやるのがよいのでしょうか？

これは資金量によりますね。1億円くらいある人であれば、いくつか同時にできますよね。それであれば36業種の中から流動性の高いものをピックアップして、業種の中からも3銘柄くらい取り出せば108銘柄くらいに絞り込むことができます。それだけを見ていればすべてのセクターを見ていることになりますね。

例えば、2008年12月でいえば、日経平均のほとんどの銘柄は下がっていますが、建設とか電力、ガスは上げていますよね。このようなことは、業種を見なくても、108銘柄をパラパラと見ているだけで気づきます。つまり、今資金がどこからどこに向かって動いているのかもわかるのです。もしこの中で買いたいものがあるのであれば、下がっているものよりは長期トレンドが水平か上向いているものになりますね。そういうものであれば安心して持てるかもしれません。

資金の少ない人、例えば100万円程度の人は、自分の好きな業種です。その中の限られた銘柄だけを常に見るということです。それでよいと思います。

自分が理解している業種で、自分がある程度中身を知っている企業を何銘柄かピックアップして、その中でバックテストをして、中期と短期の回帰線あるいは移動平均線を用いて、買いのタイミングで買って、売りのタイミングで売るということです。それで過去何年間やってみた場合にどうなるのかを試すと見えてきますよ。

Q：この投資スタイルでやっていくうえで、年利はどのくらいを目指せばいいのでしょう。
ロスカットをして30％くらいです。これで回していくことができれば、バフェットよりも良い利回りになります。ただ、私の場合には小回りが利くからですけどね。資金が大きくなると流動性の問題が出てくるのです。100万円、200万円レベルで行うトレードは20億円、30億円になるとできないのですよ。だから、どうしても資金が増えていくと、あるところで伸び悩むようになります。100万円、200万円の人は1億円くらいまではいくのですが、1億円を超えてきて10億円とかになると自分の売買で株価を動かしてしまうのです。それに株価水準次第ですが一度に100万株の注文が約定するのかという問題もあります。

〝つなぎ〟はトレーダーが学ぶべき最重要科目

Q：発注するときは手ですか？　それとも機械ですか？

逆指値を入れています。株価を見て「前の日、つまり今日の高値を超えたら買い、安値を割ったら売り」だけですので手動です。

Q：一番多いときで何銘柄保有したのですか？

多いときでは20銘柄くらいですね。でも、もう収拾がつかなくなったので、今は2～3銘柄です。

Q：そうすると、最初に地合いを判定するので、売りと買いが交錯することはないですか？　それとも銘柄によって違うものですか？

基本的には売りは売りでやりますが、戻れば買いつなぐこともあります。売りで入るのですが、戻りがあったときにどこまで戻るのかわからないので。やっぱり含み損が出るのもいやなので、そこは買い玉を建てて戻れば買いで取るという感じです。ですから、狙っているときは売りなのですが、戻っているときには両建てという状態になります。上がってきて下がったときにはつなぎ買い玉を手仕舞うので、また売玉のみになります。

Q：両建てに対する賛否がありますが。

それは素人のたわごとですね。要するに、やったことがない人に何を語っても無駄だと思うのです。例えば、カンナがけと同じで、カンナをかけたことがない人に、いくら上手にかける方法を言っても無理なのです。そんなことよりも、とにかくやってみなさいということです。そうすれば、微妙な力加減とかもわかりますよね。それと同じです。

でも、あえて言うのであれば、心理的な安定ですね。両方建てた瞬間に自分として上がっても下がってもニュートラルな状態になれるのです。だから、落ちついて見ていられるのです。例えば、今の戦略は売りだとします。このとき、値が下がっていくと思ってはいても、実際に値が上がっていくのを見てしまえば心が穏やかではいられないですよ。でも、そこに買いのポジションがあると我慢できるのです、「これはこれでいいかな」という感じに。当然ですが、あるところまで行くと値が落ちてくるので、そこで売ればこのつなぎ買いがキャッシュをもたらしてくれるのです。

私の実戦経験から言えることですが、トレードの勝敗を決めるのは感情のコントロールなのです。知識は、ある程度まで必須ですが、知識がある水準を越えたら、その後の知識の差は成果にはあまり関係なくなるのです。それよりも、身につけた知識をいかにして実戦で行動に移すかのほうが大事なのです。それが感情のコントロールです。

でも、連戦連勝できている場合にはすぐにできるのですが、連敗中の場合には知識としてはわかっているにもかかわらず、実戦としてはなかなかできません。つまり、これは知識の問題ではなくて、完全に感情のコントロールなのです。そういう意味で、つなぎなのです。つなぎというのは、自分が思い描いたものと違うから入れるものなのです。イメージ通りであれば、そのまま持っていればいい。でもイメージと違った動きをしたときに、心を安定させるための有効な手段がつなぎなのですよ。だから、つなぎはとても大事なのです。

感情が一番大事だということを考えれば、つなぎは最重要項目と言っても過言ではありません。

Q：含み損はそれほど苦痛ではなくても、両建てがストレスになるという人もいますよね。そこでいったん切ってしまって新しくポジションを建てる方がいいという人です。あとは手数料がもったいないということもあるようですが。

「短期的には相場が上下どちらに動くのかは誰にもわからない」という真理を心底理解しているのであれば、当初の自分の見立てと逆行した結果、一時的に両建てとなったとしても、それはむしろ心地よいポジションになるはずです。

また、私は手数料など気にしたことはありません。これもよく言うのですが、「手数料、手数料」と言っているトレーダーは駄目ですよ。要するに、キツキツなのです。私はずっと銀行で営業をやっていました。このとき、営業でタクシー代をケチっていたら営業にならないのですよ。タクシー代で1万円かかろうが10万円かかろうが関係ない、1億円稼げばいいのだから。それをタクシーなら10分で行けるところを地下鉄で1時間かけて200円で行く。こういうことは営業マンとしてどうなのかと思いますよ。必要なものをケチっては駄目です。タクシーを使って時間を節約して、精神的にも余裕をもって行ったほうが成果が大きいのです。そのほうが合理的なのです。

〝発見する（Eureka）〟ことの土台を築いていた学生時代

Q：著書の中では、トレードの方法とか売買の仕方のほかに人生観のようなものも書かれていますよね。おそらく子供のころ何かしらの影響を受けてきたとは思うのです。優利加さんはどういう子供だったのですか？

私は、産みの母親をほとんど知らないのです。母親はずっと入院をしていまして、自分の記憶の中では、母親の顔を見たのは1回だけです。その1回というのは、「となりのトトロ」の映画に出てくるメイちゃんが、お姉ちゃんのさつきと一緒にお母さんの病院に行きますよね。

そのときに似ています。年齢も同じくらいです。母親がベッドの上で上半身を起こしていて、窓があって、その向こうには田んぼが広がっている。そして、病室のドアを開けると母親が振り向いて微笑むというシーンです。おそらく、もうすぐ亡くなるということだったので連れていかれたのだと思います。

次に思い出すシーンはお葬式のときです。私は母親が入院をしているときにはずっと施設にいました。父親は漁師だったので面倒を見ることができなかったのです。今でも覚えていますが、お葬式なのに、家に帰るのがとてもうれしくて喜んで走り回っていました。小さいからよく状況がわからなくて、しかも母親にも1回しか会っていませんからね。たぶん、もっと小さい頃は母親にも抱かれていたのだとは思います。でも、私の記憶の中では、ポン、ポンと一瞬だけ出てくるのです。今考えれば、母親のお葬式なのに喜んで走り回っているなんて、何と親不孝な子供だったのかと思いますけどね。でも、家に戻れたのが喜びでしたから。5歳くらいのときです。だから、そのあたりから今の自分がいるかなとは思います。つまり〝誰にも頼らずに自分でやる〟という……。

Q：施設には何歳くらいまでいたのですか？

小学校に入る前の1～2年くらいですね。それほど長くはありませんでした。施設から出て小学校に入って、そのあと1年くらいして父親が再婚をしたので継母が来ました。この人は非常に親身になって育ててくれましたね。最初はよく喧嘩をしていたようですけど。

Q：学校はどのように過ごしていましたか？

しょっちゅう怒られて、親が学校から呼ばれていましたね。喧嘩をして誰かを泣かせたとか、そういうことです。

Q：いわゆる問題児ですね（笑）。

勉強も全然やっていませんね。授業中はいつも違うことを考えていました。算数の時間は、ずっと天井を見て蛍光灯の本数を数えていましたね。なぜ数えていたかというと、ウルトラマンの光が100万Wだから、40Wの蛍光灯がいったい何本必要なのかなと計算していたのです。

あとは磁石で遊んだりですね。とにかく先生の話はまったく聞いていませんでした。算数は苦手でしたね。得意科目は体育とか図画工作で、理科はクラスで1番くらいでした。理科で習っていることが生活の中ですごく理解できていたのです。磁石でも、授業で習う前に自分で試しているので、実験の結果がどうなるのかその時点でわかっているわけですよ。あとは、滑車とかもそうですよね。生活の一部になっていたので、きちんとわかるのです。

Q：物ごとの仕組みや、原因と結果などが気になった？

特に誰かに教わらなくても、観察することによって気づくのです。だからそういうことを後から学校で教わっても、「そんなこともう知っているよ」という感じでした。

Q：そういった小学校時代を過ごされて、中学校時代はどうでした？

中学校にいっても数学はできませんでした。0点を取ったこともあります。分数の計算もできなかったですよ。

ただ、さすがに勉強をしないとまずいなと思っているときに、アマチュア無線がはやり出したのです。世界中の人と話せてかっこいいなと思いましたね。

そういう興味から勉強をしようと思って、参考書のようなものを買って読みました。これが教科書以外で開いたはじめての本です。小学生のときの勉強というのは積み上げが基本ですが、中学校に入ると、特に英語などは中学校から始めるので、ほかのみんなとの差がないのです。そして、数学なども無線工学などを勉強していると、オームの法則とかが出てきて、その公式を眺めていたら「あ、分数って、こういうことなんだ」とわかるようになってきたのです。それがきっかけで分数もわかるようになって、数学自体もどんどんできるようになりました。最終的には得意科目になりましたね。高校になったら、通知表ではずっと「5」でしたよ。〝算数〟は苦手ですが、〝数学〟は得意、という感じですね。

Q：数学なども、公式が先にあるというよりは、実態をとらえてそれを公式化していくほうが得意なのでしょうね。演繹よりも帰納のほうという印象を受けます。

何か現象を見つけて、それを法則化、公式化するのがおもしろいです。私の人生経験を振り返ってみても、興味の持ち方とかいろいろな問題の改善・解決の方法は、まず観察から入っています。そして、何かひらめきがあって仮説を立てます。それを、データによって実証して、その結果、ある程度の法則化が有効である場合は、もう一度、実証します。あるいは、多少の微調整が必要であればそれを繰り返して、より現実的な法則に変えていくというのが、私の方法です。

優利加という私の名前も〝発見する〟という意味なのです。ギリシャ語の「Eureka」から取ったものです。でも、20人中1人くらいしかわかりません。よく「娘さんの名前ですか？」とか言われますね。でも、中国人に見せるとすぐにわかります。私の場合は当て字で考えたのですが、中国語でも「優利加」と書くのです、偶然ですけどね。

Q：話を戻して高校時代はどうでした？

高校はずっと優等生でしたね。勉強する喜びを覚えたので、けっこう頑張るようになりました。どの教科もまんべんなくできましたね。

中学生時代にアマチュア無線の勉強をしていたこともあって、電子工学科という学科がある高校に進学しました。アマチュア無線がきっかけで工業高校に行っていたわけですから、そのときは大学に行こうという気はなかったのですけどね。でも、勉強の楽しさを覚えたので、高校3年生になったときには、放課後、みんながワイワイやっている中で、ひとり英単語を覚えたり、数学の問題を解いたりしていましたよ。

Q：大学時代は？

ある大学に2年間通って電子工学の勉強をしたのですが、そこで上に伸びる限界を知ったのです。高校までは公式ができて、それを使って問題が解けたのですが、大学に行くと、なぜその公式が導き出されたのかという学問的なことをやるので、すごくギャップがあったのです。けっこう苦しくて、ついていくのが大変でした。そんな状況の中で、追い討ちをかけるように電磁方程式というものが出てきたのです。それがどうしても導き出せなかったのです。テストに出ることはわかっていたので、友達に聞いてみたものの、みんなもわからない。丸暗記をしていたわけです。

ただね、私は丸暗記が苦手なのですよ。だから、結局、解けなかったですね。ここで自分の限界を感じました。大学2年（当時19歳、工学部電子工学科2年生）の1学期の終わりでした。そこで、英語の担当の教授のところにいって、限界を感じているので別の大学の外国語学部のほうを受験し直したいという話をしたのです。この先生は賛成してくれたのですが、ほかの先生はみんな反対です。今さら受かるわけがないと。でも、自分としては気持ちが変わってしまいましたからね。電子工学の世界では、ちょっとしたエンジニアにはなれるかもしれませんが、一流にはなれないと思ったのです。

Q：電子工学から外国語、ということですね。まったく違うように思うのですが。

英語は中学校から始めたので得意だったし、大学にいっても一番できたほうだったのです。それに、大学2年（当時19歳、工学部）の夏休みに実家に帰ったら、中学校の同級生と会って、そのときにこう言われました。「てっきり外大で英語の勉強をしているのだと思った」と。これで体に電流が走ったというか。英語が得意だったことを思い出したのです。そこから急に傾きましたよね。それで夏休みが終わったときに英語の教授に話をしたのです。

1年浪人をしたあと無事に第一志望の大学に入って、4年生の秋までは高校の英語の先生になるつもりでした。採用通知も来ていたのですが、そこでふっと疑問が湧いたのです。「本当にこのまま先生になっていいのか？」と。

思い立って進路指導の先生のところに行って相談をしたら、大手外資系金融機関から求人が来ていました。それが、私が最初に勤めていた銀行だったのです。結果としてはよかったですね。

入社してみるとほかの同期入社の人は超有名大学の商学部とか経済学部出身とかでした。でも、そういう同期と違って、私は何も知らない状態で入ったのです。だから「みんなよく知っているな」と思いましたね。そこで慌てて勉強をしようと思って、まずは簿記の本を買いました。

あとは、為替のこともよくわからなかったですね。どうして円高になるのか、どうして円安になるのかなども最初はまったくわかりませんでした。

Q：為替などはどうやって勉強していったのですか？

職場では教えてくれないので、自分で本を買ってきて読みました。とにかく何か知らない用語が出てきて、それが自分にとってわからないことであれば、一刻も早く解決しようと思っていました。

銀行の法人営業で〝金融〟に接触

Q：銀行に入って、最初の仕事はどういうものだったのですか？

最初の3年間は銀行業務全般です。お札の数え方もやりましたよ。外為のディーラーのようなことから、資金調達、融資の審査の手伝いもやりました。だから、人事以外は一通り経験しました。

そのあとは法人営業ですね。ただ、担当企業の相手はみんな私よりもずっと年上で、しかも私自身がまだ20代後半で知識もそれほどない状態でしたから必死に覚えましたよね。そこで覚えたのは商品の知識もさることながら、人とどうやってコミュニケーションを取るのかということです。

Q：ちなみに、どうやってコミュニケーションを取るのですか？　コミュニケーションを取るときに、一番気をつけることは？

謙虚に聞く姿勢でしょうね。謙虚に学ぶというか教えていただくというか。自分が持っていないものを持っているのであれば年齢は関係なく、できるだけ教えてもらいました。

Q：当時の法人営業というのは、金融商品を売るということですか？

そうですね。その銀行グループが持っているあらゆる金融商品を、企業に売るということです。でも、当時はそんなこともよくわからない状態です。とにかく無我夢中でした。あとで気づいたのですが、そのときの私はまず自分を売り込んでいましたよね。知識は断片的なのですが、とにかく個性で自分を売り込んで、相手に親しみを持ってもらうということをしていました。

その中で、当時、新商品と呼ばれるオプションが出てきました。銀行もそれに力を入れていたのでセミナーなどもあったのです。もちろん、私もそれに出て質問をするのですが、欲しい答えはまったく返ってきません。結局、教える側もよく理解していなかったのです。仕方ないからまた自分で本を買って勉強しているうちに、いつの間にか専門の人よりも詳しくなってしまったのです。だから、お客さんに対しても自分でセミナーをしました。

当時、私の銀行に出入りしていたセールスのおばさんたちがいろいろ売り込んでくるわけですよ、保険とか。掛け金をいくらにすると満期にはいくらになってという話をするわけです。それを見たときに、利回りはいくらになるのだろうと思って計算をしてみたりして、自分のマニュアルを作っていきました。それをセミナーなどで配るとみんな喜んでくれたのです。そうやって自分を売り込んでいましたね。法人営業に行ってからそんなことを14年間やっていました。

Q：でも、法人営業を辞めてしまうわけですよね。その心境の変化には、何かきっかけがあるのでしょうか？

最後の10年間いた銀行はもともと商業銀行だったのですが、それが投資銀行に変わってきたのです。実際、商業銀行部門の人間がどんどんカットされていきました。最終的には、私が辞めてから私が所属していた部門は消滅してしまいましたね。

投資銀行になってきたときに、トップが代わってそこからどんどん変わっていきました。要するに、大きなロットで商売ができるお客さんは大事だけど、10億円、20億円程度のお客さんは大事ではないということになったのです。それまで何十年もお付き合いをしている会社を切れというわけですよ。それにすごく腹が立ったのです。

あとは、銀行の権威主義なところもあって……。どういうことかというと、審査部といって企業に対して与信額を決めるところがあるのですが、この部署が一番偉いという感じがあったのです。それがすごく嫌でした。

Q：優良な顧客を抱えていることから、ほかの銀行に移るという選択肢もあったと思いますが。

どこに行っても同じだろうなと思って、もう嫌になってしまったのです。それよりも、大学で教えたいなという気持ちがありましたね。

ただ、銀行にいた最後の数年間があったから株との接点ができたのは確かです。商業銀行部門に属しながら投資銀行的な業務を中心にやっていたので、会社の財務内容とかバランスシートとかを見て、悪いところを見つけてそれを定量評価して提案する、ということをしていました。つまり、提案をする前と、提案を実行した後ではキャッシュフローがこれだけ改善しますという、ビフォー・アフターを示したのです。「資本コストもこうなりますよ。そうすると理論株価がこれだけ上がるので、やりませんか」という話です。絶えず株価が出てくるのですが、当時、私は株に興味がなかったのです。でも、常に株価と言っているのに、その本人が株をやったことがないというのは説得力がないと思って、少し株を始めたのが98年です。日本で自由化されるちょっと前ですね。

とりあえず、取引先の株を持ってみようと思いました。その理由は社長に会えると思ったからです。社長に会うための方法はいくつか考えていました。そのうちのひとつが株主になって、株主総会で社長の目の前の席に座って、社長が答えられないような質問をぶつけることでした。実際にやってみたら、案の定、社長は答えることができなくて、財務担当役員の方もきちんと答えられなかったです。その後に電話がかかってきて、「社長がお会いしたいとのことなので、来ていただけますか」と。予定通りですよ。普通の会社員が大企業の社長に会う、というか会わざるをえない場面はそれほどありません。しかも、株主総会ではどこでも自由に座ることができるのです。だから、わざわざ社長の目の前に座って顔を覚えてもらう。そして、質問のときに答えにくいようなことを質問するわけです。答えにくい質問ですから、当然、答えられないわけです。でも、その分印象に残るのです。それで、「おもしろいヤツだから会いたい」ということになるのです。

Q：弱点を攻めるだけではなくて、相手が会いたいと思うような質問をすることがポイントですね？

普段なかなか会えない人と会えるようにして、しかも向こうから会いたいと言わせるのがポイントです。そのためには株主総会が一番有効かなと思います。

そういう目的で株を買ったのですが、日々、値段が動くから「どうして毎日株価が動くのだろう」と気になってしまったのです。それで勉強を始めました。とにかく片っ端からやりましたね。本屋にいって、棚にあるものをゴソッと買って、それが読み終わればまた違う棚の本をゴソッと買ってという感じです。そのうちに本を見る目ができてきて、パラパラとするだけで良い本と悪い本がわかるようになりました。その中で、これからも時折読み返す価値のある本は、本棚の中で逆さにしています。わかるようにですよね。

少しずつわかってきてノウハウも積み上がって、そのうちインターネットの掲示板に投稿したり、ブログも書き出したらファンも増えてきました。その後で「教えてほしい」という声も出てきたので、それをやっているうちにどんどん規模が大きくなって、1回、2回のつもりが気がついたら5年続いているわけです。これは会社を辞めてからです。

本格的なトレード生活。大学での教師生活もスタート

Q：会社を辞めてから、どのくらいで株で生活ができると思いましたか？

けっこう無謀でしたけどね。「会社を辞める」と妻に言うときにも、「たぶんやって行けると思うけど」という根拠のない自信はありました。でも、退職金があるから、3年くらいは食べることに困らずに生きていけるから、とりあえずやるよということで始めました。

Q：退職後の運用資金が仮に5000万円とすると、年10%の運用で500万円。少し少ないですね。

株をやる人間は、年10%なんて小さなことは考えませんよね。10%くらいならトレンドに乗ればあっという間です。

Q：退職後は、どのくらいの資金を運用されていたのですか？

とりあえず2000万円～3000万円は使っても大丈夫かなという感じです。これを30%くらいの利回りを狙ってトレードをしていました。30%というのは継続可能な数字です。10年、20年続けたときにどうなるのかを考えたら、30%を超える目標を立てると厳しいでしょうね。

私自身も、最初は行ったり来たりですごく不安定でした。対応策としてはポジションを小さくしました。このようなときは、心がほかのより大事な何かに移っているときなので、気持ちがトレードに戻ってきたときに、またポジションを大きくしていけばよいかなと思いました。最初はノウハウがないので仕方なかったと思います。時間の節約のために途中で銘柄を固定するようになってから安定してきて、年によっては2～3倍くらいになるときもありました。

そもそも、年30%というのは、3銘柄くらいで十分なのです。次々と銘柄を変えなくても、ひとつの銘柄でも波を打つわけなので、その波に乗ったほうが時間の節約になるのです。

あとは自分の感覚もついていけますよね。それが、年がら年中、銘柄が変わっていたら、そこで感覚も切り替える必要が出てきます。それはとてもストレスになります。銘柄を探すこと自体もストレスですよね。

Q：今は手法としても確立していらっしゃいますし、教師という仕事もおありなので、運用はリスクをより抑えられると思います。今はどのくらいの利回りがあればいいと考えていますか？

３０％くらいでよいと思いますね。例えば、１０年で考えた場合、年２倍の利回りは絶対に持続できないですよ。これを「３０％程度でよい」と考えていれば、瞬間的に５０％、６０％といってしまうのです。悪いときでも、２０％くらいと見れば、１０年でならすと３０％くらいが可能な数字かなと思います。

ただ、今年（２００８年）生き残っているのであれば、この先に何が起こってもまぁ大丈夫かなとは思いますね。これが買いだけだったら絶対に生き残っていないですよ。だから、意識を片玉にしてはいけないのです。地合いが変わって買いから売りになったら、何があっても売りを中心にして買いは単なるつなぎにするということが大事です。

Q：ここ数年で「貯蓄から投資へ」と言われるようになりました。これについてどうお考えですか？

貯蓄から投資へと言っている中で、今どんどん株価が下がってきています。投資へというのですが、○○学会とか巷の本を見ても言っていることはどれも「何でもいいから買いなさい、以上」なのです。つまり、入口に関してはどれも書いてあるのですが、「どうやって売っていったらいいのか」にはふれていないのです。「だから駄目なんだ」と言いたくて、それを説明するために「投資というのはビジネスだ。ビジネスというのは戦略が必要だ。しかも入る戦略と出る戦略の両方が必要だ」ということを言いたかったのですが、学会でこの話をしたときには、司会者に途中で話を打ち切られました。

私はただ単に大学で教えているわけではないのです。20歳前後の若者たちに、ビジネスに役立つ知識や経験を伝えていきたいと思っています。私には自分で築いてきた経験とか知識があるのだから、これをそのまま棺桶まで持っていくのはもったいないと思うのです。私は、誰かに継承してもらって発展させてほしいのです。だから、やっているのです。地位も名声も、私には必要ありません。

Q：公の場でご自身の経験などを伝える場が持てたというのは、ある意味、幸せなのかもしれませんね。

これも、求めているときは駄目でしたね。私は2000年の10月に銀行を辞めたのですが、その直後から大学で教えたいと思って母校にもちょっとお願いしておいたのです。ただ、私が専攻していたのは外国語学部英米科、でも教えたいのは経営のことだったので、全然ツテがなかったのです。

ところが、今（2009年）から3年前に、私が働いていた銀行の上司が、先に非常勤で教えていたのです。辞めたいから引き継いでほしいということだったので、それを受けました。そして、面接中に「この科目はできますか？」「これはどうですか？」という話になったのです。教えることのできるものがけっこうあったので、「非常勤ではなくて常勤でお願いします」という話になりました。それで専任（准教授）になりました。

Q：学生の理解度はどうですか？

本当に理解している学生は1割～2割くらいですね。まったくわかっていないだろうと思う学生も1割～2割です。授業中寝てたりしますし、途中から難しい話をするとそこで理解するのを諦めたかのように寝始めます。

Q：どのくらいのレベルになると、みんな諦めてしまうのですか？

内容を5段階に分けるとすると、最後の5段階目くらいです。難しさというのは、指数関数のように急に高くなるので、ついてこられなくなりますね。特に微分積分が出てくると、その知識がない人にはさっぱりわかりませんからね。微分だって接線の傾きだし、積分は面積なので、何も難しいことはないと話すのですけどね。

Q：難しいといえばブラックショールズで、ボラだけ入れるというのが基本モデルだとしたら、優利加さんの以前の職場ではこの基本モデルがそのまま使われていましたか？　それとも、工夫して独自のモデルを利用していましたか？

　ブラックショールズモデルは今でも完璧ではないのです。ただ、ほかに取って代わるものがないのです。「オプションの残存期間中ボラティリティが不変だ」というのが最大の欠点です。実際は常に変化しています。ですから、入力するのもヒストリカルを元にして「今がこういう状況だから、このくらい上乗せしようか、あるいはこのくらい引こうか」というところで、みんなが出し合って値段がつくわけです。あとは、それに従って評価をしているわけなので、自分だけ「こうだ」と言い張っても、みんなが同じように動かない限り値段は変化しません。それを忘れてしまうと独善になるのです。相場では独善が一番いけないことです。やっぱりみんなが使っているモデルで、それを評価したものでやっているからよいのだと思います。自分の心の中で「上がる」「下がる」を言うのはよいのですが、自分の考えが一番良くて、ほかは間違っているというように言ってしまうのは駄目です。

　もしかしたら、自分が持っているもののほうが理論的には優れているかもしれません。でも、実際についている相場はどうなのかということです。だから、そういう見方をすればよいと思いますね。これはブラックショールズに限らず、株価を説明するための何かを見つけたとしても、それがもしかしたら理論的に正しいかもしれないけど、実際の株価の数字と違うということは現実的ではないということです。

ただ、自分のモデルが正しくて今がミスプライスされているとしたら、これから自分のモデルの数値に修正されるかもしれないという可能性はもちろんあります。でも、それを理由にトレードしてはいけないでしょうね。

トレードというのは経済的自由を手に入れる手段にすぎない

Q：優利加さんの本のタイトルは「生涯現役」ということですが、これは投資のテーマでもあるのでしょうか？

そうですね。今私がやっていることが、90歳になってもできないといけないのです。だから今やっているやり方は80歳、90歳になってもできる方法です。今できるけど10年後にできない方法では意味がありません。というのも、そういう場合には絶えず自分のやり方を変えていかなければならないからです。でも、それはとても辛いのです。だから、私としてはいつも70歳の自分を想像して、その自分ができる方法を今のうちから確立しておこうと思っています。たぶん70歳でもできる方法は、80歳でもできるだろうなというイメージです。できるだけ楽をしてリターンはそこそこでいい。それで余った時間は本来の自分の人生のために使えばいいのです。トレードというのは、経済的自由を手に入れる手段にすぎません。だから、自分の人生の中ではほんの少ししか価値がないことです。そこに自分の時間をほとんど使っては意味がない。違うことに使わないと。

でも、多くの人はトレードのために多くの時間を使っているわけです。だから、本来自分がやるべきことや気づくべきことがどんどん逃げていってしまうのです。「あなたは本当に株で儲けるために生まれてきたのですか?」と私は言いたいですね。本当はほかの目的があって生まれてきているわけですよ。気づいていないかもしれませんが。ただ、トレードというのは、経済的自由を手に入れる方法のひとつとして、腕を磨いていても損はないでしょうということです。

Q:経済的自由を獲得すると、今度は時間的自由ができるわけですよね。今は、時間的自由の中で教育活動をされていますが、ほかにやってみたいことはありますか?

今は社会還元ということで大学で教えていますが、定年になったら、といっても20年近く先ですが、それまでにはファンドか何かを立ち上げているかなと思いますね。そこで特定の目的のファンドを運営していけば、晩年は楽しいかなと考えています。要するに、自分のためではなくて、社会的弱者のためにできたらいいと思っています。

でも、個人の資産であればできることであっても、それが何十倍、何百倍の資産になってしまうとできるとは思えないので、この問題をどうするかを考えないといけないなと思いますね。今のようにいくつかの限定した少数銘柄に集中するのは個人レベルであればできますが、ファンドになると無理です。そうなると、銘柄を増やさないといけない。それを管理するシステムも必要になります。今は数が少ないのでひとりでもできますし、覚えてもいられるのですが、40銘柄も50銘柄も持ったら不可能ですよ。だから、今のままでは仮にお金が集まってもうまく運用はできないでしょうね。結局、遊ばせておくことになってしまいます。

Q：裁定取引の考えでいうと、個別株と日経平均の両方を見ることによって、割高になった銘柄を売って割安な銘柄を買おうというような運用ができると思いますが、そういうことは考えますか？

割高か割安かについては、指数と個別株ではちょっと難しいですね。個別株同士ならフェアバリューを計算すれば数値的には割安割高は出ますのでさや取りのようなイメージですよね。儲けも少ないし損も少ないのです。下げるときは一緒に下げるのですが、下げるスピードが違います。その中で自分の仮説として気づいたのは、βが違うものを組み合わせれば簡単かなということです。上げるときでも下げるときでも、例えばβ値が1くらいと2くらいを組み合わせてみれば、上げる速度、下げる速度が違ってきますよね。そうするとさやが開いてくるのです。でも、どこかのタイミングで縮まるところはあります。永久に開くことはないですから。

相場が上がっているときでは、βが2の場合は相場が1のときの2倍の速度で上がっていきます。1は1倍です。だから、だんだん開いてくるのです。これはある程度見越せることですよね。止まったところで収束してくるでしょうから、全体が上げ止まった頃に反対売買をすればいいわけです。そうすると案外簡単に見つかるのです。

ただ、そのβはヒストリカルなものなので、今後も同じβで動く保証はどこにもありません。そこが一番難しいところです。過去60日とか90日のβを計算していると、この銘柄とこの銘柄をやるとさやが開くぞというのは数字でわかります。ただ、今は時間がなくて多くの銘柄で検証ができていませんね。

Q：個人の場合、どの程度まで勉強する必要がありますか？

とりあえず、用語がわかることは必要ですね。すごく特殊なものは別ですが、ある言葉を言われたときに、「あぁ、このことだな」とわからないとちょっと厳しいかもしれません。あとは私の本の内容が理解できていればいいかなと思います。それらができていれば、普通株に関しては、それ以上の知識は必要ないような気がします。

トレーリングストップロスありきの利食いと損切り

Q：ここで、ロスカットについてもお聞きしたいと思います。損切りができないということは、初心者がよく言う言葉だと思うのですが、これについてはどうでしょう？

損切りは「できない」のではなくて「しない」のです。「しない」ということを選んでいるのですよ。

私がよく言うことのひとつに、「みなさん損切りができないと言うけれど、本当にできないのですか？」があります。例えば、拳銃を頭に突き付けられて、「損切りしてはいけない」と強要されているわけではないですよね。それなのに「できない」というのはおかしなことなのです。誰からも強制されていません。自分の意志で「しない」ことを選んでいるのですよ。ただ、それだけです。

要するに、自分で決めたルールを守れるかどうかです。ルールがない人は問題外ですが、ルールを決めても「できない」と言うのです。それは「できない」のではなく「しない」ということです。なぜ「しない」のかというと、自分がロスカットをした瞬間に株価が反対に動いたらどうしようと思うからです。つまり「欲望」と「恐怖」です。でも、そんなことを思うのであれば、トレードをやる資格はありません。やめなさいということです。やるのであれば、ルールを決めてやる。そしてルールを決めても守れないのであれば、そもそもトレードに向いてないのです。そういう場合は、トレードではなくて中長期の投資をすればいいのです。30年、40年持ち続けるとかね。

でも、「トレードをするのであれば、トレードのやり方があるのでそれをやりなさい」ということです。ロスカットのルールを決めたのであればロスカット、あるいはつなぐと決めたのであればつなぐ。もちろん、どちらでもいいのです。例えば、私のように両建てをするのであれば、つなぎになります。だから、下げトレンドであれば売り玉を本玉にして買いつなぎ、上げトレンドであれば買い玉を本玉にして売りつなぎです。戦略に沿った玉はロスカットをしないのです。たとえ一時的に含み損になっても、それはロスではありません。

Q：ロスカットの重要性はわかっているけど、タイミングがわからないという人がいた場合、どのようにアドバイスをしますか？

まずは何をおいてもルールです。買いの場合、一番単純なのは、10日移動平均線を割り込んでしまうようであれば、短期的な上昇はいったん終わったかなと判断することです。その時点で利益が出ていれば利食いになります。あとは銘柄によってはきれいに上がるもの、下がるものがあります。高値、安値をきれいに切り上げていく場合ですね。前日安値のちょっと下、私の場合には2ティック、3ティック下と決めていますが、それを割り込まない限りは、毎日トレーリングストップを上に変えていきます。5日目はうまくいっても、6日目、7日目でポンと上放れして寄り付いて上がる場合が多いので、前日の高値を割り込んだらそのときは利食いです。ここでいったん手仕舞いをします。逆に、買った翌日に下がった場合は、前日の安値の2ティック下にロスカットを置いておくので、そこから下には付き合いません。せいぜい3%～5%のロスで済みます。

買うときはとにかく今日の高値を超えない限りは買いません。なぜなら、今日の高値は関所になるからです。関所を超えない限り上には行かないわけですから、その関所で待っていて、そこに来なかったら見送り、という感じです。

Q：関所を超えたらその瞬間に買うということですか？

そうですね、逆指値を置いているので。そうしないと絶えず監視をすることになるのですが、監視をしていても、そういう人に限って決断力がないから迷うのです。「どうしよう、どうしよう」と思っているうちに、株価が上がってしまう。そして翌日、ギャップアップしたところで買ったら、とどめの下げですね。

銘柄の習性もあるので、過去1年から2年を見てどんな動きになっているのかを読むのです。それによって仕掛けの位置、ロスカット、あるいはストップの位置を微妙に変える必要がありますね。

Q：それが利益確定になるにせよ、ロスカットになるにせよ、とにかくトレーリングストップを使っていくことを基本にするのがよいと？

そうですね。これは70歳の人でもできる方法です。ハラハラドキドキせずにルール通りにやる。駄目な場合も、かすり傷程度ですみますからね。一発勝負で博打をするのではなくて、小さく儲けるということです。

「70%」が現実的な数字

Q：ポジションを持っている期間というのは平均するとどのくらいになりますか？

スイングの場合には、2日から3日ですね。

Q：利回りなども考えると、スイングが一番効率的なのでしょうか？

たぶんその人の性格でしょうね。せっかちな人の場合には、2日、3日も待てないからデイトレになるわけです。私は気が長いほうですが、株価の動きを見てしまうと1年も何もせずにいるのはとてもできません。せいぜい半年ですね。

Q：せっかちでもなく、のんびりでもない普通の人はどのくらいの期間がいいのでしょうか？

1週間くらいでしょうね。でも、トレーリングストップでついていけない場合が多いとは思いますが。うまくいけば1週間で10％くらい動く銘柄もたくさんありますからね。10％動いたら、そのうちの70％を取るイメージなので、株価に対して考えると7％くらいを取るという感じです。

Q：なぜ70％を狙うのでしょうか？

確率的なものです。例えば、値幅が10あった場合、10を取るのは理論的に不可能です。大底で買って天井で売るというのは無理です。9はどうかというと、仕掛けがちょっと遅くなったら取れないと思います。このように考えていくと、仕掛けが多少遅かったり手仕舞いが多少遅くなっても現実的に取れるのはどのくらいかというと、値幅の7割くらいかなと思います。

トレーリングストップが有効に機能する銘柄とそうでない銘柄がある

Q：1週間くらいでやる場合、勝率はどのくらいに収まるのですか？

つなぎを使わずにスイングだけの場合ですと45％くらいですね。残りの55％はロスカットになります。でも、45%のほうで大きく取れるので、結局、利益は大きくなります。

Q：1回当たりの利益と損失の比率はどのくらいですか？

毎回違うので一概には言えないですね。でも、トレンドが強いときには、思った以上に利益が取れるときもあります。2008年の下げのときでも住友信託銀行で利益確定をしていったら数カ月前よりもキャッシュが大幅に増えていました。下げでこんなに儲けたのかと思いましたね。

Q：これも回帰線などを使ったのですか？

これは、無意識でそれをやっていたとは思います。やるときには上と下で注文を入れて待っていました。このラインを割り込んだら売り、このラインを超えたら買いというように、両方に注文を置いていたのです。この場合は下げだったので自動的に売りから入りました。

Q：注文を入れておいた価格は、過去の高値安値ですか？

高値を更新できずに反落してきて、中期上昇トレンドラインを割り込んできたあたりからです。日経平均を見ても個別銘柄を見ていてもどれも下げてきたので、これは下に行きそうだなと思ったのです。

Q：売りの場合のトレーリングストップはどの辺に置くのですか？

前日の高値を抜けたら、ですね。住友信託銀行は10年間検証していますが、このルールでやると通年で1回も負けなしです。でも、まったく同じ手法でオークマをやったらすごく悪かったですよ。つまり同じやり方でも銘柄によって違うので微調整が必要ということです。

Q：銀行株はトレンドが出やすいのでしょうか？

それもありますが、ノイズが少ないということもあります。素直に上がっていく、もしくは下がっていく銘柄はトレンドについていけるのです。でも、日替わりで上がったり下がったりすると、すぐにトレーリングストップにひっかかります。

Q：これまで伺っている話では、トレーリングストップが有効に機能する銘柄が前提になるので、ノイズが少ない銘柄を選んだほうがよいということですか？

もちろん、そうです。やるときに、バックテストをやることです。

Q：ノイズの少なさはどうやって計算するのがいいのでしょうか？　標準偏差ですか？

標準偏差では上ひげ、下ひげまではわかりませんからね。高値、安値を見てそれでうまく切り上がる、切り下がるというのを数学的表現で計算します。

Q：数学的表現とは？

時系列の相関係数です。専門用語では自己相関係数（ＡＣＦ）というものがあります。普通、2つの事象があって相関係数がマイナス1からプラス1までですが、自己相関係数の場合には前の日の安値が上がった、だから今日の安値も上がる、明日の安値も上がるという連続性です。要するに、前の日上がったから今日も上がるので、時系列の相関性が高いのです。これが高ければ高いほど、今日も上がったから明日も上がる、明後日も上がるとなって、つまり滑らかになるのです。それをプログラムしてやっていくと、自己相関係数が高いものを選んだほうがきれいにトレーリングストップでついていきやすいということがわかります。これはエクセルで簡単にできますよ。

Q：ということは、自己相関が低い銘柄は最初から投資対象外になりますか？

この手法には合わないですね。トレーリングストップでついていくにはノイズが多すぎて駄目です。だから、この差が先ほどの住友信託銀行とオークマの差なのです。同じ期間に、同じことをやっても成果はまったく違うのですよ。その違いがどこかというと、自己相関係数が明らかに違うということです。

Q：先ほどの住友信託銀行も自己相関が高いと思いますが、ほかにはどのような銘柄がありま

すか？

今度、どうなるのかはわかりませんが、メガバンクは割と高かったです。

Q：銀行株というのは景気を反映するから景気の動きに素直に動いているという感じでしょうか？

トレンドを見たら素直ですし、出来高も違いますから。やはり流動性が高いと滑らかに動いて、流動性が低いと上ひげ、下ひげがつきやすくなります。それに、ちょっとしたことでギャップアップ、ギャップダウンをするので、連続して上がらなかったり、1日下がってまた上がっていくということもあります。でも、流動性が高いものは、滑らかに上がって上がってを繰り返すので、トレーリングストップでついていきやすいのです。下げも同じで、きれいに下がっていきます。これは銘柄の癖ですね。だから、そういうことをよく見ていないと、同じ手法でもうまくいく場合と、いかない場合が出てきます。全部ケースバイケースなのです。

一番難しいなと思うのは、銘柄を頻繁に変えることです。多くの人はそうやっていますが、そんなに頻繁に変えてうまくいくのかなと思います。調べたうえでやるのであればいいのですが、25日移動平均を使うといっても、それがうまく機能する銘柄とそうでない銘柄があるので、それをきちんと知っているのか、ただ単に闇雲にやっているのかというところですよね。闇雲にやっているのであれば、当たるも八卦、当たらぬも八卦ですからね。

Q：大型銘柄で、自己相関が強くて、かつ流動性があるものがトレーリングストップには向いている。ただ、情報が瞬時に価格に反映されます。これが効率的市場です。なので、優位性がそれほど高くないのかなという気がしますが、いかがですか？

スイングの場合、それはないですね。変な価格はつかないけれどもトレンドははっきりしていますから。要するに、これがトレード利益の源泉ですよ。トレンドが起きるから利益が出るのです。トレンドが起きない銘柄では利益は生まれません。でも、個人投資家は、トレードでの利益の源泉が何であるかを考えていないように思いますね。『「何だかいいな」と思う銘柄を適当に買えば儲かる、それが源泉だ』というように錯覚を起こしているのではないでしょうか。

でも、本当は違うのです。トレードをビジネスと考えた場合には、トレンドが利益の源泉なのです。利益を分割すると、何かと何かが利益の源泉になっているのです。トレードの利益の源泉のひとつはトレンドですよ。トレンドが起きなければトレードで利益を出すことはできません。トレンドが上でも下でも、それが続けば利益の源泉になる。だから、銘柄を選ぶときに一番大切なことは、トレンドが起きやすいものを選ぶということです。「上がる・下がる」ではなくて、「上げ方・下げ方」が重要なのです。

Q：銀行以外で、このセクターがよいというようなものはありますか？

自分の趣味にもよりますよね。私は銀行出身なのでね。あとは一般投資家に勧めるのは、やっぱり証券株です。証券株は、証券市場が上がれば株価も上がるし、下がれば株価も下がります。だから、「あれこれ選んでいるよりは証券株をやったらどうですか?」ということです。あとは選んだ証券株の過去の値動きを調べて、どういう建て玉をすればいいのかを研究すれば、日替わりであれこれとやっているよりは利益はずっと良くなると思います。

究極的には日経225先物とかに行くのでしょうね。そうすれば、そこだけ見ればいいわけで、研究するにしてもそれだけすればいいからです。

いろいろな銘柄を見たいと思うかもしれませんし、それはそれでおもしろいのかもしれませんが、おもしろいのと安定的に利益が出ることは違います。

日経225先物について

Q：ところで、日経225先物は売買されるのですか?

今はやっていませんが、私のスタートは日経225先物です。デイトレもそれから始めて、それを観察することによって225先物に匹敵するような流動性のある銘柄で同じルールが適応できると思い、ルールを作ったのです。日経225でスタートして、デイトレでルールを決めて、スイングのルールも決めて、やっと個別銘柄にいったという感じですね。

Q：225先物は、どのような戦略で利益を上げていたのですか？

そのころは、あまりにもレバレッジが高かったので長くポジションも持てずにデイトレしかやりませんでした。デイトレルールを作ってやっていました。日足の場合には、中期トレンドを見て短期トレンドを狙う。デイトレの場合には日足のトレンドを見てデイトレの戦略を決めるということです。日足で見てトレンドが下げているのであれば、売りから入るということです。

あとは何を仕掛けと手仕舞いのスイッチにするのかですね。これもいくつかポイントがあります。手仕舞いはすべてトレーリングストップです。仕掛けたあとはセミオートパイロットのようなもので、5分ごとにトレーリングストップを変えていきます。午前中に1回やったらそれで終わり。午後も1回だけとか決めていましたね。

Q：当時はラージで何枚くらいでしたか？

1枚から5枚ですね。

Q：お話の中で出てきたデイトレードのような、中期のトレンドに沿ったトレード以外に有効な切り口はありましたか？

パターンはありますね。例えばウップス買い、ウップス売りとかです。それも自分のルールの中に入れていますし、自分独自のものもあります。過去のデータを見ていくと、けっこう有効だったりしますよ。巷に知れ渡っていて有効なものは、寄り値上抜け、寄り値下抜けです。下げトレンドでいったん寄り付いて、上がってから落ちてきて寄り付きの値段を割ってきたら、そこが売りのポイントになります。寄り値上抜けは、上昇トレンドで寄り付いてから下がってきて、今度は上がって寄り付きの値段を抜けた瞬間に、ここから買いで入るという方法です。その日の日足ベースのトレンドと合うから、しばらくそれで動きますね。

チェックは厳重に。そして、あくまでも自分のルールで

Q：ここまでの話では移動平均線、回帰線、トレーリングストップの方法を教わりました。ほかにテクニカル的な見方の中で、これは外せないというものはありますか？

大まかにはこれでいいとは思います。細かい部分であれば、１０日移動平均線を基準にしてスイッチオンにするか、ちょっと早くやりたいのであれば、例えば売りの場合、高値移動平均線を使って入るという方法もあります。ロスカットは、売りの場合には売って下がって、戻っ

たときに安値移動平均線に引っかかった場合にはそこで手仕舞いです。そうすれば、高値と安値の幅が取れるのです。なので、高値と安値を行ったり来たりするのであれば、何度でも取れます。

Q：逆に、普通の人が有効だと言っているけれども、実はそうでもないというものはありますか？

例えばボリンジャーバンドの場合、価格の値段の正規分布を前提にしていますよね。でも実際には価格の値段の正規分布は理論的には間違いなのです。例えば、ブラックショールズはそれを前提にしていません。これは収益率の正規分布を前提にしています。実際のデータを取ると収益率はほぼ正規分布になるのです。でも、価格については、正規分布は絶対にしません。理論的にはマイナスが出てきてしまうからです。例えば、10円幅で上がったり下がったりをしているのであれば、理論的には100円の株が10回以上連続で下がることはあるわけです。そうすると、理論的には100円の株はマイナスの株価になってしまうのです。でも、収益率で考えて何%の幅で変化するとすれば、マイナスのラインにはならないのです。要するに、ブラックショールズモデルは、収益率が正規分布するという前提なのです。

同じようにボリンジャーバンドでやるのであれば、収益率で換算をして、あとで値幅に変換させるならよいと思うのです。もともとブラックショールズで想定している動きと理論的なつながりがないので、オプションのプライミングでは直接結びつけることはできません。

また、収益率で換算したからといっても、それは単なるアカデミックな話であって、実際に役に立つのかどうかはわかりません。私自身、ボリンジャーバンドについては、例えば下げトレンドであれば、上昇トレンドが起こった場合の戻りの限界を2σか3σ付近で確認するのに使います。でも、下がっているその限界を見るには全然役に立たないのです。さらにずるずる下に行ってしまうのです。しかし、でも戻りの場合には、2σまで上がって来たら力尽きてもう限界だろうと判断することもできます。あるいは3σまで来て、そこで天井を示すようなもの、例えば、上ひげとかですね。それが出て、翌日安値を割り込んだら即売りというような見方をするわけです。それなら有効です。

でも、逆に下げているときマイナス3σまで下がったからそこで止まるかというと、そんなことはありません。どんどん下がっていきます。でも戻った場合には、非常に高い確率で有効なのです。自分の検証の結果では、それ以外ではあまり有効な使い方はないですね。

Q：そう考えると、ボリンジャーバンドというのはアカデミックな見方であって、実戦から見ると少し違和感はあるけれども、現実的には使い道はあるということですね。ほかに何か、このツールを使うときにはここに注意をするとか、これは使わないほうがいいというものはありますか？

片方にバイアスをかけて使うと使い物になります。ＲＳＩもストキャスティクスもそうですが、下がってきているところでの戻りの限界では有効なのですが、逆にトレンド方向では歯止めが利かないのです。ここまで来たから戻るかというとそうでもありません。例えばRSIで言えば、25くらいを割り込んだら買いだとよく言いますよね。でも、下がっている中では25を割り込んでもまだ下がるのです。でも戻りでは75まで上がると、もうそれ以上は上がらないのです。

だから、二重三重とチェックをするわけです。「戻りはRSIで見ると限界が来ている」というだけでは不十分なのです。トレンドが下向いているところで、サインを見るのです。日足を見たときに、いくつか売りのパターンを思い浮かべればいいわけです。でも、売りのサインが出ていても、まだ売りません。明日になって今日の安値を割り込んだら成行で売りとなるのです。だから今日の夜やることは、今日の安値の2ティックか3ティック下に逆指値で成行売りを置いておくことです。それで終わりです。約定をしたら今日の高値の上のところに、ロスカットなり、つなぎを入れておけばいいのです。その2つです。私はそれを続けているだけですよ。

個人投資家はたぶん、ローソク足をよく知らないと思いますが、120種類くらいしかないのだから、その気になれば1週間で覚えられますよ。

Q：検証はエクセルで？

目視ですね。目視でボリンジャーバンドを見て、「やっぱりバイアスをかけたほうが使い道があるな」と思いました。数値で検証する場合にはエクセルを使います。自分のルールを決めるときとかですね。住友信託銀行とオークマのものはエクセルでマクロ（簡易なプログラム）を組んでやっています。

Q：株価チャートはどうやって取得しているのですか？

Ｆｃｈａｒｔ（エフ・チャート）です。フリーのものもありますが、私の場合にはＦｃｈａｒｔマクロを使うので有料です。

Q：ＩＰＯバブルのような場合、それまでの概念がはまらないような動きをする場合もあると思います。ただ、バブルというと、素人がある程度儲けやすいタイミングでもあるような気もするのですが、こういったバブルについてはどうやって考えていけばいいのでしょうか。

トレードに関しては、バブルに乗ってはいけないとか、バブルに乗ったほうがよいとかは関係なくて、どんなときでも自分のルールに従ってやることが大事なのです。バブルだからそれに乗るということ自体、自分のルールがないということになるのです。ビジネスで言うのであれば、「今これが儲かるからそれを作る。今度は違うものが儲かるから、畑違いだけど、それじゃ変えよう」というようにやっていたら駄目ですよね。

トレードも同じです。自分の得意なドメインがあるはずです。だから、それから外れたことは、自分にはまったく関係がないと思うことです。だから、トレードはビジネスと同じなのです。あれもこれもとやっている会社はつぶれていきますよ。

Q：1ショットのロットについてですが、仮に100の資産があるとしたらどのくらいが適正なのでしょうか？

人によって違うと思います。でも、実用的なことを言うと、あまりにも元手が小さいと絶対額が小さいですからね。1ショットを額で言うのであればせめて100万円～200万円くらいでしょうか。計算もしやすいですよね。10％だったら10万円、20％だったら20万円というように。そのくらいであれば1日、2日くらいで儲かることもあるので、これでもけっこう嬉しいですよね。それが1銘柄に対してなので、10銘柄であれば1000万円になります。なので、株価が少し動けば利益も100万円くらいになってきます。

なので、100万円～200万円の間で、銘柄数によって変えるということですね。私の場合には、整数倍で大きなポジションを持ったりします。

個人の場合には、銘柄数を考えても300万円～500万円くらいの資金があったほうがいいと思います。あまりにも分散をして1銘柄の投資額が20万円、30万円となると、分散しすぎです。せいぜい100万円を切らない、そして2000万円を超えない程度にしておけば、500万円もあれば2銘柄はできます。残りの100万円は遊ばせておけるのでやりやすいかなと思います。

FXよりも株のほうが簡単

Q：最近FXが流行っていますが、これについて注意点はありますか？

FXはレバレッジが利いているので、利かせすぎないということでしょうね。それと、FXにせよ株にせよ、なぜ上がるのか下がるのかという理屈を理解したうえでやらないと自分の予想と大きく反対に動いたときにパニックになって思考停止になります。

Q：FXにおいてはなぜ上がるのか下がるのかを考えていくのは、複雑なので難しいですよね？

そうですね、難しいです。株のほうがわかりやすいです。だから、私は株をやるのです。もともと銀行でもFXをやっていたので、そちらのほうがいいのかなと思ったのですが……。でも、FXがパブリックになってきたのはここ最近ですよね。だから、私がやろうかなと思ったときには、やれなかったのですよ。

Q：国債は考えませんでしたか？

考えないです。要するに、あれもこれもというのは無理だと思ったのです。だから何かに特化しようと考えて、結果、自分が向いているのが個別株だったのです。わかりやすいもので、自分が処理できるものです。

そういう意味でリートは無理です。さほど研究もしていないので仕組みがよくわからないし、上げ下げする理屈もよくわかりません。合理的に値付けされているのかもわからないような商品には手が出せないです。だからリートははじめから一切無視ですね。

ファンダメンタルについて

Q：ここまでは、主にテクニカルの話でしたが、材料などのファンダメンタル的なことは入れないほうがいいのでしょうか？

個別の材料はほとんど考えません。ただ決算の上方修正、下方修正は常に重視します。

Q：それはテクニカルとのバランスを考えると、すごく難しいことになりますよね？

決算の数字というのはトレンドに影響を与えます。1日2日ではなくて、上げトレンドのときにそれを裏付けるような決算の数字が出てきたら、やはり上げトレンドにしておきます。下げトレンドでそれを裏付けるような下方修正が出てきたら下げトレンド続行ということです。裏付けという意味ですね。経済指標と同じです。国全体のものと個別のもので自分が持っている銘柄のフェアバリューを計算してみます。

Q：フェアバリューの計算方法は、大枠としてはどうされていますか？

正確に実務でやっているのは、「これからの5年、10年の売上見通しを立てて、売上が変わるのであれば運転資金もこう変わって」という感じです。設備投資に関しては、今の会社でいえば一定なのか、変わるのかを考えて、最終的にはフリーキャッシュフローがどうなるのかを計算します。それを10年より先、永遠に予想することはできませんが、そこから先はある一定のパターンでフリーキャッシュフローが増えていく、減っていく、あるいは横ばいという仮定をおいて、それから先を予想します。その会社の資本コストでフリーキャッシュフローを割り引いてやると現在価値が計算できます。その結果、事業価値が出てくる。その会社が持っている有価証券とかキャッシュを上乗せして借金とか社債などの有利子負債を引くと、残った分が株主の取り分になります。これを発行済み株式数で割ったものが理論株価です。

ただ、実務はそうなのですが、個人レベルでは5年、10年先までの売上予想はできないと思います。理屈はそうなのですが、「でも株価って本当にそう決まっているのかな？」というのが私の疑問なのです。なぜかというと、数字が発表された瞬間に株価がパッと変わるわけです。ということは、投資家全体で暗黙の、もっと簡単な「公式」があるはずなのですよ。そうでなかったら、そんなに瞬間的には決まらないのです。下方修正が出て下がるのですが、あるところで寄り付きますよね。だから、誰かが何かを「計算」していると思うのですよ。「今はこれくらいでいいだろう」ということで。実は、この検証もしていますけどね。

Q：およそどういうところを見るのですか？

要するに、キャッシュフローについても、そんなに先を計算するのではなくて、過去数年の平均のキャッシュフローをヒストリカルで計算するのです。それが今後これくらいのペースで上がる、下がる、あるいは横ばいというようにある程度はざっくり考えると、計算ができるのです。予想ではなくて仮定ですね。下方修正されたのであれば、その下方修正された数値のままでずっと続くとなったらどうなるのかを計算すると、ほとんど今の株価になる場合も多いです。

Q：下方修正された数字を見て、来年も同じ数字が出ると考えるのですか？

それと過去、2、3年と比べての平均です。要するに、これからの未来を全部を考えるわけなので、来期の1期だけで決まるのではなくて、投資家は直近の3年くらいの平均程度は続くのではないかと考えているのかなという仮説を立てて検証してみたのです。そうすると、この会社の場合はキャッシュフローが横ばいで計算しているなとか、逆にある会社はキャッシュフローがじわじわ上がっていくパターンで計算しているなとか、あるいは下がっているパターンで計算しているなということがわかるのです。動きとしてはこの3つで、あとはどれだけ上がるか下がるかをさじ加減でやります。そして、業種によってこの業種は横ばい、この業種は上がる方向で見ているというように、方向性を見ていきます。そうすれば簡単に計算ができます。何も個別にやらなくてもいいのです。

もちろん、ある会社の場合にはこのパターンで良いけど、こちらの会社の場合には成長率を入れたほうが良いとかいう場合もあります。すると、資本コストなどのさじ加減で変わってきてしまうので、資本コストをどう見積もるのかというのがポイントになりますね。

あとは株式のリスクプレミアムです。いろいろな実証研究では4・5～7％だと言われていますが、4・5％で見積もるのと7％で見積もるのではだいぶ違うのですよ。4・5％で見積もるとフェアバリューは割と高くなります。7％で見積もるとちょっと低くなります。パナソニックで計算してみると、8％で見積もった数字が過去数年間の株価の最高値を暗示しているのです。しかも、過去3年間のキャッシュフローが未来永劫変わらないという前提で計算すると、ちょうどパナソニックの過去3年の最高値と同じくらいになります。

トレードでは観察と気づきと検証が大事。それらをもとに不動の軸を作る

Q：今のような投資法を確立するまでの研究期間を踏まえて、これから研究しようとしている人に何かアドバイスはありますか？

観察と気づきと検証でしょうね。まずは観察をすれば自分なりの気づきがあります。それで仮説を立てて、それがどの程度有効なのかを検証をする。その繰り返しです。だから自然科学の観察や実験とまったく同じだと思います。私はトレードをやっていて「人生とトレードはまったく同じだ」と思ったのです。つまり、分解すると「自分の意志でコントロールできるもの」と「自分の意志でコントロールできないもの」の2つしかないのです。人生も相場も、この2つから成り立っています。ほとんどの人はコントロールができないものを一生懸命コントロールしようとしています。でも、そんなことはできないのだから、最初からあきらめましょうということです。それよりももっとできることがあるのだから、それに特化してやればいい。相場で言えば、正確な予測はできないのだから、予測しようと無駄な労力を使わないで、できることをやる。それはよく観察して自分のルールを持つ、そしてそれを実行することです。これは100％自分でできるのです。

人間、正確な予測はできないのです。勝手に思い込むことはできますが、実際に未来に行っ

て見てくることはできませんからね。それなのに、ほとんどの人は、そればかりをやろうとして本来やるべきこと、例えばマネーマネジメントをまったく無視、建て玉の操作もまったくしないし、真剣にチャートを見ようとしないのです。

でも、儲けたいという欲だけはありますから、その結果、何をするのかというと、インターネットでいろいろなサイトを見て銘柄を変えて一喜一憂するのです。それに喜びを感じるから、うまくいかないのです。

これは人生も同じです。本来やるべきこと、やれることがたくさんあるにもかかわらず、そのやるべきことをやろうとしない。でも、出世したい、お金を儲けたい、そればかりです。それで無駄に5年、10年、20年が過ぎていく。

例えばサラリーマンでいうと、会社に入ってから自分の与えられた職務で勉強しなければならないことは山ほどあるのです。それを着実にやっていると、当然、会社にとって重要な人物になってくるのです。そうすると「この人がいなくなると困る」となります。でも、何もやらない人は「この人はいてもいなくてもいいけど、会社の景気が良いから一応雇っておこう」となります。だから、会社が苦しくなったら真っ先にクビになるのです。なくてはならない人物というのは、最後まで残ります。単純なことなのです。リストラされたくないのであれば、自分の与えられた環境とポジションで、今できることをしっかりやればいいのです。それをやらずに、とにかく出世させてくれとか、ボーナスを上げてくれというのは徒労なのです。もちろん、やるべきことをやっても、必ず良い結果が来るとは限りません。でも、それは甘んじて受けましょうということです。その覚悟さえできたら、何が起きても大丈夫ですよ。それが自分の中での不動の軸になるのです。不動の軸ができるということが、私の中では「悟り」なのです。要するに、何が起きても動じない、何が起きても自分の中では想定したことなのです。

相場でいうと、通常の動きであれば、上がっても想定内、下がっても想定内ということになりますよ。だから、どちらが起きても動じないのです。ただ、想定外なことが起きたときに何をするのか決まっている。なおかつ、それだけではなくチャンスがきたら自動的にスイッチオンとなって、同じように自動的にスイッチオフとなるのです。ほかに何をすることがあるのですかということです。だから私は動じないのです。

人生も同じで、上り坂もあれば下り坂もあります。上り坂しかないということはありません。でもいつ下り坂になるのかはわからないので、これは相場と同じだなと思ったのです。いろいろな不幸な人を見ていると、相場が下手な人と重なってくるのですよ。欲はあるけど、やるべきことをやっていない。そして、やれないことばかりをやろうとするのです。

あとは「どうでもよい」という考えも必要です。長い人生の中で2カ月負けても、それはどうでもよいことなのです。地球ができてからの長い時間の中では自分の人生は瞬きくらいなのに、それでどうこうしても「それが何なの?」ということですよ。

私の場合、人生で最も重要なものは「愛」なのです。生命を見ていて共通することは命を産んで存続させようとすることです。変化に対応できない場合には滅んでしまいますが、必ず生き延びて何らかの形で進化していきます。

人間も同じです。いろいろな形を経て今の形になったのです。共通しているのは、必ず生まれた命を必死に守ろうとすることです。親が教えなくても、子供は危険がきたら、それから逃げようとするものなのです。

あるとき、ある門下生が「恋と愛はどう違うのですか?」という質問をしたことがありました。そのときにピンときたのが「恋というのは命を生み出す仕組みで、神が作ったんだ」ということです。恋があるから命ができる。でも、恋だけでは命は続かないのです。生まれた後に愛がなければならない。命を守って繁栄させようとする、そのときに自分の犠牲を顧みずに命を守ろうとするのが親の愛です。恋は命を作る原動力ですが、愛は命を守ることなのです。

つまり、神の意思というのは愛をもって命を育て、守って繁栄させていくことなのです。だから、人生においてもっとも重要なのは神の意思に沿うこと、つまり命を守って繁栄させていくことなのです。言い方を変えれば、誰かの役に立って人を育てること、これが自分の絶対正義だと思っています。自分の人生においてやることはお金儲けではなくて、誰かを助けることなんだと、さらに言うのであれば希望を与えて、勇気を与えて、感動を与えて、誰かを励ますことが、自分にとってのこの世での存在意義である、と。だから、私はこの世にいるのだと思います。決して自己満足で株をやってそれを自慢することではないのです。ましてや、哲学なき成金のように派手な生活をしたいとはまったく思いません。それをより一般化して、やり方も体系化して、誰かに引き継いで発展させてもらう。結果、誰かに希望や勇気を与えるようにしていくのが、私が受けているこの世での使命だと思うのです。そういう意味で、私の中では迷いもないし、人生の方向性に関して迷わなくなったということで悟りなのです。

結局、より普遍的な何かを基準にして判断すると迷わなくなるのです。そうすると右往左往しなくなります。生き方においては、自分が何かに迷ったときには、愛の心を持っているかどうかです。私利私欲のためとか、自分だけが良ければよいということではなく、もちろん、それが必要な場面もあるのですが、それプラス誰かのためと思ってやっているかどうか、そして長続きするかどうかだと思いますね。そうすると恐れがなくなるのです。だから悟りなのですよ。

これまでを振り返ってみて

Q：これまでのトレードで最高のトレードはどういうものですか？　なぜそのトレードができたと思いますか？

最高のトレードという点では、利益額がいくらということではなくて、自分のルール通りにできたかどうかです。相場が自分のイメージとは違う方向に動いても、ルール通りにできたかどうか。これができたときには、結果がどうであれ最高のトレードができたなと思います。
金額で考えたときには、予想だにしなかったことが起きて、それにたまたまうまく乗ってしまったというときはあります。このときは額としては最高でしたが、トレードの質としては完全に悪いでしょうね。自分の戦略ではなくて、運が良かっただけですから。でも、最高のトレードとは何かと自分の中で定義をしてから言わないと、ほとんどの人は金額で話をしてしまうと思います。

Q：自分のルールに従うことができたトレードが最高のトレードだとして、その中で特にこれは良かったというトレードはありますか？

今回（2008年後半～2009年1月）の下げ相場ですね。戦略通りに下げました。これは売りです。まずは戦略ありきなので、戦略を立ててそれに従うことができたということです。今回の場合には、現象である株価が下がっている、トレンドも下がっている、その裏付けであるファンダメンタルも下げである、つまり景気がどんどん悪くなっているということです。ということであれば、戦略も建て玉も売りになります。そして、一時的な戻りに対してはつなぎ買いで対応をします。当然、一時期戻ってもまた落ちてきますよね。どこかでトレーリングストップになれば、また売り直しというようにやっていったらどんどん下げていきました。下げるとは思っていても、あそこまで下げるとは思わなかったですね。そういう意味では結果的に思った以上に儲かることもあります。でも、これは自分が意図したことではなくてたまたま相場の波が合ったというだけです。だから、額だけ見ればいいのですが……、という感じでもあります。

こういうことは誰でも100回に1回くらいはあるものなのです。でも、再現はできませんよね。再現できるトレードが最高のトレードであると思います。自分の戦略を正しく立てることができて、その戦略と現象が一致すれば、それは最高のトレードとなります。

Q：逆を考えると、戦略があってもその通りにできなかったら、駄目なトレードということですね？

自分の中で何らかの葛藤があって、自分の戦略を信じきれずに反対のポジションをとると大負けしますね。また、現象である株価の動きを無視して、ファンダメンタルズ重視の戦略だけでトレードするのは駄目です。2000年から2002年くらいはそういうことがありました。ファンダメンタルは底を打っていたのですが株価は下げていたのです。これは裏付けと現象が喧嘩をしている状態なので、「どっちかな」と考えるわけです。でも、経済指標を見ると好転しているのだから、もう底を打つと思っても、株価はどんどん安値を更新していきました。この時期は「なんでだろう」と思っていましたね。

Q：この当時の戦略は？

このときは、今のように「戦略」という考えが明確には頭の中になかったのです。漠然とはあったのですが、はっきりと言葉で言えるようになったのはその後のことです。ただ経験的、理論的に「こうだろう」というのは思っていました。でも、株価は下がるからおかしいなと思ったのです。そのころ、逆張りの本を読んで実際にやってみたのですが、どんどん安値を更新していったので、思い切って切りましたよ。そのころはファンダメンタルとかマクロ経済を重視していて「そのうち戻るだろう」と思っていたのです。結局、株価が底を打ったのが2003年の4月末くらいで、そこから日経平均も反転しましたね。普通は株価のほうが先に動くのですが、このときは銀行の不良債権問題が解決していなかったのです。

要するに、現象である株価の動きが重要なのであって、その裏の部分にこだわると駄目だなという良いお手本です。現象と裏付け、両方が一致しないとうまくいきません。

感情をいかにコントロールするか

Q：ひとつの情報を多くの人が見て、それをもとにトレードをしますが、その中で勝てる人と負ける人がいます。この違いはなぜ生まれるのでしょうか？

まずは判断するときに知識がなければ駄目ですね。知識がないと認識ができません。認識ができて、その次に感情のコントロールができて行動ができるのです。ここまでいかないと勝てません。ほとんどの人は、まず知識がないのです。

例えば、鉱工業生産指数を見ても、知識がないとそれが何を意味するのかわかりません。有効求人倍率も同じで、それが何を意味するのかわからないから判断ができないのです。見えるけど、何もわからないということです。例えば、赤ちゃんが〝はいはい〟で横断歩道を渡っているときに、トラックが迫ってきたとします。このとき、赤ちゃんは何もできないですよね。でも、大人は危ないと思って行動できます。この違いです。つまり、大人は危ないという知識があるからよけることができますが、赤ちゃんはその知識がないからよけることもできません。

このように知識があれば、読めるのです。例えば有効求人倍率が下がっているときに、知識があれば「これはヤバい」と思えるでしょう。知識があるから、上がっていた有効求人倍率が頭打ちになったときも「ヤバい」と思えるのです。

Q：知識は得たけれども、認識ができないということはありませんか？　あるいは認識の段階でゆがみが起きるということは？

知識が不十分だと、正しく認識できないのです。鉱工業生産指数は、2008年10月くらいまで割と上昇トレンドで、有効求人倍率は2006年くらいに頭打ちになったのです。どういうことかというと、鉱工業生産指数だけを見ていると、2008年の秋くらいまでは上がっていたのですが、有効求人倍率は先に下がったのです。鉱工業生産指数だけを見ていれば、まだまだ行けると思うのです。でも、有効求人倍率を併せて見てみると危険信号が出ていたのです。企業の景気が相変わらず良かったら、もっと求人するはずです。ここが頭打ちになること自体が、日本経済全体を見た場合、もう危険信号なのです。この意味がわかっていた人はすぐに理解できたはずです。

Q：次は感情のコントロールということですが……。

危険信号だとわかっていても、偏見とか思い込みがあると、認識通りに動けません。自分のほうが正しいと思ってしまいますからね。そして、行動にもゆがみが出てくるので、売るべきところで買ってしまったりするのです。

大切なことは、「株価というのは先を見るもの」ということなのです。過去を見てもあまり意味がありません。ただ、「先のこと」というのは、企業内部の人が見てもわからないのだから外部の人が見てもわかるわけがありません。個別株の企業の業績がこの先どうなるのかについては、なかなかわからないですよ。そうはいっても、日本経済がどちらを向いているのかはかなり的確にわかります。いつまで続くのかはわかりませんが、1カ月、もしくは2カ月先に景気が良くなるか悪くなるかは、だいたいわかります。それが戦略です。

企業は日本経済の中で動いているので、日本経済が縮小するときには売上が上がるはずがない。こういうことを、確信をもって言えるかどうかです。下がるのであれば、確信をもって言えるのかどうか。確信があれば、行動ができます。

大きな経済の歯車の中で動いている企業はどんな企業なのか、その経済が縮小するのであれば中にあるものも縮小するのが自然の流れです。逆に、拡大するときには株価も上がっていくから、戦略としては買いになるわけです。買い玉はロスカットをしないで、つなぎで対応します。下がれば逆です。これを繰り返せばそこそこの利益は出ると思いますね。

個別の企業をどうこう考えるのは難しいですが、それも、その企業のビジネスがわかれば、「日本経済が拡大すれば上がる、縮小すれば下がる」というのはわかります。ユニクロのような特殊な企業は別ですが、トヨタ、ソニー、パナソニックなどはみんな巻き込まれています。なぜなら、日本経済の歯車の中にいるからです。どんなに努力をしても駄目なのですよ。どんなに巨大なタンカーでも大津波が来たら飲み込まれます。だから、一番大切なことは戦略なのです。

この下げで負けている人のほとんどは、その戦略を無視しているか、あるいは戦略が大事だということを理解していないか、理解していたとしてもどうやって戦略を立てればいいのかわからないかでしょうね。

Q：世の中にはたくさんの信用ならない情報がありますが、その中で信用できる情報は、どういうものですか？

見る価値のあるものは、基本的に一次ソースだけです。誰かの解釈ではありません。だから、政府が発表している経済指標とか統計です。これはどんな解釈も入っていない生の情報ですから。でも、見ようと思ってもたくさんありすぎるので、株価との連動性が高く、見やすいものがいいですね。

あとは、東証が発表している日本株式全体の数字です。騰落指数とかその前の、上げ銘柄数、下げ銘柄数です。信用残も多少は考慮したほうがいいでしょうね。空売りをするときに逆日歩がついていると苦労することもありますから。あまりにも信用倍率が低いと逆日歩がつくこともありますし。

戦略・戦術・戦闘法。この3つが自分の強み

Q：トレードにおける自分の弱点は何だと思いますか？　それをどうやってカバーしていますか？

今は大学で教えているということもあって、トレードに時間があまり取れません。以前は24時間自由に使えたのですが、今は1日の中で30分とか1時間くらいしか使えなくなりました。だから、大きなポジションが取れないので、小さなポジションでストレスにならない程度に、そして記

録を取らなくても覚えていられる程度でやるようになっています。小さなポジションといっても、平均的なサラリーマンのポジションに比べればかなり大きいとは思いますが。やはり時間が一番の弱点だと思います。

あとはモチベーションです。今は学生を指導するほうにモチベーションが行っているので、ケアレスミスなどを起こさないようにと自衛本能が働いてポジションも小さくなっているのだと思います。万が一、うっかりしてしまってもダメージが少ないようにと考えています。

Q：収入とか資産という面では、残りの人生を謳歌できる見込みが立ったから、違うほうにウエイトを置くようになったということでしょうか。

ある意味、そうとも言えるでしょうね。お金のために働かなくてもよいということです。人生の目的を持って、残された人生をどうやったら悔いを残さずに過ごせるのかなと考えたときに、少なくともトレードでガツガツ儲けることではないなと思いました。ここで感じたのは、ひとつはお金をどうやって使うのかと、もっと重要なのはどうやって人を育てるかなのです。だから、今は気持ちもそちらに向いています。

Q：ちなみに、どんな人を育てていきたいと考えていますか？

トレードでは、私の考えや意志、哲学を引き継いでくれて、それを発展継承してくれる人を

10人育てることができればいいかなと思います。その10人がまた10人育てれば、どんどん増えていきますからね。

Q：逆に、トレードにおける自分の強みは何ですか？

戦略的思考でしょうね。これはほかの人とは決定的に違うと思います。戦略がしっかりしているから、どんな相場であっても、何歳になってもできるわけです。ギアみたいなもので、カチャカチャと回すと、次がどう回るのかを最初から計算しているのです。触ってみて初めてわかるということではなくて、これを回せば次はどこがどうなるのかがわかるというか。要するに、戦略、戦術、戦闘法が全部かみ合っているのです。

Q：それがファイルボックスのようになっていて、自分が納得できる形になっていると？

そうですね。それに、それを習った人は過去にさかのぼって検証ができるわけです。データはいくらでも手に入りますから。その戦略で2000年の6月を見た場合、売りなら売り、買いなら買いと出ますよね。そのときに日経平均の中期トレンドがどちらを向いているのか。両方が一致している場合には売りなら売りとなるわけです。そこで売り玉を持ってロスカットをしない。一時的な反発は買いつなぎでしのぎ、また株価が落ちてきたところで手仕舞って、売り玉を増やすか、あるいは前からある売り玉だけを残すかということを、検証できるのです。

なぜなら、ルールが決まっているからです。

Q：そうすると、ロスカットの値とか、逆の玉でつなぐとか、回帰線を使うのであれば傾きなどは、全部数値が出るように組まれているのでしょうか？

そうですね。ただし、先にお話ししたように、銘柄によって癖があるので、やる場合にはよく見て、実際に自分がやろうとしたルールがその銘柄に合うのかどうかを検証する必要はあります。だから、すべての銘柄に、すべての局面でぴったり合うような具体的な数値はないのです。全部個別です。

ただ、基本的な考え方は同じです。上げ相場では買い、下げ相場では売り、これは変わりません。

Q：同じトヨタでは、どの時代でも同じ変数を使うということですか？

それは違います。時代によって会社を取り巻く環境が変わるので、それによって変数も変わります。だから、あまり昔のものは参考にはならないです。かといって、1カ月や2カ月では短いので3年くらいを見て、この3年間で有効だったから、この先数カ月も有効だろうという仮定です。ただ、3年というのも自分の仕掛けと手仕舞いのスイッチの組み合わせによって、この銘柄はどのくらいうまく乗れるのかどうかを確かめたうえで決めるということです。

Q：戦略と戦術を組んでいくときには、裁量的な判断も入ってくるのでしょうか？

戦闘法レベルではそうでしょうね。戦略と戦術では裁量はほとんどありませんが、戦闘法、つまり実際のさじ加減のところでは裁量が入ってきます。

例えば、将軍とか参謀が「大局的に戦況を分析し、いつ、どういう陣形で、こうやって囲んで攻撃せよ」というのが、戦略です。攻めるときに「どういう部隊編成でどういう方向から攻めるのか」が戦術です。その先の「末端の兵士が敵とどういう風に戦うのか」が戦闘法です。兵士が近距離から弓で攻撃をするのか、あるいは離れているのか。場合によっては本当に近距離になって刀で攻めるのか。これは今の株価とどれだけ近づけて逆指値で待ち伏せるのかということに例えられると思います。そして、これは末端の兵士の裁量なのです。将軍はここまでは関与していませんからね。将軍は「ここを、この陣形で、このタイミングで攻撃せよ」という指示を出して、大佐などがその指示に従って部隊を指揮して実行するわけです。末端の兵士のように実際に最前線で戦うことは、相場に例えると、「どの程度、今の株価に近づけていくか」ということになります。そして、ほとんどの個人投資はこのレベル、つまり最前線レベルのみで戦っているのです。戦術も戦略も関係ありません。だから、戦局を考えたときに、すごく不利なところで戦っていることもあります。しかも、最悪の条件の中で戦っていることも珍しくありません。しかし、末端の兵士状態ですからそれに気づかないのです。

大事なのは、常に「将軍」の感覚を持つことなのです。企業でいえば社長です。今、自分の会社が置かれた立場を世界経済に照らし合わせて考え、直近の業績は下がってきている、これが意味するのは何なのか。このままでいれば売上が下がってきて、あと数カ月で営業赤字になる、さらに進めば最終赤字になる。このときに人員削減などを考えるかどうか。これが経営者のやることです。それが戦略です。ここで間違えてしまうと大赤字になる、最悪の場合には倒産しますよ。だから、戦略をしっかり考えないと駄目なのです。

Q：自分がほかの投資家（トレーダー）と違うと思うところはどこですか？

やっぱり戦略的思考です。ほかの投資家の方は、この思考を持っていません。だから下げ相場でも買うのですよ。戦略があれば下げ相場で買うということはしませんよ。

Q：戦略がない投資家の中でも勝ち続けることができる人もいますが、そういう人たちと自分の違いは何だと思いますか？

私は基本的に原理原則から物事を判断します。戦略がなくても勝つ人というのは感性が鋭いのだと思います。その感性を信じてやってみて、それがうまくいっているのだと思うのですが、感性というのは、ときに大間違いを犯します。感性のトレードは、体調も精神も絶好調のときにはうまくいくのでしょうが、何らかの原因で非常にストレスを感じたり、私生活がうまくいっていないときは狂ってしまうと思うのです。スポーツ選手が良い例です。彼らは才能と感性でやっているわけです。でも、感性というのはすごくぶれますから、いざというときにメダルが取れない。つまり、安定しないのです。

相場も一緒で、おそらく感性で90歳までやり続けても、最後は大負けするでしょうね。どこかで潮時を知って引退すればいいのでしょうけど、ずっと続けてしまうとね。

何のためにトレードをするのか

Q：ご自身の著書以外でお勧めの本はありますか？

オリバー・ベレスの『デイトレード』（日経BP社）という本です。精神的なものを強調しているからです。やはりトレードに必要なものは精神的なものですから。

Q：尊敬できるトレーダーはどういう人ですか？　それはなぜですか？

トレーダーとしては、ニコラス・ダーバスをけっこう参考にしました。自分のルールを決めて、検証して、そのルールに従ってトレードをして、ということです。彼と私は環境が似ているのです。ほかに本業があるから、トレードに熱中するということはありません。もちろん大失敗もありますが、それさえも私と似ています。歴史に名を残すようなトレーダーはどこかで同じような経験をしていますよね。ルールを作るのですが、自らそのルールを破ってしまって。

特殊な人でなくても、ごく普通の人ができるという点でもいいですよね。特殊な才能がないとできない方法ではあまり意味がないと思います。

あと、トレードを何のためにやるのかということは、すごく重要なことです。トレードは単なる手段なのだから、人生という大きな枠があったときには、トレードはほんの小さな割合にしかならないのです。これを間違えて、トレードがすべてになってしまったら、世界一の不幸者になります。

Q：トレードというものは、やはり経験したほうがよいと思いますか？

金融という点で考えると、どんなに小さな金額でも株式投資は経験しておいたほうがいいでしょうね。世界につながっていますからね。株価に興味を持つと、マクロ経済に興味を持つようになります。マクロ経済は日本経済と世界経済の動きそのものですから、絶えず自分の意識が日本全体、世界全体に向いていることになるのです。結果的に、日本や世界のことを常に考えることになりますよね。

Q：株式を投資対象として、その中でも特に経験したほうがよいということはありますか？

やはり戦略的な思考です。風が吹けば桶屋が儲かるというように。先ほども話したように、「有効求人倍率の数字を見て、なぜそうなっているのか、それが意味することは何なのか、このままではどうなるのか」ということがわかって、それならば自分はどう行動するのかに結びつけることができるのです。だからこそ、経済全体の仕組みを勉強する必要があります。例えばトヨタは、なぜ株価が300円ではなくて3000円なのか。なぜ3万円ではないのかということを推測できるかどうかです。なぜ一時6000円を超えていた株価が今は3000円程度になっているのかを説明できるかどうかです。それを人に説明できて、はじめて自分が理解できることになるわけです。説明ができないということは、自分自身が理解できていないということです。

少なくとも今何が起きているのかを理解していれば、自分がこれからどうすればいいのかに結びつくのです。でも、そこができないから、情報だけに流されて右往左往してしまうのです。だから、苦労するけれど、結果はそれほど良くないということになるのです。もちろん、たまたまうまくいくこともあります。でも、回数を重ねればうまくいかないことのほうが多くなってきます。

Q：逆に、経験しないほうがよいと思うことは何でしょう？

情報で売買をすることです。よくあるのが、証券会社のレーティングです。レーティングが良くなったからといって買うのはどうかと思います。

あとはうわさですね。最悪なのは仕手株情報などです。こういう情報には乗らないほうがいいでしょうね。そもそも、高いリターンの裏には高いリスクがあるということなのですから。

Q：でも、こういう情報についつい乗ってしまうこともあると思いますが。

だから、ここで必要なのが正しい知識なのですよ。仕事でもトレードでも同じですが、失敗する真の理由は、無知と怠慢なのです。あるいは、無知か怠慢のどちらかということになります。表面的な理由はいろいろあるかもしれませんが、ずっと理由を探っていくと、最終的には無知と怠慢に行きつくのです。無知、つまりそれを知らないか、あるいは知っていても怠け者だからそれをやらないかが失敗の本当の理由なのです。

Q：レイジー（怠け）は良くないということですが、生物学的に人間を含めて生物はレイジーです。

そうなると、滅びることになるわけです。環境が変化したとき、その変化に対応する努力を怠った場合には、種は絶滅します。これは過去の歴史が証明しています。

企業も同じです。企業を取り巻く環境が変化したときに、それに対応することを怠ればその企業は倒産します。個人も一緒です。

そもそも、知識がないとどうやって努力をしていいのかわからないから、群衆と同じように動いてしまうわけです。でも、その中で自分の不動の軸、つまりコンパスがあればどんな群衆の中にいても、「今、自分が南を向いているのか、西を向いているのか」がわかりますよね。そして、コンパスにしたがって冷静に考えて進む道を決めればよいのです。ほかの誰かが違う方向に行っても関係ありません。それが戦略です。

トレードに必要な才能は素直さと継続して実行できる力、そして戦略的思考

Q：トレードには才能は必要だと思いますか？

ないよりはあったほうがよいでしょうけどね。ただ、まったくゼロから自分でやるのか、それとも先生がいてやるのかによって違うと思います。師がいて、その師から学ぶのであれば才能というよりは素直さでしょうね。教わったことを素直にできるかどうかです。あとは継続して実行できるかどうか。そうでなければ、何のために学んでいるのかという話になりますよね。

ある時期はやるけど、すぐに飽きてしまってモチベーションが下がってしまうと、技術が身につく前にやめてしまうから、結局、結果も出ないことになります。学んだことを5年間くらいは素直に実行して継続することが必要です。

Q：もし師がいない場合にはどうすればいいのでしょう？

自分で本を読むなりして、心の師となるような人を見つけることです。まったく何もなくて、自分でゼロから作り上げるのはまず無理です。必ず心の師がいるはずです。その人に会わなくても、とにかく真似てみることですね。

Q：ほかにトレードに必要な才能はありますか？　例えば数字に強いとか。

数字に強いとかは関係ないと思います。私のやり方は理論的思考ができないと難しいでしょうね。

Q：どうやれば、理論的な考え方ができるようになるのでしょう。

文章を書くことはひとつの方法だと思います。しかも、自分だけで満足するような文章ではなくて、人前で発表するような文章です。要するに、責任ある文章であれば、どうしても論理的に書くようになりますよね。

「何かテーマを決めて、それについて書いてみる」。そうすれば論理的思考の訓練に役立つのではないかと思います。

Q：やはり書くためにはある程度のインプットが必要なので、例えば本を読むということも必要になりますか？

そうですね。本を読むのはよいと思います。ただ、読んだだけでは人の意見を受け入れるだけになるので、それをヒントに自分のオリジナルを考える姿勢が必要です。

Q：優れたトレーダーの特徴は何だと思いますか？

やはり理論的な思考、言い換えると、戦略的思考ができるかできないかです。これによって、10年、20年という長い時間で考えたときの安定度が違ってくると思います。感性でやった場合、3年くらいはうまくいくとは思いますが、相場の流れが変わったときに負けますよね。買いが得意な人は下げ相場ではなかなか勝てません。「なぜ、買いなのか」という戦略的思考がなくて、上げ相場で勝ったという成功体験だけでやってしまうと下げ相場では必然的に負けますよね。2003年から2006年の相場でかなり儲けたデイトレーダーでも今回の下げ相場では負けていると聞きます。それは下げ相場でも買いから入るからです。要するに、戦略がないのです。

優れたトレーダーには常に戦略があります。そして、その通りに実行するから勝てるのです。だから優れているのです。

取材を終えて

やはり、投資は戦略ありきなのか。

長いインタビューの音声を聞いたとき、私はまずそう思った。どんな場合でも、見切り発車はいけない。むしろ、最も時間をかけてゆっくりと温めていくのが、この戦略なのだ。しかし、優利加氏が本文中でも語っているように、多くの投資家はここを最も軽視する。なぜなら、一番面倒で、あまりにも地道だからだ。決して華々しいものではない。だから、多くの投資家はここをすっとばして手法を重視する。そして行き当たりばったりで、戦略なき「思いつき」を実行するのだ。

しかし、思いつきで勝てるほど、株式市場は甘くはない。だから勝てないし、負けの理由を考えないから、そしてまた負ける。

敗因を探らないというのは、ある種、弱さだと思う。自分の負けを本当の意味で認めることができないのだ。これは感情のコントロールにも関連していると私は思っている。負けを認めるという屈辱的なことができないばかりに「負ける投資家」は「負ける」のだと思う。

そもそも、投資家にとって市場というのは戦場と同じなのだから、そこで勝つために練られた感情のコントロールを含めた戦略は、勝つための絶対条件に等しい。それを守れないのであれば、それは自殺行為なのではないか。優利加氏の言葉には、そんな重みを感じた。

優利加氏の根底にあるものは「自分一人で生きていく」ということだった。文中あるように、彼は幼少時代に母親を亡くし、父親とも離れた施設で人生の基盤を作った。私にはそういう経験はないから感情の深い部分は理解できそうもないが、それでもきっと、そこで何か人生を方向付ける決断をしたのだと思う。そして、その決断はその後の彼を支え、今もなお息づいている。

彼の強さとか芯の強さ、そしてどこか突っぱねた感じの奥に見え隠れする優しさ、あたたかさは、おそらくその決断の影響だろう。彼は森のように静かで、ときにマグマのように熱く、そして海のように深い。

人間というのは、ある程度のところまでいくと、今度は自分の思考を誰かに伝えようとするものなのだろう。ナポレオン・ヒルやカーネギーが本を書き、自分の思いを残すのと同じなのだ。その思いは、何年も何十年も語り継がれ、多くの人に人生のターニングポイントを与える。

優利加氏も同じなのだと思う。自分の一生を考えたとき、食べていくには困らないお金を手にすると、そこからのさらなる金銭欲は薄れ、一方で自分が生きた証を残そうとする。「種の保存」的思考が生まれるのだ。そこにある思考は、人を魅了してやまない。なぜなら、金銭欲がまったくないからだ。ただ自分の考えを伝えたい、その一心でつづられた言葉は、純粋で神々しい。投資の世界とはまったく違うフィールドに立つことで、それまで人の心を支配していた「お金」から自由になれる。解き放たれる。これほどの幸せはないのかもしれない。

今回、優利加氏から教えられたことは、投資という枠をはるかに超えている。人生とは何なのか、どういう意味があるのか、そういう哲学的なことだった。

音声を聞いて、彼の話を直接聞くことができなかった強い後悔が私には残った。おそらく、音声だけではわからない部分も絶対にあるはず。どんな表情で戦略を語るのだろうか。どんな目をして優利加哲学を紡ぎ出すのだろうか。

「会ってみたい」。

そう思った。

そして「彼から直接言葉を受けたい」。

そう思わずにはいられなかった。

■著者&インタビュアー

川﨑さちえ

2004年から本格的に投資とオークションを始めて、主にその2つの分野に精通する。また、さまざまなジャンルの人に興味を持ち、取材を重ね、物書きとしても活躍中。オールアバウトにてオンライントレードのガイドを務める。「投資の達人探訪」や「マカオ不動産投資完全マニュアル」など、著書多数。

ブログ　http://blog.livedoor.jp/sakura_w/

■インタビュアー

新田ヒカル

投資家。ファイナンシャルプランナー。ベーシックインカム研究所代表。元NTT本社SE等に従事。東証、大証、証券会社、講演多数。日経新聞、日経ヴェリタスに掲載。日経マネー他、雑誌各誌に執筆、連載。テレビ東京系列にTV出演。「自分らしく、豊かに生きる」をテーマに、「ライフデザイン教室」、「新田塾」を主宰。著作『気づきの投資術』(サンガ)。

公式ブログ『投資の真理』http://blog.hikaru225.com/

2009年5月3日　初版第1刷発行

投資見聞録

～精鋭たちの"生"の声を聞く～

著　者　川﨑さちえ

発行者　後藤康徳

発行所　パンローリング株式会社

〒160-0023　東京都新宿区西新宿7-9-18-6F

TEL 03-5386-7391　FAX 03-5386-7393

http://www.panrolling.com/

E-mail　info@panrolling.com

装　丁　パンローリング装丁室

組　版　パンローリング制作室

印刷・製本　株式会社シナノ

ISBN978-4-7759-9084-1

日本のウィザードが語る株式トレードの奥義

生涯現役の株式トレード技術

著者：優利加

定価 本体2,800円＋税　ISBN:9784775990285

【ブルベア大賞2006-2007受賞!!】
生涯現役で有終の美を飾るための戦略&戦術&戦闘法。株式相場において生涯現役で生き残るには「型」を作ること。あなたは自分の「型」を持っていますか？　本書では、「型」の構築法はもちろんのこと、相場における「戦略」「戦術」「戦闘法」とは何かについてや「戦略」「戦術」「戦闘法」を決めるためのヒントなどを、著者の経験に基づいて解説している。生涯現役で有終の美を飾りたいと思うのであれば、本書を参考に自分の不動の型を作り、その型どおりに売買していくといいだろう。本書には、一生使える、一生ものの宝が詰まっている。

生涯現役の株式トレード技術【生涯現役のための海図編】

著者：優利加

定価 本体5,800円+税　ISBN:9784775990612

数パーセントから5%（多くても10%ぐらい）の利益を、1週間から2週間以内に着実に取りながら“生涯現役”を貫き通す。そのためにすべきこと、決まっていますか？　そのためにすべきこと、わかりますか？
本書は、2006年7月22日に行われ、大好評のうちに終わった「講演（セミナー）」の話をベースにしながら、新たな情報を追加するなど、理論を再構築したものである。自分の年金くらいは自分で稼げるようになるための“生涯現役”のノウハウを、戦略・戦術・戦闘法という位置づけで公開している。簡単に概要を紹介すると以下のようになる。

DVD 生涯現役のトレード技術【銘柄選択の型と検証法編】

講師：優利加　定価 本体3,800円＋税
DVD1枚95分収録 ISBN:9784775961582

ベストセラーの著者による、その要点確認とフォローアップを目的にしたセミナー。激変する相場環境に振り回されずに、生涯現役で生き残るにはどうすればよいのか？

DVD 生涯現役の株式トレード技術 実践編

講師：優利加　定価 本体38,000円＋税
DVD2枚組356分収録　ISBN:9784775961421

著書では明かせなかった具体的な技術を大公開。4つの利（天、地、時、人）を活用した「相場の見方の型」と「スイングトレードのやり方の型」とは？　その全貌が明らかになる!!

DVD 生涯現役の株式トレード技術【海図編】

著者：優利加　定価 本体4,800円＋税
DVD1枚56分収録　ISBN:9784775962374

多くの銘柄で長期間に渡り検証された、高い確率で勝てる、理に適った「型」を決め、更に、それを淡々と実行する決断力とそのやり方を継続する一貫性が必要なのである。

関連DVD　講師：角山智

相場環境に適応するための バリュー投資戦略

定価 本体 10,000 円＋税　ISBN:9784775962558

変化に対応できる投資家が生き残る！　割安なだけでは価値がない！

来るべき時代に備えるべく、時代の流れに注目した行動指針が必要になってきます。本DVDでは、意志の強さと柔軟性を両立するために、「不動産市況」や「信用収縮」などといったパロメータに注目しながら、相場環境に適応するための投資を学ぶことができます。

バリュー投資戦略 キャッシュフローとビジネスモデル編

定価 本体 5,000 円＋税　ISBN:9784775962541

本DVDでは、『バリュー投資の強化書』から、キャッシュフローとビジネスモデルを更に掘り下げた内容を解説します。決算書上のバランスシートは利益を調整できてしまうため、予期せぬ失敗を被る可能性があります。ここでは、キャッシュフローからバランスシートを判断し、客観的に分析することが困難だと言われているビジネスモデルを5つのパターンに分けることによって、銘柄選択の精度をあげます。

コア・サテライト戦略

定価 本体 3,800 円＋税　ISBN:9784775962534

コア・サテライト戦略とは、インデックス運用を核(コア)として、さらに運用益を狙うために、アクティブ運用をプラスする(サテライト)投資法です。

株式投資における2つの考え方(「インデックス運用」と「アクティブ運用」)や、米国カリフォルニア州にて、公務員の年金を運用している資産運用のプロ【カルパース】(米国の凄腕年金基金)はどうしているのか、年金基金などが取り入れている長期的な運用方法「コア・サテライト戦略」、資産形成のベースとなる部分である「コア(核)部分」等を例に、『バリュー投資の強化書』著者の角山氏が解説します。

本気の海外投資シリーズ

タイ株投資完全マニュアル 入門編【改訂版】

著者：石田和靖

定価 本体 1,800 円＋税　ISBN:9784775990551

口座開設の話を全面改定&タイの最新情報を追加など、タイ株投資の火付け役となった"前作"の内容を踏襲しつつリニューアル！

これからの国「タイ」は、大きく発展する可能性を秘めた魅惑の楽園。本書は、そんな「タイ」に投資するにはどうしたらいいのかを解説した" 日本初"の本格的なマニュアル本です。「タイ」への投資は魅力が満載。まだ割安な今こそ、タイ投資を！

15万円からはじめる本気の海外投資完全マニュアル

著者：石田和靖

定価 本体 1,800 円 +税　ISBN:9784775990209

これからは、「これからの国」へ投資も視野に！

かつての日本のように"高成長している"新興諸国を投資セクターとしたファンドに投資して中長期的に資産を増やそうと提案している本書。「日本人にとって身近な金融センター（＝香港）を拠点にしよう」など、著者の経験に基づきながら、海外投資初心者でも無理なく第 一歩を踏み出せるように海外投資を紹介。

ドバイ株投資完全マニュアル

著者：石田和靖

定価 本体 1,800 円＋税　ISBN:9784775990537

今、世界から注目されている「ドバイ」に投資するための、"日本初"のドバイ株投資マニュアル本です。

「猫の目」のように、次々とさまざまな変化が起こっている国「ドバイ」。投資という領域においては、ドバイはまだ"赤ん坊"のようなものです。成長初期の段階ですから、この時期に資産運用できれば、長い目で見て、大きな果実を手にすることも夢ではありません。ドバイに投資して、ドバイの成長を一緒に見ませんか。「猟ある猫は爪を隠す」というように、本当に力や才能のある人は、それを他人に自慢することなく、人知れず、こっそり始めているものです。牡蛎の身を手にできるのはこっそり先頭を行く人たちだけなのです。

マーケットの魔術師シリーズ

ウィザードブックシリーズ19
マーケットの魔術師
著者：ジャック・D・シュワッガー

オーディオブックも
絶賛発売中!!

定価 本体2,800円＋税　ISBN:9784939103407

【いつ読んでも発見がある】
トレーダー・投資家は、そのとき、その成長過程で、さまざまな悩みや問題意識を抱えているもの。本書はその答えの糸口を「常に」提示してくれる「トレーダーのバイブル」だ。「本書を読まずして、投資をすることなかれ」とは世界的トレーダーたちが口をそろえて言う「投資業界の常識」だ！

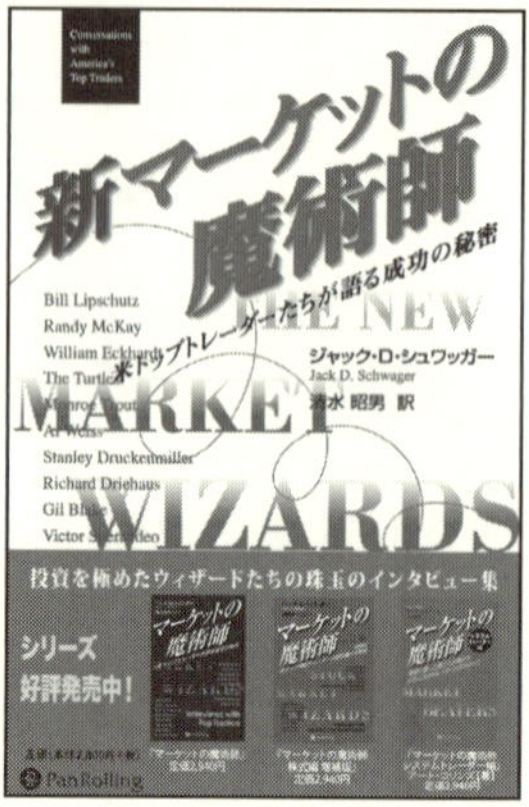

ウィザードブックシリーズ13
新マーケットの魔術師
著者：ジャック・D・シュワッガー

定価 本体2,800円＋税　ISBN:9784939103346

【世にこれほどすごいヤツらがいるのか!!】
株式、先物、為替、オプション、それぞれの市場で勝ち続けている魔術師たちが、成功の秘訣を語る。またトレード・投資の本質である「心理」をはじめ、勝者の条件について鋭い分析がなされている。関心のあるトレーダー・投資家から読み始めてかまわない。自分のスタイルづくりに役立ててほしい。

ウィザードブックシリーズ 14
マーケットの魔術師
株式編《増補版》
著者：ジャック・D・シュワッガー
定価 本体2,800円＋税　ISBN:9784775970232

投資家待望のシリーズ第三弾、フォローアップインタビューを加えて新登場!!　90年代の米株の上げ相場でとてつもないリターンをたたき出した新世代の「魔術師＝ウィザード」たち。彼らは、その後の下落局面でも、その称号にふさわしい成果を残しているのだろうか？

◎アート・コリンズ著 マーケットの魔術師シリーズ

ウィザードブックシリーズ 90
マーケットの魔術師
システムトレーダー編
著者：アート・コリンズ
定価 本体2,800円＋税　ISBN:9784775970522

システムトレードで市場に勝っている職人たちが明かす機械的売買のすべて。相場分析から発見した優位性を最大限に発揮するため、どのようなシステムを構築しているのだろうか？　14人の傑出したトレーダーたちから、システムトレードに対する正しい姿勢を学ぼう！

ウィザードブックシリーズ 111
マーケットの魔術師 大損失編
著者：アート・コリンズ
定価 本体2,800円＋税　ISBN:9784775970775

スーパートレーダーたちはいかにして危機を脱したか？　局地的な損失はトレーダーならだれでも経験する不可避なもの。また人間のすることである以上、ミスはつきものだ。35人のスーパートレーダーたちは、窮地に立ったときどのように取り組み、対処したのだろうか？

Pan Rolling　オーディオブックシリーズ

売り上げ1位

相場で負けたときに読む本 真理編・実践編

山口祐介　パンローリング
［真］約160分［実］約200分
各1,575円（税込）

負けたトレーダー破滅するのではない。負けたときの対応の悪いトレーダーが破滅するのだ。敗者は何故負けてしまうのか。勝者はどうして勝てるのか。10年以上勝ち続けてきた現役トレーダーが相場の“真理”を詩的に紹介。

売り上げ2位

生き残りのディーリング

矢口新　パンローリング
約510分　2,940円（税込

――投資で生活したい人への100のアドバイス――

現役ディーラーの座右の書として、多くのディーリングルームに置かれている名著を全面的に見直しし、個人投資家にもわかりやすい工夫をほどこして、新版として登場！

現役ディーラーの座右の書。

その他の売れ筋

マーケットの魔術師

ジャック・D・シュワッガー
パンローリング　約1075分
各章2,800円（税込）

――米トップトレーダーが語る成功の秘訣――

世界中から絶賛されたあの名著がオーディオブックで登場！

マーケットの魔術師 大損失編

アート・コリンズ，鈴木敏昭
パンローリング　約610分
DL版5,040円（税込）
CD-R版6,090円（税込）

「一体、どうしたらいいんだ」と、夜眠れぬ経験や神頼みをしたことのあるすべての人にとって必読書である！

規律とトレーダー

マーク・ダグラス，関本博英
パンローリング　約440分
DL版3,990円（税込）
CD-R版5,040円（税込）

常識を捨てろ！

手法や戦略よりも規律と心を磨け！

ロングセラー『ゾーン』の著者の名著がついにオーディオ化!!

NLP トレーディング

エイドリアン・ラリス・トグライ
パンローリング約590分
DL版3,990円（税込）
CD-R版5,040円（税込）

トレーダーとして成功を極めるため必要なもの……それは「自己管理能力」である。

矢口新の
トレードセンス養成ドリル

矢口新
パンローリング　約344分
DL版2,500円（税込）
CD版3,675円（税込）

自分の頭を使って考えることで、相場の“基礎体力”を養うためのドリルです。本書は、“基礎体力”をつけるうえで必要な理論（※TPA理論）とさまざなケースを紹介しています。

マーケットの魔術師
～日出る国の勝者たち～ Vo.01

塩坂洋一，清水昭男
パンローリング 約100分
DL版840円(税込)
CD-R版1,260円(税込)

勝ち組のディーリング

トレード選手権で優勝し、国内外の相場師たちとの交流を経て、プロの投機家として活躍している塩坂氏。「商品市場の勝ちパターン、個人投資家の強味、必要な分だけ勝つ」こととは！？

マーケットの魔術師～日出る国の勝者たち～

Vo.02 **FX戦略：キャリートレード次に来るもの**／松田哲，清水昭男
Vo.03 **理論の具体化と執行の完璧さで、最高のパフォーマンスを築け!!!!**／西村貴郁，清水昭男
Vo.04 **新興国市場――残された投資の王道**／石田和靖，清水昭男
Vo.05 **投資の多様化で安定収益／銀座ロジックの投資術**／浅川夏樹，清水昭男
Vo.06 **ヘッジファンドの奥の手拝見／その実態と戦略**／青木俊郎，清水昭男
Vo.07 **FX取引の確実性を摘み取れ／スワップ収益のインテリジェンス**／空隼人，清水昭男
Vo.08 **裁量からシステムへ、ニュアンスから数値化へ**／山口祐介，清水昭男
Vo.09 **ポジション・ニュートラルから紡ぎだす日々の確実収益術**／徳山秀樹，清水昭男
Vo.10 **拡大路線と政権の安定 ― タイ投資の絶妙タイミング**／阿部俊之，清水昭
Vo.11 **成熟市場の投資戦略 ― シクリカルで稼ぐ日本株の極意**／鈴木一之，清水昭
Vo.12 **バリュー株の収束相場をモノにする！**／角山智，清水昭男
Vo.13 **大富豪への王道の第一歩：でっかく儲ける資産形成＝新興市場＋資源株**／上中康司，清水昭男
Vo.14 **シンプルシステムの成功ロジック：検証実績とトレードの一貫性で可能になる安定収益**／斉藤正章，清水昭男
Vo.15 **自立した投資家(相場の)未来を読む**／福永博之，清水昭男
Vo.16 **IT時代だから占星術**／山中康司，清水昭男
Vo.17 **投資に特別な才能はいらない！**／内藤忍，清水昭男
Vo.18 **相場とは、勝ち負けではない！**／成田博之，清水昭男
Vo.19 **平成のカリスマ相場師 真剣勝負！**／高田智也，清水昭男
Vo.20 **意外とすごい サラリーマン投資家**／Bart, 清水昭男
Vo.21 **複利と時間を味方に付けろ：ハイブリッド社員が資産1億円を築く**／中桐啓貴，清水昭男